누ㄱ　　　　　　　　...를 만드는가

누가
빈곤의 도시를
만드는가

탁장한 지음

필요
한책

목차

프롤로그

#1.

이 모든 것은 권태감으로부터 시작되었다. 20대 내내 선비처럼 점잖게 책상에서 공부만 해 오다가 문득 몸으로 직접 현실과 부딪치고 싶어 나의 안온한 세계를 박차고 무작정 달려갔던 그곳은, 마침 '빈곤의 도시화' 현상을 적나라하게 보여 주는 곳이자 한국 사회에서 가장 빈곤한 사람들이 마치 게토처럼 모여서 사는 가난의 상징적 공간인 쪽방촌이었다. 호기롭게 다가갔지만, 철저한 이방인인 나를 향한 싸늘했던 주민들의 첫 시선이 정말이지 잊히지 않는다. 그야말로 충동과 현실의 괴리랄까, 내심 두려웠다.

주저앉고 싶지는 않았다. 내가 미처 몰랐던, 세상의 어두운 그림자는 엄청난 구심력으로 그토록 나를 끌어당겼다. 현대화된 서울의 한복판에 있는 한 평도 채 되지 않는 쪽방은 인간이라면 거주해서는 안 되는 난폭한 공간이었다. 쪽방촌에는 그렇게 열악한 공간들이 가득했는데, 놀랍게도 주거 환경이 비참하면 할수록 가난의 억압이라는 짱돌에 매일 치이면서도 숨을 포기하지 않는 이곳 사람들에 대한 경외심이 커져만 갈 수밖에 없었다. 마치 알베르 카뮈Albert Camus의 『시지프 신화』에서 쉴 새 없이 굴러떨어지는 돌을 영원히 굴려 올리는 형벌을, 포기하지 않고 수행하는 그 자체로 이미 자기에게 규정된 비관적 운명에 치열하게 맞서고 있었던 시지프 같달까. 부조리가 자아내는 반항의 감정들이 나의 눈에 하나하나씩 들어오기 시작하면서 역설적으로 인간다움을 유지하기 위해 빈민들이 내뿜는 하나하나의 가쁘고도 넉넉한 숨결은 성스럽고 고귀해졌다.

물론 가시화된 현실은 참담할 때가 더 많았다. 쪽방촌에 들어서자마자 파고드는 악취, 동네에 방문할 때마다 눈앞에 보이는 온갖 구토와 비둘기 떼의 습격, 주민들 사이에서 빈번하게 드러나는 크고 작은 폭력, 동네를 울리는 고성방가, 극도의 알코올 중독이나 갑자기 추워지는 날씨 또는 혹독한 외로움의 영향으로 일상화된 죽음들은 시간이 지나도 좀처럼 쉬이 익숙해지는 것들이 아니었다. 악화가 양화를 구축한다고, 이곳을 스냅숏처럼 스치는 사람들에게 이곳은 그런 지저분한 풍경으로만 기억되어 끝내 치워 버려야만 하는 공간일 것이다.

그러나 난 판이한 믿음을 지니고 있다. 쪽방촌 안에 분명히 사람들의 생동하는 끈질긴 생명력 또한 존재한다는 단호한 믿음, 흡사 아비규환과 같은 겉보기와 달리 사람들이 그곳에서 고통을 공유하며 여러 방식으로 서로 돕고 살아가고 있다는 그런 믿음. 선험적일 뿐이었던 투박한 믿음은 낭만화의 위험성을 자각하고서도 시나브로 두 눈으로 충분히 검증되며 어느덧 실재가 되어 있다.

쪽방촌에서의 한 해 두 해가 흐르다 보니 그저 낯선 청년이었던 나에게도 말을 걸어오고 연락하는 주민, 나를 동생, 아들, 손자처럼 느끼는 분이 조금씩 생겨나면서 덕분에 많이 웃기도 하고 때로는 애잔함에 눈물을 쏟기도 한다. 어이없는 가난과 불평등의 상황에 분노가 솟구치기도 한다. 한편으로는 나 또한 무고한 그들에게 하나의 권력인 것 같아 마음이 처절히 괴로운 적도 참 많았다. 그래도 그 덕분에 쪽방촌의 빈민들에 대한 나의 존경과 사죄가 이분들을 만날 때마다 최대한 구체적으로 표현되고 있다. 그런다고 한들 여전히 부당함을 살아내고 있는 그들이 아직 받아 내야 할 사과가 훨씬 많지 않을까.

신분제도 노예제도 사라져 인간으로서 분명 자유로움에도 정작 정치적으로, 사회 경제적으로 착취당하며 여전히 자유롭지 못한 현대 사회의 쪽방촌은, 수도 없이 재현되고 묘사되며 수많은 주체들의 개입으로 오래도록 도움을 받아 왔으나 항상 궁핍하다. 그러면 그럴수록 진흙과도 같은 척박하기 그지없는 상황에서 이곳의 빈민들이 끈질기게 꽃피워 내는 삶의 모습은 짓궂은 듯 처연하고 또한 강인하며 때로는 비장하기까지 한 소박한 아름다움이다. 여전히 빈곤은 정당화될 수 없으며, 빈민의 자주권과 거주권 또한 부당하게 침해될 수 없다. 색출되어야 할, 쪽방촌을 둘러싼 권력의 암투는 오늘도 현재진행형이다. 존경하는 시지프들로 가득한, 이 거룩한 쪽방촌을 난 아직 떠날 수 없다.

#2.

자백하자면, 사실 이 조야한 글들이 책으로 발간될 것이라곤 전혀 생각하지 못했다. 나는 그저 수년간 쪽방촌 부근에 머무르면서 추방과 철거 문제로 연구를 해 왔을 따름이고, 아직 초보다. 그런데 2021년 2월에 정부가 폭등하던 집값을 잡겠다며 제시했던 2.4 부동산 대책의 일환으로서, 바로 다음 날인 2월 5일에 동자동 쪽방촌에 가난한 세입자들을 위한 초고층 임대아파트를 짓겠다는 공공 재개발 사업이 발표된 바 있었다. 이후 건물주와 세입자 모두를 비롯해 국내 여론은 양분되며 들끓었고, 재밌게도 그 다음 날인 2월 6일에 출판사 필요한책에서 '쪽방촌과 빈곤'과 관련해 단행본 출간을 의뢰하는 연락이 왔다. 내가 2019년부터 2020년까지 침잠하며 썼던 4개의 논문을 출판사에서 전부터 관심을 가지고서 읽어 왔고 내용이 점층적으로 고조되고 있기에, 이들을 소재로 스토리텔링을 하면 그 자체로 현시대에 사회적 경종을 울리는 꼭 필요한 책이 될 수 있으리라는 의견이었다. 가능할지를 깊이 고민한 후 지금이야말로 시기적절하다는 판단이 섰고, 수락했다. 밀집되었으나 숨죽인 채 가난의 도구로 쓰여오던 쪽방촌이 재개발을 계기로 이 정도까지 사회적 주목을 받는다는 점이 경이로울 정도로 놀라웠기 때문이다.

출판의 제안이라는 아예 생각지도 못했던 상황에서 착수한 '누가 빈곤의 도시를 만드는가'는 그렇게 세상으로 발을 내디뎠다. 부족한 저자를 믿고서 탈고, 윤문 및 발간의 시기까지 격려와 지지를 아끼지 않아 준 필요한책의 유정훈 님께 감사드린다. 그리고 무엇보다 몸이 연약한 아들을 쪽방촌에 보내고 하루하루

무릎 꿇는 기도로 쪽방촌 식구들과 나의 안위를 간구하는 부모님께 마음으로 존경과 사랑을 표한다.

#3.

넘어가기에 앞서 하나만 기억해 두자. '수백 년간 라틴아메리카를 열등하게 여겨 식민화해 왔던 유럽 정복자의 흰 피부와 눈을 벗어 버리자'는, 탈식민주의 학자 엔리케 두셀Enrique Dussel의 권고. '생각하는 자아'가 아닌 그들에 의해 '생각되는 자아'의 입장에 철저하게 서야만 단선론적 발전주의자들의 유아론적 편향성을 바로잡고 진짜를 조명할 수 있으니, 그렇게 되어 보자는 말을.

"새로운 눈으로 볼 때가 되었다. 이제 우리는 카리브해 사람들, 안데스 사람들, 아마존 사람들의 부드러운 구릿빛 피부, 보아온 적 없는 백인들의 행보를 지켜보던 인디오의 놀란 눈, 위탁제도와 분배제도에 의해 수많은 착취와 고통에 시달리고 이방인들이 옮긴 전염병에 썩어 문드러진 가난한 피부, 현대 라틴아메리카 도시에서 비참하게 우글거리는 수백만의 소외된 사람의 피부를 지니어야 한다."

　　　　　-『1492년 타자의 은폐: '근대성 신화'의 기원을 찾아서』

　　　　　　　　　　　　　　　　　　　　엔리케 두셀, 1992

동자동 항공 사진 ©서울역사박물관

01
추방된
쪽방촌 도시빈민의
대항기억

이곳 동네는 고통스럽지만 순박하고 정직한 사람들이 살아요. 여기를 거쳐 가는 사람들이 아니라 종착역처럼 살아가는 사람들이죠. 여기는 여기만의 법이 있어요. 여기 사람들은 가지지 못했고 배우지 못했기 때문에 머리를 굴리고 계산하면서 누군가를 속이지 못해요.”

_동자동 쪽방촌 주민 구술 인터뷰

'모든 국민은 거주·이전의 자유를 가진다'

-헌법 제14조

누구에게는 지극히 자연스럽게 체감되는 헌법의 제14조는, 절대적 가난을 이유로 그 '모든 국민'에 실질적으로 포함되지 못하는 사람들에게는 절박한 외침으로 취득해야만 하는 그 무엇이 된다.

2019년 6월 19일 수요일 17시, 거주의 자유를 부르짖기 위해 서울시청에서 '쫓겨나는 사람들의 강제 퇴거 OUT! 세수(매달 세 번째 수요일)문화제'가 개최되었다. 빈곤사회연대가 2017년 4월부터 주최해 온 이 세수문화제는 그로부터 26개월이 흐른 2019년 6월, 처음으로 그 주제를 '쪽방 주민의 주거권 보장을 위한 문화제'로 잡았다. 그것은 쪽방촌이 늘 마주해 왔던 억압적 현실을 고발하고, 국가의 강력한 개입을 요구하고자 하는 퍼포먼스였다.

행사 당일, 쪽방촌의 도시빈민들이 녹여 낸 목소리에는 쪽방촌이 평당 타워팰리스보다도 값비싼 월세를 지불해야만 거주할 수 있는 공간이라는 점, 그럼에도 주민들의 가난을 이용해 부당하게 돈을 벌어들이는 일부 사람들의 존재로 인해 세입자들이 월세를 현금으로 내면서도 여전히 비인간적인 공간, 예를 들어 비가 새고 곰팡이와 바퀴벌레가 가득한 천장을 바꾸어 달라고 요구를 꺼내기조차 어렵다는 점, 그러면서도 해당 지역의 개발이나 건물주의 변심으로 인해 이곳에서마저 쫓겨나지 않기를 간절하게 바라며 서울시의 확고한 개입을 촉구하는 내용이 담겨 있었다. 쪽방촌이 철거 이슈와 닿으면서 문화제의 주제로 자리 잡게 된 배경에는, 쪽방촌이 단순히 '빈곤한 사람들이 모여 사는 곳'이라는 기존의 일차원적 인식을 넘어 그곳에 '추방 현상의 역학', 즉 '쫓아내고 쫓겨남의 다이내믹'이 작용하고 있음을 이제는 사회에 폭로하고자 한다는 의지가 서려 있었다. 이것은 해당 문제가 방임할 수 없을 만큼 정말로 심각한 사안이 되었다는 점과 함께, 다른 한편으로는 자신들이 직접 나서서 문제를 발언하고 주체적으로 거주의 권리를 주장할 만큼 강화된 쪽방촌 주민들의 역량을 의미하기도 한다.

그러나 쪽방촌의 강제 퇴거는 근래의 일만은 결코 아니었다. 이번 행사에 주로 참여한 사람들은 용산구 동자동 쪽방촌 주민들이었는데, 이들은 다른 쪽방촌보다도 비자발적 이주의 문제에 매우 민감하게 반응해 온 사람들이었다. 그것은 이곳이 이례적으로 추방에 대한 방어가 격렬하게 펼쳐졌던 저항의 공간이었기 때문이기도 하다. 그로부터 축적된 경험이, 여전한 추방의 현상과 장기간 상호 작용하며 드디어 문화제라는 주민들의 행동으로 표현되었다고 할 수 있다.

필자는 당시 문화제에서 거론되었던 주민들의 문제의식에 공감하면서, 추방 문제에 대응하기 시작한 쪽방촌 도시빈민들이 행동을 개시하게끔 한 진원지가 된 하나의 사태에 주목한다. 그것은 발발 당시에는 세간으로부터 관심을 받지 못한 채 휘발된 이야기였으나, 추방에 맞섰던 분명한 선례로서 이곳 주민들에게는 아주 깊숙이 새겨져 있는 서사다. 그동안 대중적으로는 잘 알려지지 않았던, 그들의 대항기억을 끄집어내어 공유함으로써 오늘날에도 헌법 제14조를 실현하기 위해 끈질기게 분투하고 있는, 아직도 부자유한 수많은 가난한 인생에 일말의 연대를 보태고자 한다.

기억은 공평하지 않다

한국 사회에서 지난 십수 년간 권력의 비민주성이나 공권력의 파행으로 인해 발생해 온 각종 사회사적 사건들을 자세히 들여다보자. 그럼 그때마다 피해자들의 기억 대부분이 공식적 기록 작업이나 후속 정책에 편입되지 못하는, 현장에서 외쳐진 목소리들의 (비)의도적인 누락은 무척 빈번한 일이었음을 알 수 있다. 공식 기록에 채택되지 못하고 탈락한 목소리의 존재는, 당사자들에게 발생했던 큼직한 사건이 명백히 '사건'임에도 불구하고, 포착되고 전파될 가치가 없는 사소한 '일상'으로 취급되며 은폐되었다는 뜻으로도 해석될 수 있다.

그것은 곧, 발생한 단일 사건에 대해 상이하게 형성된 기억들 사이에도 엄격한 위계질서가 존재한다는 의미다. 내용의 확증을 위한 끊임없는 입증과 변별의 긴장 속에서 주도권을 획득하는 기억과 그렇지 못한 기억들이 상호 견제와 경쟁, 즉 '기억투쟁'을 거치며 그 대립의 결과로 서사의 층위를 이루고 있는 것이다. 이때 후자의 빈곤한 기억들은 그중 누군가의 죽음처럼 자극적 소재로 이슈화되지 않는 한 대중들에게서 쉬이 지워지고 만다. 그마저도 관심 밖 사회적 소수자의 죽음이라면 기억으로서의 가치는 급격하게 평가 절하되곤 했다. 그렇게 '문제'와 그로 인해 발생한 '책임'의 영역들은 덮인다. 그리고 힘과 권력에서 변방으로 밀려난 피해자들은 다시 목소리를 내더라도 투명인간이 되거나, 혹여 재조명을 받더라도 그 문제를 자꾸 우려먹는다는 여론의 비난을 면하기 힘든 상태에 놓여 왔다. 소위 '2차 가해'로 인해 이중고에 시달리는 것이다.

대항기억counter-memory은 후기구조주의 철학자 미셸 푸코에 의해 생성된 개념으로, 공식 역사official history에서 배제되고 주목받지 못한, 억압받거나 종속된 사회적 소수자들의 사적이지만 공통적인 기억을 지칭한다. 이 개념은 역사가 대체로 자민족 중심주의와 엘리트주의를 기반으로 지배 질서의 정당화, 영속화를 위해 선별되고 편집되며, 역사 교과서와 다양한 공적 기구들을 통해 관리, 유통되는 '관제管制기억'을 담아 왔다는 점을 꼬집으면서 출발했다. 기존의 역사 서술이 과연 객관적이었는지를 따져 보며, 그것이 '누구를 위한, 무엇을 위한 기억'인지 의미를 재고한 것이다. 이 입장에서 흔히 역사라고 명명되는 관제기억이란 과거의 진실에 대한 (독재) 권력의 '조작적 은폐, 강요된 망각'으로 해석되며, 승자인 지배 세력에 의해 독식된 기억이다.

대항기억은 공식 기억인 역사와 민중들의 기억 사이에서 발견되는 괴리에 주목한다. 그리고 기록된 공식 기억에 균열을 내며 특정한 지배 기억의 독주를 제어하려는 저항적, 투쟁적, 민주적 의도를 지니고 있다. 이는 조화롭다고 전제되는 사회에 '불협화음을 생산, 보존하는 반대의 기능'을 수행하기 위함이며, 나아가 그 자체로 피지배 세력이 자신의 존재를 인정받기 위한 일종의 피눈물 나는 투쟁이 된다.

다시 말해 대항기억은 사회적 약자들의 목소리를 호명하면서, 암묵적으로 그들의 주체성이 비자발적으로 상실되어 가는 현상을 '밑바닥 관점으로 역사 보기'를 통해 극복하고자 한다. 역사인식의 측면에서 진리의 절대성과 일원성에 의문을 제기하고, 분산성 속에서 그동안 침묵했던 진리의 조각들을 아래로부터 귀납적으로 궁구하려는 시도인 셈이다. 그것은 일찍이 철학자 프리드리히 니체가 염려했던 바대로, 19세기 역사주의 전통에서 생성된 공식 역사에 대한 맹목적 인식이 현재의 삶을 과거에서 분리하고 과거를 객관적 대상으로 박제함으로써 결과적으로 탈역사화, 탈맥락화된 현재 의식을 배태했다는 지적에 대한 일종의 반성이기도 하다.

구체적으로 대항기억은 피해 당사자들 및 연대자들이 사회적 모순이 응집된 현장성과 장소성에 의지해 주류의 통치 기억에 반대하면서 그 공백을 채우고 애도하며, 공식 기록에서 소외된 바들을 동시대의 사회사적 기록으로 남기려는 노력을 의미하는 사회적 개념이다. 불합리하게 발생하는 수많은 사회사적 사건 속에서 권력의 삭제와 각색으로 외면당해 온 당사자들의 기억이 부질없는 게 아닌 중요한 서사가 될 수 있도록 그 흔적을 표면화하고, 끝내 사회에 뚜렷하게 새기는 작업인 것이다. 이는 사회에서 지워진 사람들의 존재 그 자체로서 사람들에게 '여기에 의도된 망각의 영역이 있다'라는 책무의 경종을 울리려는 연대적 의도가 내포되어 있다.

가난의 상징과 낙인

그동안 쪽방촌 공간을 보아 온 관제적이고 지배적인 기억은, 이곳을 '가난의 상징'으로 통제한 후 줄곧 소비하는 것이었다. 선거철마다 유력 정치인들은 너나 할 것 없이 쪽방촌에 들러 민생 탐방을 진행하며 주민들에게 불쑥 찾아가 손을 잡고 위로를 건네곤 했다. 연말이면 대기업 임원들이나 종교 지도자들이 자신들의 그룹 로고가 박힌 옷을 입고 쪽방촌에서 일회성 사랑과 봉사와 물품을 기증하며 사진을 찍었다. 혹서기나 혹한기마다 언론에서는 예외 없이 이곳이야말로 한국 사회에서 가장 열악한 공간임을 보도하는가 하면, 명절만 되면 돌아갈 고향이 없어 외로워하며 한 평 남짓한 쪽방에서 누워 있는 주민들의 처량한 모습들이 쪽방촌의 주요한 이미지, 빈곤포르노pornography of poverty로 고착되어 있다. 빈곤한 이미지의 수요가 존재할 때마다 쪽방촌은 변하지 않는 가난의 전시장으로서 사람들에게 안정적으로 공급되어 왔던 셈이다.

한편 다수의 쪽방촌 연구는 그곳을 '빈자의 미학'이 남아 있는 곳, 각박해진 시대가 잃어버린 덕목으로서의 사람 냄새가 여전히 풍기는 소박하고 따뜻한 공동체로 환기한다. 그래서 자신에게 주어진 빈곤의 핍박에 그저 체념과 절망만으로 일관하는 것이 아닌, 일상에서 주변의 가난한 이웃들과 질긴 관계를 맺어가면서 내적 고통과 외부의 낙인을 적극적으로 극복하는 찬미讚美의 이미지를 추가했다. 요약하면, 쪽방촌은 '가난하고 열악하고 불쌍하지만, 반면 따뜻하고 정이 넘치는 곳'이라는, 수난과 낭만의 중첩적 기억이 켜켜이 쌓여 있는 공간이다.

빈곤층, 혹은 도시빈민들이 사람들에게 각인된 기억에 대해서도 위와 유사한 형태가 나타난다. 이들은 흔히 가난으로 인해 주눅이 들고 괴로워하는 존재, 경제적 곤궁뿐 아니라 정치, 사회, 문화적으로도 차단된 사회적 피被배제 상태에 놓여 있는 존재, 그래도 억울하고 차별적 현실 속에서도 자신을 표현하고자 하며, 가족이나 주변, 자신들의 꿈을 떠올리면서 열심히 살아보고자 발버둥을 치는 존엄한 존재라는 이른바 안타까운 사회적 희생양 이미지가 다수의 다큐멘터리나 인문학·사회과학 도서, 관련 연구 등을 통해 사람들에게 강렬하게 투과되곤 한다. 또한 빈민을 자립을 위해 노력하지 않는 게으른 존재, 사회에 대한 기여 없이 받아 내려고만 하는 '복지병'에 걸린 무례한 존재, 국민들의 세금을 축내는 존재로 여기는 병리적, 냉소적, 적대적 시각도 만만치 않다. 대체로 한국 사회에서는 주어진 빈곤의 상황에 대한 이들의 반응을 응시하는 이 두 가지 상반된 낙인이 도시빈민에 대한 지배적인 기억이다.

반면 철거민에 대해서는 사회 구조적 희생양이라는 시각보다는 그저 '떼법'만을 쓰는 집단, 심지어는 '을z질'하는 집단으로 그려지는 경향이 있다. 그것은 건물 소유주의 자유의지. 혹은 지역 재개발이나 국토의 효율적 활용, 도시재생 등과 같이 합법적으로 보이는 국가적 명목과, 그러한 사업들을 집단 투쟁 또는 단식과 같은 극단적 형태로 제한하려는 등 부당하고 폭력적인 행동으로 일관한다고 간주되는 철거민들의 연합이 극명하게 대비되고 있기 때문일 것이다. 실례로 2009년 용산 참사 당시, 남일당 화재의 결정적 원인이 불명확함에도 그것이 경찰특공대의 잔혹하고 무리한 진압보다는 오로지 철거민들이 던진 화염병 때문이었다는 취재 내용이 연일 보도되었다. 진상 규명이 끝나지 않은 상태에서, 생존자들은 예외 없이 4~5년간 복역한 후 석방된 뒤에도 도심 테러리스트로 냉대당한 채 주홍글씨를 짊어지고 살아가고 있다. 그들이 겪어 낸 외상이 사람들의 보편적인 그것으로 인정받지 못한 결과였다.

그로부터 10여 년이 흐른 현재에도 재개발, 재건축 구역으로 지정된 도심 곳곳에서 무방비 상태로 철거당하는 사람들이 여전히 존재하고 있다. 그러나 웬만한 경우 발전의 논리, 즉 개발의 호재를 예상하며 차익을 기다리는 부유한 사람들이나 투기꾼들의 기억이 항상 가난한 철거민들을 압도한다. 그래서 이들은 도시 발전을 심각하게 저해하고, 값비싼 땅에 무임승차하는 기득권을 내려놓지 않으며 개발의 순리를 뒤집으려는, 공간 점유에 책임을 지지 않은 채 불법으로 거주지를 장악한 부적격한 사람들이 되고 만다. 추방당해도 무어라 말할 자격이 없는데 제 발로 걸어 나가기는커녕 오히려 성내고 대드는 골칫덩이로 여겨지는 것이다. 자신들도 모르는 사이에 '국가 부재의 상태' 혹은 '예외 상태'에 빠져 버린 이들 철거민들은 국가를 향한 자신들의 보호 요청이나 거주권의 요청이 되려 자신들을 불법자로 만드는 상황에 대해 놀라움을 금치 못한다. 설상가상으로, 그럴 수밖에 없었던 철거민들의 일상과 그들의 목소리를 드러내는 연구마저도 극히 드문 실정이다.

대항기억과 탈주체화의 필요성

위 키워드들이 결합한 사람들, 즉 '쪽방촌'의 어느 공간에서 '추방'된 '도시빈민'들에 대한 지배적 기억의 실체는 과연 무엇일까. 관제기억으로 추측하건대 '핍박과 낭만이 공존하던 공간'에서 순식간에 '을질하는 집단'이 되어 버린 '병리적 희생양'일 것이다. 그렇다면 이 사건을 통제할 수 있는 건물주의 관점으로 보자. 그러면 '가난의 전시장에서 넘치는 인정人情과 복지 제도에 기생해 살던 불쌍하고도 기이한 밑바닥 사람들이, 건물주 본인의 의도에 따른 철거라는 현상에 직면하자 이를 악물고 집요하게 떼를 쓰는 애물단지로 전락했으나, 늘 그래 왔듯이 쪽방은 결국 철거되었고 세입자들은 성공적으로 추방되었으며, 도시는 아무런 일 없었다는 듯 그렇게 정화되었다'는 서사가 가능하다. 놀랍게도 이 한 마디에는 쪽방촌 주민들에게 부여된 고통의 전말이 숨죽인 채 감추어지고 만다. 그만큼 지배적 서사는 강력했다. 철저한 냉담 속에서 쪽방촌은 계속 멸실을 거듭하며 '군말 없이' 축소되어 왔다.

반면 이런 서사들에 저항하는 세입자들의 대항기억이 존재한다면 그것은 추방의 과정에서 숨겨져 있던 '군말'을 폭로할 수 있을 것이다. 쪽방촌을 변화시킬 수 없는 상황에 대한 체념 및 적응하는 방편으로서 수난과 낭만의 공간으로만 기억하려는 기존의 단편적인 서사를 해체할 것이다. 도시빈민을 억울함과 고통에 눌려 있기만 한 사회적 희생양이나 자립하지 않으려는 병리적 존재로 여기는 외부의 주입식 담론을 거부할 것이다. 철거민을 무턱대고 을질하는 선동된 집단으로 매도하는 사회적 편견을 탈피할 것이다. 그리고 쪽방촌 공간의 공식 내러티브에 대한 끈질긴 대항 끝에 결국 건물주의 추방과 퇴거 시도를 성공적으로 막아내었다는 의외의 희극적 결론에 도달할 수도 있다.

그와 같은 시도는 철학자 질 들뢰즈Gilles Deleuze가 언급한 '탈주체화de-subjectivation'와도 개념적으로 연결될 수 있다. 탈주체화는 얼핏 '주체의 죽음'을 주장하는 듯하다. 근대적 주체라는 기만을 해체하기 위해 주체의 신성성이 단지 허위의식이며 주체는 구성된 존재에 불과하다고 비판한다면, 결국 탈근대적 인간은 능동적 저항도, 해방도, 자유도 부재한 무기력한 존재라는 허무주의적 결론에 도달하기 쉽기 때문이다. 그러나 역설적으로 그 주체야말로 권력에 저항할 수 있다. 의식적 주체를 부정하는 탈주체화는 의식의 질서로 환원되지 않는 정신의 역량, 자아에 속박되지 않는 행위를 가능케 하는 무의식의 힘을 발견하는 과정이자, 그것이 자신의 행동을 주관할 수 있도록 의식과 주체가 자리를 내주는 과정이기 때문이다. 사회적 시선과 의식에 갇히지 않는 정신의 자유로운 역량을 발견하는 인간은 무기력하지 않다. 종합하면 탈주체화의 개념은 근대적 주체의 허구성을 폭로하면서도 예속되지 않은 주체를 상정해 내는, '주체화의 재번역'이다.

2015년의 동자동을 위한 대항기억

신자유주의를 비판하는 철학자 사토 요시유키佐藤嘉幸는 저서 『권력과 저항』에서 '전통적으로 규정된 저항은, 권력에 저항할 힘과 권력을 신비스럽게 부여받았다고 인식된 주체에게 속한 어떤 속성이나 특징을 가리킨다'고 사유한 바 있다. 그러나 추방된 쪽방촌 도시빈민은 역사라는 지배 기억 속에서는 권력에 저항할 힘과 권력을 부여받았다고 인정받지 못한 사람들이었다. 그러한 점에서 탈주체화, 곧 주체의 해체는 신자유주의 사회에서 포섭 혹은 혐오의 대상으로 묘사되어 왔던 가난한 사람들이 생존을 위한 무의식적 본능Eros을 발현시켜, 사회 발전에 있어 당연하게 여겨지는 개발의 순리를 거부하고 자신들이 점유한 공간의 방어를 시도하게끔 한다. 그럼으로써 성스럽게 규정된 기존의 주체가 인정하지 않는, 그리고 사회의 규정으로부터 탈피해 끝내 주체의 정의定義에 균열을 내는, '해방적 주체'가 되는 행동 과정을 의미한다. 관제기억에서 소외되어 왔던 대상은, 대항기억에서는 주체로 격상하며 복원될 수 있다.

물론 소외된 사람들의 목소리는 사건에 대한 그들 피해자의 대응이 성공이든 실패든, 승리든 패배든지와 무관하게 주목받지 못한 채 소멸해 왔다. 여기서 소개할 사례 또한 그 결과가 어떠했는지와는 별개로 당사자들을 제외한 사람들에게는 익숙하지 않은 내용일 것으로 짐작된다. 결과적으로 사태를 해결하려는 피해자들의 탈주체화 노력이 쪽방촌 변화의 문턱을 넘지 못하고 좌초했다면 그것은 시간의 경과에 따라 기억의 위계질서에서 자연스럽게 밀려났기 때문일 터이다. 반대로 피해자들이 승리한 사건이라면, 공식 기록에서는 주류기억의 패배를 굳이 거론하면서까지 치부를 드러내지 않았을 것이기 때문이다.

여기에서는 일상성에 사회적 소수자의 권리를 연결해 일상의 거주 공간에서 발발하는 불평등한 권력 관계의 작용을 폭로하고, 장소성을 기반으로 한 당사자들의 저항적 실천을 탐구할 계획이다. 그를 위해 2015년 당시 지난했던 사태 수습 과정과 그 맥락을, 그토록 관심받지 못했던 사람들의 주체적인 이야기로의 기록을 목표로 삼았다. 이로써 소멸된 기억을 복원하여, 들리지 않던 목소리에 숨결을 불어넣을 수 있도록, 연구가 할 수 있는 실천Praxis의 소임을 다하고자 한다.

샛노란 계고장, 동자동 9-20 사태의 시발점

『난장이가 쏘아올린 작은 공』의 배경이었던 서울시 낙원구 행복동의 가난한 철거촌이, 대략 40년이 경과한 2015년 2월 4일, 혹한으로 얼어붙었던 서울시 용산구 동자동의 들썩이던 쪽방촌으로 환생한 듯했다. 샛노란 딱지 때문이었다. 예고조차 없었던 계고장 딱지 하나로 주민들은 갑작스럽게 강제 퇴거를 통보받았다. 문제의 진원지는 동자동 9-20번지 쪽방 건물(이하 동자동 9-20)이었다. 해당 건물주 L씨는 의뢰한 건물 안전진단 결과, 철거 및 구조 보강 공사가 필요하다는 연유로 공사가 착수되는 당해 3월 15일까지 세입자 전원의 자진 퇴거를 요구하는 공고를 일방적으로 쪽방마다 문에 붙여 놓았다.

동자동 9-20은 1968년 8월에 사용승인을 받아 건축 면적 86.31㎡, 연면적 400.59㎡을 확보한 건물이다. 지상 4개 층, 지하 1개 층의 쪽방 48실을 보유한 제법 규모가 있는 공간으로서, 당시 입주민은 총 45세대(명)*, 그중에서 복지 제도에 편입된 빈곤층인 기초생활수급자는 총 입주민의 68%인 31명에 달했다. 거주 조건은 무보증금에 월세 평균 14~17만 원으로, 당시 동자동 쪽방촌 평균 21.8만 원의 70% 수준이었다. 쪽방촌에서도 저렴하다고 소문난 곳이었다. 세월의 흐름을 비껴가지 못한 건물의 심각한 노후화 및 건물 내 수급 인구 비율이 매우 높다는 점이 맞물려 작용한 금액으로 추측된다. 또한 이런 저렴한 월세가 빈민의 유입을 높였을 수도 있다. 그렇게 조밀하게 군락을 형성하고 있던 빈민들은 하루아침에 흩어질 위기에 처했다.

쟁점은 '건물의 물리적 낙후성'과 '빈민들의 저렴한 거처'의 대립이었다. 건물주의 주장에 따르면 연식이 30년 이상이었던 동자동 9-20은 시설물 안전진단 결과 D등급을 받았다. 안전진단은 건물의 노후 및 불량 정도에 따라 구조의 안전성 여부, 보

* 지하 창고, 교회, 그만둔 관리인 방 3개를 제외.

수비용 및 주변 여건 등을 조사해 재건축 가능 여부를 판단하는 것으로 A~E등급으로 결과가 분류된다. 위험하다고 평가되는 D등급과 E등급은 구조적 결함에 대해 조치해야 한다. 이에 따르면 D등급에 해당하는 동자동 9-20은 조건부 재건축 또는 철거의 대상이고, 건물의 결함으로부터 세입자를 보호하기 위한 건물주의 조치는 정당하다. 그러나 주인의 행동은 세입자들의 명백한 반대에 부딪혔다.

갑작스러운 퇴거 명령, 무너진 세입자들의 삶

첫 번째 문제는 공간적인 이유로, 이곳이 오랫동안 쪽방촌이었다는 사실에 있었다. 건물 그 자체로만 놓고 보면 지극히 당연하다고 여겨지는 조치가, 낙후된 건물이 가득한 이곳 쪽방촌에서는 유감스러운 일이었기 때문이다. 동자동 쪽방촌은 원래는 유동 인구가 많은 서울역 및 남대문시장과 인접한 집창촌이었고 건물주들이 다수의 호객 유치를 위해 방을 작게 쪼개면서 형성되었다. 그러나 시간의 흐름에 따라 숙박 시설의 기능을 상실하고 끝내 빈민들의 공간이 되었다고 전해진다. 노후화가 많이 진행된 공간이기에 저렴할 수밖에 없고 그런 값싼 공간의 수요자로서 빈민들이 거주를 위해 모여들었다. 건물의 소홀한 관리 및 낙후성을 부득이하게 감수하며 거주하는 세입자들을 안전 담보의 이유로 쫓아내는 일은, 긍정적으로 보자면 그들의 안전만큼은 제고시킬 수 있었을 것이다. 그러나 이처럼 거주 환경의 특수성이 남아 있는 공간에서라면, 이러한 시도는 실질적으로는 그들의 일상을 훨씬 불안정하게 만든다.

물론 건물주의 자유의지 자체를 부정할 수는 없다. 그러나 해당 쪽방 세입자들의 내부 논리로 보면 똑같이 낙후된, 혹은 구조 안전진단에서 E등급에 상응하는 더 열악한 주변 쪽방 건물들이 즐비한데도 단지 그곳에 거주한다는 이유만으로 부당하게 쫓겨나는 것이었다. 즉 어떤 이에게는 쪽방촌 내부에 만연한 안전불감증과 그에 맞서는 특정 건물주의 대담한 결단으로 보일지도 모르겠지만, 이곳 주민들 입장에서는 그 건물뿐만이 아닌 쪽방촌 전체를 불도저로 밀어내려는 해체의 명분으로도 해석될 여지가 있다.

실제로 동자동 9-20의 건물주가 안전 문제를 들고 나왔듯, 쪽방 건물들은 대부분 위태로울 정도로 심하게 낙후되었기에 수선 후 용도변경은 쪽방 감소의 주경로가 될 것으로 전망되었다. 동자동 9-20의 내부 논리로서는 유난스럽다고 판단된 당시 건물주의 행위는, 쪽방촌의 외부에서 보기에는 결코 예측 불가능한 일이 아닌 시장의 적자생존 논리에 따른 지극히 자연스러운 행동이었다. 쪽방촌 내부에서도 해당 쪽방을 제외한 사람들의 입장은 그 일이 언젠가 자신에게도 발생할 수 있다는 데 따른 불안감의 확산 및 연대 의식과, 반면 당장에 그 일이 자신에게는 닥치지 않았다는 안도감으로 그들과 자신들을 구분하는 태도의 불편한 공존이었다. 건물주 조치에 대한 반대의 근거로서 건물 내 세입자들의 내부 논리를 내세우는 것은 쪽방촌의 연대를 결집하려는 특별한 구실이 없는 한, 단지 더 가난한 세입자 45명만의 폐쇄적인 '내 밥그릇 챙기기'에 불과한 것이었으며 쪽방촌에서조차 설득력이 떨어지는 변론이었다.

　사실 이 상황에서 정말 심각한 문제는 쪽방 관리에 소홀하더라도 받아야 할 월세는 예외 없이 수령하는 건물주들의 존재 및 방치된 건물에 거주하면서도 목소리를 내지 못하고 피해를 고스란히 입어야 하는 세입자들의 삶이었다. 하지만 그것은 역으로 건물주가 이제부터 건물을 관리하겠다면서 재건축이나 리모델링 등으로 세입자들을 내보내는 순간, 추방되는 당사자들로서는 침묵할 수밖에 없게 만드는 동전의 양면이기도 했다. 그렇게 국민의 혈세로 수급자 빈민들에게 제공되는 주거급여는 모두 부유한 건물주에게 현금으로 유입되면서도 수익은 그림자처럼 잡히지 않는 소위 '빈곤 비즈니스'에 사용되며 탈세의 근원이 되고 말았다.

안전을 위한다지만 안전은 없었다

　드러나는 두 번째 문제는 동자동 9-20이 받았던 D등급이 '조건부 재건축'과 '리모델링'을 상정한다는 점이었다. 조건부 재건축은 안전진단 평가 후 즉시 재건축이 승인되는 E등급과는 달리 시기를 조정할 수 있다. 리모델링이면 굳이 철거와 재건축에 이르지 않아도 된다. 한편 공공이 아닌 민간 주체가 수행하는 재건축은 노후 불량 주택에 대한 안전진단 외에도 300세대 이상* 또는 그 부지 면적이 1만㎡ 이상 건물이어야 한다는 조건이 붙어 있다. 따라서 여기에서 안전진단 결과 D등급이 의미하는 바는 건물주로서는 동자동 9-20의 리모델링이 가능하다는 점을 확실히 하기 위함이었다고 할 수 있다.

　노후화된 건물의 물리적 위험성을 소거하겠다는 건물주의 조치를 인정한다고 치자. 그럼에도 불구하고 한 달이라는 단기적 시차를 두고 무리하게 철거 공사에 착수하면서까지 세입자 전원에게 퇴거를 압박하는 행위는, 정말로 세입자들의 안전을 위한 의도에서 비롯되었는지를 의심할 여지를 만들었다. 리모델링은 철거를 수반하지 않아도 가능하며, 컨테이너를 활용한 순환식 개발로 세입자들의 전원 퇴거를 예방하는 방식도 존재하기 때문이다. 또한 현행 시설물 안전 및 유지 관리에 관한 특별법에서는 일정 규모의 건물에 대해 정기적으로 구조 안전진단을 받도록 하고 있으나, 동자동 9-20 건물은 그 기준에 포함되지 않았다. 이 부분에서 안전진단을 이행했다는 건물주의 주장 그 자체에 대한 주민들의 불신이 생길 수밖에 없었다. 혹여 육안 점검만으

* 단독주택은 200호 이상.

로 건물이 D등급을 받았다고 조작했을 수도 있다는 의견이 나왔다. 당시 주민들 중에서는 누구도 안전진단을 목격한 사람이 없었기 때문이었다. 그래서 주민들은 용산구청과의 연락을 통해 이것이 구청도 인지하지 못한 진단 결과임을 확인하게 된다.

퇴거를 일방적으로 통보했던 건물주의 성급함은 D등급이라는 빈틈을 남겼다. 'D등급의 내용인 시기 조정 및 리모델링'과 '건물주의 철거 공사 공고 및 급박한 전원 퇴거 명령' 사이의 간극으로 인해 세입자들의 합리적 의심을 살 수밖에 없었던 것이다. 만약 안전진단의 이행이 사실이 아니라면 세입자 모두를 단기간에 쫓아내려는 데에는 건물주의 특정한 의도가 있다고 여겨질 수밖에 없는 상황이었다. 향후 주민들의 요구로 구청에서 육안 안전진단을 실시하였으나, 세입자들의 퇴거가 요구되는 상황은 아닌 것으로 확인되었다.

그곳에서 살 수밖에 없었던 사람들

세 번째 문제는 근원적이고 도의적인 것이다. 설령 쪽잠밖에 잘 수 없는 비좁고 낙후된 공간이라고 해도 그곳은 빈민들의 엄연한 거처였다. 심지어 딱지가 붙었던 날은 암묵적으로 강제 철거 금지를 원칙으로 하는 동절기였다. 동자동 9-20 거주자 45명 중 80대는 3명, 70대 9명, 60대 20명으로, 다수가 병고를 지닌 노령의 기초생활수급자들이었고, 거주 기간은 16년 이상 3명, 15년 6명, 10~14년 11명 등으로 절반에 육박하는 사람이 장기 거주하고 있었다. 게다가 동자동 9-20은 동자동 9-18, 9-19와 함께 동자동 쪽방촌의 중심거리라고 불리는 곳에 나란히 위치한 대표적인 공간이었다. 흔히 '가난의 상징'으로 회자되는 곳이었기에, 이곳이 무너진다는 것은 여타의 쪽방 건물에서도 유사한 상황이 연쇄적으로 발생할 수 있음을 의미했다.

쪽방촌에서 하나의 건물이 사라지면 주변의 쪽방은 자연스럽게 월세를 올린다. 사라진 쪽방의 수만큼 수요가 늘어남에도 공급은 그만큼 줄어들었기 때문이다. 그것이 다른 쪽방의 거주자들이 동자동 9-20의 세입자들과 자신들의 처지를 구분하면서도, 일말의 불안감과 연대 의식을 체감할 수밖에 없었던 근거였다. 당시 동자동 9-20에 거주하던 45명이 처한 문제는 단지 시차만 있을 뿐, 동자동 쪽방촌 69채의 쪽방 건물에서 생활하던 1,100여 명 주민의 생존과도 언제든지 충분히 연결 가능한 문제였다.

쪽방촌에 거주한다는 사실은 당시 이들의 월 소득이 대략 50만 원 내외였음을 암시한다. 게다가 저소득인 상태에서 소득의 절반을 주거비로 지불하면서 30일을 버텨 내는 삶이다. 쪽방촌 내에서도 극빈층이었던 동자동 9-20 세입자들이 동일한 임대료로 다른 쪽방에 이주하기란 매우 고된 일이었다. 이들이 쪽방촌에서 취할 수 있는 두 가지 선택지는 1)월세를 더 올려서 현재

와 비슷한 방에서 살아가거나, 2)유사한 월세 수준으로 다른 쪽
방의 더 열악한 방에 자리를 잡는 것이었다. 전자는 쪽방촌에서
조차 가난하다고 여겨지는 사람들에게는 언감생심이었으며 각
고의 노력으로 자신의 생활을 더 조이는 방법으로만 가능한 일
이었다. 후자 또한 이들이 설령 건강 상태가 좋아 발품을 팔거나
이웃에게서 정보를 확보한다고 하더라도 애초에 동자동 9-20
보다 더 저렴한 공간을 찾아낸다는 것이 결코 쉬운 일은 아니었
다. 최후의 안전망인 쪽방을 상실하는 순간 자칫 거리 노숙으로
내몰릴 수도 있다는 의미였다.

이와 같은 상황에서 건물주는 '세입자에 대한 이주는 지원할
수 없다, 단 도의적으로 세입자들의 마지막 1개월분 방세는 받
지 않겠다'는 선심성 입장을 내놓았다. 말하자면 1개월 안에 주
민들은 건물주로부터 비용적으로 어떠한 지원도 받지 못한 채
자력으로 새로운 거처를 확보해 쪽방을 가득 채웠던 짐을 들고
이사까지 모두 마쳐야만 했다. 쪽방 세입자에 대한 별도의 이주
대책은 존재하지 않았고, 이들은 어떠한 법적 보호도 받을 수 없
는 처지에 놓였기 때문이다. 서울시 자활지원과에 따르면 쪽방
세입자들은 임대차보호법으로 보호될 수 없다. 애초에 이들의
입주 계약서에는 시한이 명시되지 않고 보증금도 없기 때문이
다. 건물주의 주장 또한 일관되었는데 세입자들과의 계약 관계
는 무보증금 월세로, 1개월 단위의 계약이기에 퇴거 요구는 부
당하지 않다는 말이었다. 한편 2015년 당시 영구임대주택의 재

고는 46,592개였으나, 해당 주택의 입주 1순위인 기초생활수급자는 같은 해에 246,580명이었다.

비수급자였던 일부 세입자들에게 주택은 더욱 요원한 것이었다. 게다가 공공임대주택은 200~300만 원의 보증금, 자립 의지 및 알코올 무중독 등의 엄격한 자격 요건을 요구했으며, 선정을 위한 행정적 절차 또한 즉각적일 수 없고 복잡했다. 임대주택을 제공하는 정부의 제도 역시 별도의 이주비가 없이 쪽방에서 내몰리는 사람들의 긴급한 상황에서는 무익한 것이었다. 무대책 철거를 제한하고 동절기 강제 퇴거를 금지하는 암묵적 원칙은 법률에 강행 규정된 바가 없었기 때문에 지켜지지 않았다. 즉, 오직 건물주의 호의에 의존할 수밖에 없는 상황이었다.

거주자들을 내쫓는 젠트리피케이션의 논리

나아가 건물주가 리모델링을 마친 후 쪽방 임대를 지속할지의 여부 또한 불확실했다. 사실 이것이 건물주가 안전진단을 명분으로 세입자들을 몰아낸 진짜 의도였을 것으로 추정된다. 리모델링으로 건물을 새로이 단장한다는 것은, 쪽방 임대의 지속 여부와는 무관하게 건물주의 추후 수익성을 제고시키기 위해서라는 유추가 충분히 가능하다.

먼저 용도변경을 통해 건물주가 쪽방이 아닌 서울의 관광객들을 위한 상업용 게스트하우스로 개조하려 한다는 의혹이 있었으니, 여기서 잠시 그 의혹의 현실화를 상정해 보겠다. 위치상 이곳 동자동은 교통의 요충지인 서울역과 불과 5분도 채 되지 않는 거리에 있고, 인천공항과 연결된 지하철 4호선이 관통하는 역세권이어서 국내외 투숙객들이 대거 모여드는 곳이다. 게다가 공실률이 10%대로 낮은 쪽방보다 게스트하우스가 공실률이 수 배나 높음에도 불구하고 임대 수입의 측면에서 수익성이 월 100만 원 이상 높다는 추정 결과도 제시된 바 있다. 건물주가 용도변경을 하지 않은 채 쪽방을 유지할 명분이 딱히 없었다고 할 수 있다.

쪽방촌의 역사적 렌즈로 들여다보면, 전보다 고급 시설을 갖추며 집창촌이나 여관, 여인숙과 같은 숙박 시설로 회귀하려는 상업화의 움직임은, 세입자들 처지에서는 자신들의 터전이 돈을 더 지불할 수 있는 유동적 투숙객들의 숙소로 침탈당하는 소위 투어리스티피케이션touristification, 다시 말해 주거지 파괴의 타격을 입는 것으로 해석된다. 가난한 동네로 관광과 세계화가 침투하며 거리의 풍경이 바뀌는 사이, 가난한 사람들의 주거는 사정없이 흔들리고 있었다.

혹여 쪽방 세입자들을 계속 받아들인다고 하더라도 더 나은 시설에서 생활하도록 조치한 것이므로 리모델링 전과 비교했을 때 건물주는 세입자들로부터 더욱 높은 월세를 수입으로 획득할 수 있게 된다. 물론 이 경우에 원 세입자들의 재정착률은 그들의 경제적 상황을 고려하면 두말할 나위 없이 저조할 수밖에 없다. 그러면 결국 쪽방촌에서 가장 가난한 사람들의 터전이었던 건물이 쪽방촌 내에서 가장 부유한 사람들의 터전으로 탈바꿈하는, 이른바 임대료 상승형 젠트리피케이션gentrification이 나타나고 만다.

동자동 9-20이 쪽방 건물로 남든 그렇지 않든, 그것이 수익성을 위한 개인의 탐욕 때문이든 법적, 제도적 사각지대의 형성이라는 구조적 문제에 의한 것이든 간에 수렴되는 결론을 요약하면, 당시 세입자들은 그곳에 그동안과 같은 방식으로 머물러 있을 수 없게 되었다는 점이다. 쪽방촌의 둥지 내몰림, 즉 젠트리피케이션 현상이었다. 이는 현재 자본주의적 공간 생성의 주요한 유형이 되면서 재개발, 재건축, 리모델링, 도시재생의 유형별 차이를 막론하고 다수의 지역을 잠식하고 있다. 때로는 주거지를 파괴하는 방식으로, 때로는 임대료를 상승시키는 방식으로 원주민들의 거주권을 침탈하는 것이다. 그리고 주거 공간이 이와 같은 거대한 변화를 체감하고 있다는 사실은, 이제는 '빈민들의 저렴한 최후의 거처'라는 쪽방촌의 가치가 직면해 맞서야 할 대상이 '특정 건물의 물리적 낙후성' 정도의 개별적 수준이 아닌, 쪽방촌의 존폐까지 위협하는 '주거 젠트리피케이션'의 막대한 쓰나미임을 상기시켰다. 이처럼 세입자들을 둘러싼 지역 사회 환경 변화의 영향은 무척이나 고통스럽게 파고들고 있었다.

쪽방촌의 저항이 촉발되다

동자동 9-20 사태의 연대기는 주도권hegemony 획득의 추이가 반박에 재반박을 거듭하면서 쉬이 예측할 수 없는 국면으로 흐르고 있었다. 이는 그것이 '공고-퇴거'라는 단일 시점의 간단한 도식으로 끝나지 않으리라는 걸 의미했다. 이 사실은 사태의 경중과는 무관하게 사태의 성격적 차원에서 사뭇 흥미롭다. 빈곤층 주거지의 역사 속에서 불도저식 철거와 무차별적 재개발에 반대 및 저항하는 빈민 운동들은 굵직하게 존재했으나, 유독 쪽방촌에서만큼은 유사한 상황들 속에서도 그와 같은 움직임이 두드러지지 않았기 때문이었다. 적어도 2015년 동자동 9-20 사태 전까지는 말이다.

쪽방밀집지역의 개발 및 퇴거 사례들을 분석한 연구에 따르면, 2002년 도시계획시설사업으로 영등포 쪽방촌 200개의 멸실을 비롯해 이후에도 중구 남대문로 쪽방촌, 용산구 쪽방촌에서 도시환경정비사업, 저렴쪽방임대사업 등의 이름으로 쪽방이 소멸하는 일이 잦았다. 이때마다 주민들 대부분은 일방적이고 갑작스러운 통보로 세부적 설명과 정보 및 보상도 제공받지 못한 채 속수무책으로 거처를 상실해야만 했다. 쪽방 세입자들은 퇴거라는 건물주의 카드에 대항해 어떠한 나름의 불만과 고충도 표출해내지 못하고 그저 무기력하게 쫓겨난 것이다. 비록 그것이 무허가 주택이라고 하더라도 집을 짓고 살았던 예전의 빈민들과는 달리, 이 사람들은 세입자인 데다가 법적으로도 보호를 받을 수 없었던 한껏 위축된 빈민들이었다. 추방되었어도 자신의 목소리를 낼 여력이 없었던 사람들, 그로 인해 저항하려는 의지조차 꺾이고 만 사람들이 바로 쪽방촌 사람들이었다.

한데 동자동 9-20 사태에서는 놀랍게도 다른 쪽방촌 사람들의 무력감과는 거리가 아주 먼 노정이 탐지되고 있었다. 건물주의 일방적 퇴거 통보는 어떠한 방식으로든 반박을 표면화하고 대책을 궁구해내려는 쪽방촌 지역 사회의 결집을 낳고야 말았다. 주어진 조건에 그대로 순응하던 기존의 경로의존성에서 탈주하려는 필사적인 몸부림이었다. 그것은 미시적으로는 안전을 빌미로 기만적 행태를 드러낸 쪽방 건물주의 위선과 거짓에 맞서 세입자들이 무방비 상태로 쫓겨나지 않을 권리, 즉 정주권을 지키고자 함이요, 지역 사회의 측면에서는 계속되어 온 쪽방촌 철거의 역사를 끊어내고 이곳 동자동 쪽방촌에서도 유독 찢어진 가난을 상징하는 특별한 장소성이 무너지지 않도록 적극적 보존을 위함이요, 거시적으로는 쪽방촌의 존폐를 결정적으로 좌지우지하는 주거 젠트리피케이션의 역풍을 자신들의 힘으로 막아내고자 함이었다.

이는 20세기 말엽의 경제 위기 이후 빈곤층의 최후 주거지로서 세상의 관심을 받았던 2000년대부터, 역설적이게도 개발로 인해 지속적으로 철거의 대상이 되어 온 쪽방촌을 이제는 그저 두고 볼 수만은 없다는 인식이 쪽방촌 저변으로 확대된 것으로 풀이된다. 이곳 쪽방촌의 내부 자원으로서 이웃끼리의 유대와 신뢰가 공고하다는 점도 쉬이 쫓겨날 수밖에 없었던 기존 관습과의 차이를 만들어 낸 주요한 요인이었다. 그것은 쪽방에서 추방된 사람들이 대항기억을 만들어 내는 일종의 변곡점이 되었다. 그동안 늘 부재했던, 쪽방촌의 대항기억은 이후에 잠재적으로 발생 가능한 또 다른 동자동 9-20 사태들을 위해서도 절대적으로 필요한 것이었다.

물론 추방될 위기에 처한 이들에게는 그 모든 대의와 명분보다도 당장 발등에 떨어진 불을 끄는 일이 가장 절박했다.

비상대책위원회의 구성과 주민 요구 사항

"언니의 쪽방 문에 공고가 붙은 것을 본 후로 가슴이 뛰고 마음이 불안해서 방으로 돌아가지 못하고 식도락(쪽방 주민들의 공동 주방)으로 카페로 다니는 중이었다. 살다가 이런 일은 처음이란다. 미친 수캐처럼 동네를 방황하고 다닌다며 울먹인다. '사람들이 모이면 거기 가서 있고 움직이면 같이 움직여줘야지. 그게 붙은 후로는 그냥 집에 가기가 싫어….'"

-주민 구술 1, 동자동 주민 N, 2015/02/05

계고장이 붙은 후 나흘이 지난 2015년 2월 8일, 분노와 걱정으로 가득했던 동자동 9-20 세입자들을 포함한 동자동 쪽방촌의 주민 33명은 쪽방촌 초입에 설립된 S교회에 모여 주민총회 비상 모임을 꾸렸다. 살아남아야 했기 때문이다. 삶의 터전을 향한 갑작스런 공격은 당사자들에게 삶의 포기보다는 삶에의 무의식적 욕망을 낳았고, 그로써 탈주체화의 과정이 이미 발아하고 있었다. 그것은 건물주의 불도저식 행동에 대해 나름의 자구적 방어책을 마련하고, 운동의 추동력을 응집해 내려는 방어기제의 발현으로 나타났다. 이 모임에는 쪽방 거주자들의 권익을 대변하는 주민 자치 조직인 '동자동사랑방'이 합류했으며, 사태가 종결될 때까지 끈질기게 주민들과 함께 투쟁하게 된다.

이들은 5일간 동자동 9-20 주민 비상대책위원(이하 비대위원) 총 5명을 선출하고 주민들의 요구 사항을 수렴했는데, 당시 가장 빈번히 등장했던 요구 내용은 '계속 여기에서 살 수 있게 해 달라'는 것이었으며, 이사 비용의 지급, 퇴거 시한 연기, 안전진단 결과 공개가 뒤를 이었다. 여기에는 적절한 이주 대책이 없이는 이곳을 떠나고 싶지 않다는 세입자들의 소망, 그리고 떠날 수 없다는 결의가 모두 담겨 있었다. 아울러 건물의 안전진단 결과를 공개하라는 요구 사항은 빈민들이 이곳에서 추방되어야 하는 논리적 근거가 부실하며 불확실함을 이미 감지하고 있었음을 시사한다.

비대위원들은 요구 사항 등의 준비를 마친 후, 한 차례의 무산 후에 2월 25일, 건물주와 처음으로 대면한다. 건물주는 퇴거 시을 기존의 3월 15일에서 1개월 후로 연기만 했을 뿐, 4월 후반 부까지는 모두가 퇴실해야 한다는 주장을 굽히지 않았다. 도의 적으로 그때까지 월세를 받지 않겠다는 말 또한 되풀이했다. 이른바 '2차 퇴거 공고'였다. 그의 확고함은 4월 20일부터 공사를 위한 비계飛階* 설치 공사를 실시하겠다는 언급에서 확인되었다. 반면 주민들은 대책이 없는 퇴거는 불가능하다는 입장만을 전달하는 데에 그치고 말았다.

주민들이 대화 속에서 소득을 확보하지 못한 첫 번째 접촉은 결국 건물주의 독보적 승리로 끝이 났다. 이대로 가다가는 협상 은커녕 건물주의 의도에 휘말려 결과적으로 2개월 뒤에는 쫓겨날 수밖에 없다는 것을 인지한 주민들로서는 단순히 요구 사항을 건물주에게 개별적으로 전달하는 수준을 넘어서는 새로운 돌파구가 필요했다.

탄원서 제출을 통한 공식 민원 제기

"이 건물 입주민 중 기초수급자와 장애인이 대부분이다. 우리는 이곳에서 살고 싶다. 이곳을 떠난다는 생각은 전혀 없다."

　　　　　　　　　　　　　 -주민 구술 2, 비대위 위원장 K, 2015/03/16

---

* 건설 현장에서는 속칭으로 아시바라는 일본어로 불리기도 한다.

그것은 바로 민원 제기였다. 주민총회를 거치면서 이들은 3월 10일, 서울시와 용산구, 그리고 국민권익위원회의 세 군데에 탄원서를 제출하는 전략을 택했다. 이에 응답한 서울시는 용산구 사회복지과에 탄원 내용을 전달했고, 용산구는 상부의 요구에 따라 1)건물주에게 퇴거일 연장을 요청함과 더불어, 2)세입자들에게는 서울역쪽방상담소를 통해 임대주택, 희망하는 원룸이나 인근의 쪽방 등지로 이주할 수 있도록 지원을 받으라고 회답했다. 구체적 방안까지 마련된 것은 아니었으나, 만약 주민들이 서울시를 제외한 채 단지 쪽방촌을 관할하는 용산구에만 민원을 넣고 말았다면 이마저도 실행되기 어려웠을 것으로 예측된다. 국민권익위원회에서는 사인私人 간 권리 관계에 관한 민원이기 때문에 대한법률구조공단에 해당 사안을 의뢰했다. 나아가 3월 14일에는 동자동 9-20의 세입자들이 쪽방 주민 퇴거 반대 서명 운동을 진행했고, 하루 만에 179명의 쪽방촌 주민들이 서명했다.

탄원이라는 방식을 통해 쪽방촌 내부에서 처음 발생했던 건물주와 세입자들 사이의 문제는, 쪽방촌 주민과 지역 단체의 연대를 넘어 지자체 차원에서도 인지되는 또 한 번의 확산을 겪었다. 문제의 인식 주체가 늘어난 만큼 해결 확률을 더욱 높일 수 있을 것이라는 의도와 함께, 사안이 커진 만큼 장기전을 준비해야 한다는 인식도 깔려 있었던 것으로 보인다.

그새 겨울이 가고 봄이 성큼 다가왔다. 그러나 건물주의 태도는 여전히 완고했고, 문제의 협상은 요원했다. 더욱이 건물주는 자신이 지연시켰던 시간표를 어기고 결과적으로는 본래의 제안으로 되돌려 놓는 강수를 둔다. 그는 2월 25일 1차 대면 당시만 해도 4월 20일에야 시작하겠다던 비계 설치를 1차 공고 시한인 3월 15일이 지나자마자 3월 16일에 곧바로 실시했다. 세입자들은 건물 앞에 파란 천막을 세우고 공사 인부와 같은 외부인의 출입을 저지하는 방식으로 대치했다. 비대위도 '주민 여러분께 호소합니다, 9-20 주민은 여기서 계속 살고 싶다! 함부로 쫓아내지 말라'는 벽보를 동네 곳곳에 붙이는 방식으로 대응했다.

4월 4일에는 세입자 전원이 건물주로부터 내용증명 서류를 받기에 이른다. 내용증명의 골자는 4월 10일부터 건물의 외관 및 내부 안전보강 공사를 부분적으로 실시할 것이며, 이를 방해할 경우 단전·단수는 물론, 강제 퇴거 절차를 밟고 형사 고소 조치까지 진행하겠다는 것이었다. 이로써 건물주를 향한 용산구의 퇴거일 연장 요청은 간단히 묵살되었음이 확실해졌다. 아이러니하게도 지자체의 요청 이후 연장은 무시되고 오히려 쫓겨날 기일이 앞당겨지고 만 것이다. 4월 6일, 주민들은 박원순 서울시장과의 면담을 시도해 현 상황을 설명하고 시의 적극적인 개입을 촉구했으나, 사유 재산이기 때문에 개입은 곤란하다는 답변을 확인할 뿐이었다.

계속되는 압박

내용증명에 명시된 4월 10일이 되자, 건물주는 새로운 세 가지 제안을 서울역쪽방상담소장을 통해 주민들에게 전달한다. 그것은 건물주가 공사를 이행하지 않는 조건으로 1)보증금, 2)현상태의 임대료를 동자동 쪽방촌 평균 월세로 인상, 3)원래 받지 않기로 했던 지난 2개월분 방세의 지불을 요구한 것이었다. 건물주가 한 발 물러서며 타협의 여지를 열어 놓은 것처럼 보였다. 주민들로서는 의아했지만 동시에 반가운 소식이었다.

이에 4월 13일, 주민총회가 개최되었고 현실적으로 쪽방의 월세 인상은 가능하다는 입장을 수렴해 건물주에게 전달한다. 쪽방촌 도시빈민들에게는 쫓겨나는 상황을 겪는 것보다는 어떠한 방식으로든 주머니를 조이면서라도 그곳에서 생계를 유지하는 것이 더욱 간절했기 때문이었다. 50만 원 남짓한 기초생활수급비의 30~50%를 쪽방 월세로 낸 후 그 나머지로 하루 세끼의 밥을 챙겨 먹으며 한 달을 살아 내야 하는 사람들에게 저축은 지극히 사치였다. 결국 현재 몸을 누이는 '이곳에서 깨끗하게 죽어 나가는 것'이 생의 바람이 된다.

문제는 그로부터 이틀 뒤인 4월 15일에 재점화된다. 이날 주민들은 건물주에게서 두 번째 내용증명을 배달받게 되는데, 그 내용은 생색내던 세 가지 제안에 대한 일말의 언급도 없는 일방적 퇴거의 거듭된 통보였다. 당시 서울시와 쪽방상담소는 이주

가능한 쪽방의 공실이 몇 개인지, 평균 월세가 얼마인지 등의 정보를 건물주에게 제공함으로써 세입자들을 통제하고 이주시키려는 건물주의 의도에 충실하곤 했다. 용산구 사회복지과의 경우, 건물주의 통보 후 흐른 2~3개월은 입주민에게 새로운 주거지를 탐색할 충분한 시간이었다고 판단했고, 그간의 집세 절감분인 30만 원으로 이주비를 충당할 수 있을 것으로 보았다.

시간은 흘러 건물주의 2차 퇴거공고기한인 4월의 후반부를 향해 달려가고 있었다. 4월 27일 서울역쪽방상담소의 중재로 이루어진 서울시와 용산구, 그리고 주민들의 총회에서는 더는 건물주를 설득할 방법을 찾을 수 없다는 지자체의 결론과 함께 여전한 건물주의 입장만 통보되는 가운데, 이주 대책에 대한 지극히 추상적인 제안만 오고 갔다. 이렇게 주민들의 각종 탄원은 건물주의 완강한 태도와 기만적 줄다리기, 지자체가 계획해 놓은 세입자들의 이주 관련 타임라인으로 인해 그 유효성을 상실해 가고 있었다.

평화 전략의 계획과 실패, 저항으로의 회귀

하지만 세입자들에게 포기는 없었다. 후폭풍이야 어찌 되든 일단 주민들의 목소리와 발품 덕분에, 건물주의 의도와는 달리 4월 27일 총회 당일까지 공사가 계속 지연되어 왔음은 물론이 거니와 그들이 추방되지 않고 자신들의 터전을 완고하게 지켜 온 것 또한 주지의 사실이었기 때문이다.

주민들은 여태까지의 방식으로 강경하게 대항하는 것은 건물 주를 자극한다고 판단해, 비계 설치를 저지하지 말고 평화적 방 식으로 항의하기로 4월 29일 주민총회에서 결단한다. 퇴거 공 고시한은 1차든 2차든 이미 넘겼고, 건물주는 3월 16일부터 비 계를 설치해 왔으며 머지않아 철거 공사에 본격적으로 착수하게 될 터인데, 이때 쪽방에서 발을 떼지 않고 조용히 버텨 내면서도 다른 한편으로는 변화되는 건물의 상황에 대해서 만큼은 별도로 관여하지 않고 그저 흘러가는 대로 지켜보자는 것이었다. 자신 들의 생존을 위해 주민들 역시 건물주가 자행해 왔던 소위 '밀고 당기기'를 차용하되, 그와 같이 상대를 속이는 방식이 아닌 건물 주를 진정시켜 회유하고 끝내 퇴거의 중단을 설득해내려는 평화 적 계획을 설계하고 있었다.

그런데 4월 30일 아침 8시부터 인부 6명이 쪽방의 문짝들을 뜯어내는 작업이 강행되었다. 사람들이 아직 사는 현장의 문이 원치 않게 강제적으로 열리게 되자, 주민들이 결의했던 평화적 항의 방식은 순식간에 증발할 수밖에 없었다. 평화적 항의는 단 지 비계 설치 단계에서 구상된 상상력의 산물이었고, 현실은 그 것과는 사뭇 달랐기 때문이다. 일상의 평화가 세입자들이 위협 을 체감할 정도로 침탈당하자 그야말로 전쟁이 시작되었다.

그것은 문자 그대로 전쟁이었다. 그동안 비대위원들과만 한

번 대면하고, 세입자들에게는 철저하게 얼굴을 숨기며 내용증명의 서면으로만 퇴거를 통보해 오던 건물주도 그날만큼은 동자동 9-20 현장에 직접 모습을 드러냈다. 그리고 세입자들에게 5월 30일까지 딱 1개월의 기한을 최종적으로 줄 것이며 그때까지 퇴거하면 지난 월세들은 받지 않겠다고 공언했다. 그것이 건물주가 이해하고 있는 '선 대책 후 철거'이자, 3차 퇴거 공고였다.

그러나 그날 주민총회에서 투표된 결과는 6월까지 월세 소급 없이, 퇴거의 조건으로 받지 않겠다던 월세의 지불 없이 이곳 동자동 9-20에서 살겠다는 것으로 확정되었다. 불과 20일 전만 하더라도 월세를 동자동 쪽방촌의 평균 수준으로 올려서라도 쫓겨나지 않으려던 주민들의 오기와 분노가 표출된 저항적 결의였다. 또한 쪽방 세입자들의 시간과 돈을 압박하는 건물주의 반복되는 제안을 이제는 협상이 아닌 협박으로 인식하게 되는 계기가 되었다. 당일 총회에서는 이와 같은 입장을 건물주에게 직접 선포할 세입자 대표 3인이 선출되었다.

부득이한 세입자 이주의 시작

"뿔뿔이 흩어지면 고독사로 죽는 거야."
　　-주민 구술 3, 매입임대주택으로 집단 이주한 동자동 9-20
　　　　　　　　　　　　　　　　세입자 L, 2015/05/21

5월 1일, 건물주와 세입자 대표 사이의 합의는 결렬되고 말았다. 그리고 다음 날이 되자 건물주의 주최로 전체 세입자 모임이 이루어졌는데, 이 자리에서 건물주는 '5월까지 퇴거 완료'에 대해 상당수 세입자의 동의를 손쉽게 이끌었다. 그것은 건물주가 본 모임에 지역 사회단체인 동자동사랑방과 서울역쪽방상담소의 참관을 거부한 상태여서 가능한 일이었다. 3개월간 주민들도 지칠 대로 지친 상황이었기에, 지원 세력이 부재한 상태에서 급격하게 흔들리는 그들의 심리는 지극히 자연스러운 현상이었다.

건물주는 돈과 각개격파라는 무기로 세입자들을 압박했는데, 1)5월 말까지 퇴실할 경우 4월 월세를 면제하고 5월 방값을 하루 5천 원씩 깎아주겠다, 2)계속 거주하는 자는 즉시 밀린 2개월분의 월세를 내고 6월부터는 매달 21.4만 원(기존 14만 원)을 내야 한다는 것이었다. 50만 원으로 한 달을 생존해야 하는 세입자들에게 밀린 방값의 일괄 납부 및 월세의 급격한 인상은, 수난의 시간이 하염없이 흐르고 있는 가운데 특히 1번 조건과 동시에 제시되었을 때 아주 가혹한 것이었다.

이후 서울시의 예산으로 운영되는 쪽방상담소는 임대주택이나 다른 쪽방으로의 이주에 대해 책임지고 수행하는 주체가 되었다. 실제로 5월 21일, 쪽방상담소의 이사 지원으로 6명이 서울시 서대문구 연희동의 매입임대주택으로 이주하게 된다. 이곳은 한국토지주택공사가 다가구주택을 매입해 저소득층 가구에 저가로 임대하는 주택이었다. 세입자 중에서 정보를 습득하고 그나마 50만 원의 보증금을 마련할 수 있었던 소위 '쪽방촌 내 부유한 사람들'은 서로 흩어지고 싶지 않았기 때문에 집단 이주를 신청했고 선처되었다.

그러나 그 외 쪽방상담소의 이주 대책은 세입자 관점에서는 그리 세심하지 못했다. 방의 알선이나 이사의 지원이 예상보다 매끄럽게 진행되지 못했고, 쪽방상담소를 찾아갔던 주민들이 아무런 도움을 얻지 못한 채 되돌아오는 상황들이 속출했기 때문이다. 그렇게 결사 반대를 외쳐 오던 주민들은 결국 누구의 지원도 없이 하나둘씩 방을 비워 내는 소위 '동자동 쪽방촌 내 작은 이주'를 시작한다. 그것은 분명한 마이너스 생활이었다. 이사한 쪽방의 주거 환경은 나아지지 않았으나, 불필요할 수도 있었던 이주비가 개개인의 주머니에서 빠져나간 상태에서 고정적 월세까지 치솟았기 때문이다. 끝내 갈 곳이 없었던 11세대는 남아 있겠다고 선언했다. 거처를 구하지 못해 거리에서 노숙하게 될 경우, 받고 있던 기초생활수급의 자격이 원천적으로 박탈당하기 때문이기도 했다.

그 정도의 반경이 철거와 강제 이주로 점철된 가난의 자취였다. 세입자들이 떠나는 이유도, 떠나지 못하는 이유도 결국엔 같았다. 모두 빈곤하기 때문이었다. 이로써 저항의 주체는 45명에서 11명으로 줄었으나, 계속되는 퇴거 압박과 부실한 이주 대책은 남아 있는 세입자들을 궁지에 몰아넣으면서 더욱 악에 받치게 했다. 이처럼 건물주와 세입자 사이에서 선 대책 후 철거의 개념은 평행선을 달리고 있었다.

남아 있는 세입자들의 버티기 전략

"사람이 살고 있는데 벽을 깨며 공사 중이다. 공사하려면 사람들 다 내보내고 해야 하지 않느냐!"
-주민 구술 4, 동자동사랑방 마을공제협동조합 이사장 W,
2015/06/10

5월 26일, 전원 퇴거 요구(1차) 이후 석 달간 기다릴 대로 기다렸다고 판단한 건물주는 본격적인 리모델링 작업을 위해 철거반원들을 들여 건물 4층에 있는 공실 두 개의 문짝을 뜯어냈다. 부서진 문 안쪽의 402호에는 아직 거주하는 주민이 있는 상황이었다. 뜯어낸 벽돌과 자재들이 방바닥과 복도의 입구에 널려 동자동 9-20은 세입자들의 출입조차 지장을 받는 상태가 되었다. 그러나 공사는 아랑곳 않고 진행되었고, 6월 1일에는 화장실 문을, 6월 9일에는 인부들을 동원해 쇠망치로 공실의 내벽을 허물고 세면장의 수도를 폐쇄하기에 이르렀다. 쪽방촌 사람들에게 세면장은 빨래도 하고, 쌀도 씻고, 세수도 하는 복합적 공간이었다. 남아 있던 세입자들은 지하 및 1층 화장실에 문 1개를 다시 달아서 사용하며 버텼다.

6월 10일, 인부들은 남아 있던 주민의 존재 여부를 따지지 않고 건물 4층의 천장을 뜯어냈다. 주민의 신고로 경찰이 도착했으나, 민사상의 문제라 인부들에게 주의 조치를 취하는 것 외에는 딱히 해결할 수 있는 부분이 없었다. 난감한 것은 철거 작업을 하던 인부들도 마찬가지였다. 건물주와 회사에서는 세입자들이 모두 이사를 마무리했다며 작업을 들어가라고 하고, 세입자들은 철거를 중지하고 나가라고 하니, 공사한 흔적이 있어야 돈을 받을 수 있는 인부들 또한 중간에서 이러지도 저러지도 못한 채 괴로운 처지에 놓이고 말았다.

동자동 9-20 사태, 공론화되다

"일방적인 강제 철거 중단하라! 지난 15년 동안 건물 관리한 번 안 해줬어도, 곰팡이가 활짝 피고 물이 뚝뚝 떨어져도 방세 내고 살았습니다."

-주민 피켓 1, 2015/06/11

"살으련다!! 정든 우리 형제들, 친우들과 사랑과 침묵으로 맺어진 끈끈한 우정들! 왜? 그대들은 우리의 삶을 방해하려하는가! 이대로, 조용히 살도록 해주면 안 되나요?"

-주민 피켓 2, 2015/06/11

이제 절벽에 놓인 자신의 자리를 지키는 것 외에 세입자들이 할 수 있는 최선의 조치는 지자체를 넘어, 사회적으로 이 문제를 공론화시키는 것이었다.

먼저 6월 10일에는 국가인권위원회에 쪽방 세입자 강제 퇴거를 위한 건물 철거 및 단수 조치에 대해 긴급구제를 신청했고, 자료 제출을 통해 세입자들이 항의의 과정에서 겪었던 위협과 막말로 인한 모멸감 등을 세밀하게 표현했다. 다음날인 6월 11일 오전에 이들의 발걸음은 서울시청 정문 앞으로 향하고 있었다. 그날은 동자동 9-20 쪽방 세입자 모임을 중심으로 '동자동 9-20번지 쪽방 건물 철거 규탄 및 대책 요구 기자 회견'이 열려, "건물주는 생가 강제 철거 중단하고, 서울시는 공공쪽방 대책 마련하라"는 기자 회견문이 발표된 날이었다. 이때 세입자들에게는 다양한 시민 사회 주체들이 연대하게 되는데, 동자동 9-20 공동대책위원회*, 전국철거민연합, 서울시주거복지지원센터협회, 나눔과미래, 토지주택공공성네트워크가 그들이었다. 특이사항은 사회복지시설인 서울역쪽방상담소는 제외되었다는 점이다.

이들 연대체는 경과 보고, 연대 발언, 주민 발언, 규탄 발언, 요구 발언, 회견문 낭독의 절차를 통해, 그들이 퇴거 통보 후 이곳에서 계속 거주하기 위해 비대위를 구성하고, 건물주를 만나

---

* 노숙인인권공동실천단, 동자동사랑방, 빈곤사회연대, 사랑방마을공제협동조합, 서울세입자협회, 홈리스행동.

고, 집단 민원을 제기하고, 서울시장과 면담을 하는 등 그동안 백방으로 노력한 시간을 회고했다. 이후 쪽방 주민들의 입장과 변론을 지지해야 할 쪽방상담소가 두 주체 간의 소통을 가로막으면서 되레 건물주를 대변하고 세입자들의 힘을 억압하는 역할을 자행하면서 여러 경로를 통해 전개한 세입자의 각종 노력을 무시하고 오로지 이주만을 밀어붙였다며 비판의 날을 세웠다. 그리고 거액의 공사 계약금을 이미 지불해 조바심이 난 건물주가 남아 있는 세입자들을 완전히 몰아내기 위한 회유와 위협을 무차별적으로 일삼고 있음을 고발하며 가장 가난한 세입자들의 고통과 불안이라는 도의적인 문제 또한 호소했다. 나아가 기존의 쪽방이 철거되거나 주민들과 무관한 용도로 재생되지 못하도록 공유주택형 공공쪽방 정책이 마련될 것을 촉구했다.

동자동 9-20의 문제는 쪽방촌의 역할과 존폐 문제를 부르짖는 확성기가 되었다. 그것은 그동안 개발과 퇴거에 놓일 때마다 늘 숨죽여 오던 쪽방 주민들의 은폐된 저력이 드러나고 그 목소리가 사회에 떳떳하게 울려 퍼진 시간, 곧 거주권을 잃어버리지 않기 위해 세입자들이 힘겹게 만들어 낸 대항기억의 절정이기도 했다.

공사중지 가처분을 신청하다

"시끄럽고 먼지 나요. 속이 상하지. 요즘엔 살고 싶지도 않고요. 더 살아 봐야 차라리 죽는 것이 낫겠어요."

-주민 구술 5, 동자동 9-20 지하 주민 K, 2015/06/12

그러나 기자 회견 당시에만 해도 11명이었던 세입자는 부지불식간에 5명으로 줄어 있었다. 세입자들에게 그만큼 육체적, 정신적으로 버티기 힘들었던 하루하루였음을 짐작할 수 있는 대목이다. 그래도 6월 19일, 세입자들은 또 다른 경로로 반격을 이어 갔다. 퇴거를 거부하고 남아 있던 세입자 중 3명이 서울서부지방법원에 '공사중지 가처분' 신청을 한 것이다. 그것은 수세에 몰린 세입자들이 할 수 있는 최후의 필사적인 몸부림이었다.

공사중지 가처분이란 공사장 소음, 분진, 진동 등으로 인한 환경피해가 날로 심각해질 때 신청 가능한 일종의 해결방안이다. 피보전권리를 가지는 세입자의 경우 일조권, 조망권, 소음, 분진, 진동 등으로 인한 생활이익침해가 있을 때 신청할 수 있으며, 공사를 중지시키지 않는 경우 신청인들에게 회복하기 어려운 중대한 피해가 간다는 주장과 입증을 해야 한다.

그로부터 사흘가량이 흐른 6월 22일, 세입자들과 건물주 간의 대면이 있었다. 세입자들은 개별 가구당 200만 원의 이주비를 요구했고, 건물주는 전원 퇴거 완료 시 이미 나간 사람들을 포함해 10만 원씩 지급하겠다고 밝혀 여전히 의견은 좁아지지 않았다. 그리고 이튿날 건물주는 단수斷水에 이어 단전斷電 처리를 했다. 냉장고의 음식이 녹고 건물은 어두워졌다. 촛불만 밝히며 깜깜한 복도를 걷다 넘어져 입원한 주민의 방은 7월 1일에 문짝들이 공사 인부들에 의해 모두 떼어지게 된다. 남은 주민은 5명이었다.

이후 공사중지 가처분 공판은 7월 7일과 7월 21일에 걸쳐 두 차례 이루어졌다. 그동안 동자동사랑방은, 비록 구체적 내용은 공개하지 않았으나 동자동 9-20 사태에 대한 대응으로 '쪽방 주민을 위한 공유주택'을 구상하며 주민들이 섬과 같은 임대주택으로 흩어지지 않도록 동자동 안의 안정적 주거지 확보를 위해 실행 가능한 방법들을 모색하고 있었다.

동자동 쪽방촌으로 회귀한 이주자들

"임대주택 생활비가 너무 많이 들고 친한 사람들이 있는 동자동이 그리웠다."
  -주민 구술 6, 동자동으로 돌아온 이주자 G, 2015/07/10

한편 연희동으로 이주했던 사람들은 쪽방과는 달리 월세와 가스비, 전기세, 수도세까지 별도로 지불해야 했던 임대주택의 복잡한 생활비 시스템, 이웃 간의 삭막한 분위기와 주홍글씨로 인해 결국 이주 시점인 5월 21일에서 두 달도 채 되지 않아 동자동으로 돌아왔다. 모두가 가난한 동네, 옆방에서 누가 죽었는지 아는 쪽방촌에서 정을 붙이고 모여 살던 사람들이, 조건이 아무리 좋은 집이었어도 일부만 특히 가난한 동네, 옆집에서 누가 죽어도 전혀 모르는 깨끗한 빌라촌에서 이른바 고립된 섬으로 홀로 살아가는 것은 그들로서는 막막하고 두려운 일이었다.

재개발 등의 이유로 도시빈민들이 비자발적 이주를 당하는 경우에 새로운 거주 환경에서 생활 실태가 나아지지 않았다는 해당 결과는 사실 오래전부터 그렇다고 여겨져 왔던 현상을 재차 증명한 것이었다. 이 부분은 쪽방촌 주민들이 단절된 좋은 집보다 부대낄 누군가가 더 다급한 사람들임을 보여 준다. 가장 가난한 동네라는 '명성'은 밑바닥 인생들에게 어떠한 복지 정책도 채워 주지 못했던 사적 복지 체계, 곧 사적 인프라가 된다.

추방에서의 자유, 쪽방의 존속

"딴 데로 안 나가서 다행이야. 여기서 끝내야지."

　　　　　　　-주민 구술 7, 동자동 9-20에 남아 있던 주민 G,

　　　　　　　　　　　　　　　　　　　2015/10/28

사태는 세입자들도 예상하지 못했던 법원에서의 판결이 나오며 반전되었다. 2015년 2월, 일상을 뒤흔든 샛노란 계고장으로 시작된 동자동 9-20 사태가 무려 7개월 동안 이어졌던 세입자들의 끈질긴 노력과 대항 끝에, 당해 9월 9일 '공사중지 가처분' 신청이 결국 법원에서 받아들여지면서 순식간에 판도가 세입자 편으로 기울어진 것이다. 건물주의 강제 철거 행위가 주택임대차보호법에 위배된다는 것이 공사중지 가처분 신청이 수용된 결정적인 이유였다.

법원은 쪽방이 주거에 해당하며, 주민들의 쪽방 입주 시 작성한 계약서가 비록 한 달짜리라도 법적으로는 임대차 기간이 2년으로 인정되어 계약 기간이 남아 있다고 판결했다. 건물주는 기간상의 근거가 불충분한 강제 철거 공사를 강행한 셈이었다. 재판부는 이러한 건물주의 조치가 주민의 안전하고 평화로운 사생활을 침해한다고 결정했으며 철거 공사, 출입문 폐쇄, 출입 방해, 단전·단수 행위를 금지했다.

판결 당시 동자동 9-20에는 6월 중순 이후에도 남아 있던 세입자 5명이 끝까지 자리를 지키고 있었다. 이들 중 2명은 리모델링 공사가 마무리될 때까지 이곳을 떠나지 않았고, 나머지 3명은 법원의 공사중지 명령 후 근처의 쪽방으로 임시 이전했다가 재입주하게 된다.

이처럼 추방된 사람들이 끈질기게 만들어 낸 대항기억은 이례적으로 '쪽방을 존속'시키는, 한국 사회에 작지만 뚜렷한 파문을 남긴 채 끝이 났다. 그 사이 동자동 9-20은 격변했다. 재판부의 판결 이후 철거 공사의 성격은 쪽방의 보수로 전환되었고, 10월 말 보수 공사가 마무리되면서 동자동 9-20의 외벽은 무채색에서 샛노란 딱지와 같은 노란색을, 건물 자체는 '해 뜨는 집(새꿈하우스 4호)'이라는 이름을 입었으며, 리모델링 후 쪽방의 개수는 48개에서 51개로 늘어 약간 더 많은 인원을 수용할 수 있게 되었다. 재래식 화장실은 양변기로 교체되었고, 방음이 보완되었으며, 나무문에서 방한이 되는 철문으로 변화했다. 월세는 15~18만 원으로 이전보다 평균 1만 원 선에서 소폭 인상되는 정도로 책정되었다. 게스트하우스화를 시도하려던 건물주는 남아 있던 세입자들의 공사중지 가처분이 수용되자 용도변경을 포기하고 쪽방을 계속 유지하기로 했다. 그러나 후일담에 따르면 이러한 일련의 조치들 역시 조야하게 마무리된 부실 공사로 인해 결국 보수하기 전과 별반 달라진 바가 없다는 훗날 주민들의 빈축을 샀다. 페인트로 외관만 그럴 듯해진 해당 건물 또한 여타의 쪽방 건물들과 마찬가지로 심각한 내부 노후화가 지금도 진행 중이다.

사유 재산이라 개입할 수 없다던 서울시는 이후 적극적 태도로 전환, 건물주와 4년 임대계약을 체결해 쪽방 건물을 저가로 세입자에게 임대하는 '저렴한 쪽방 임대 지원사업(저렴쪽방)'을 시행했고, 서울역쪽방상담소가 해당 건물을 위탁 운영하기로 결정되었다. 추가 공사까지 마무리된 11월 9일, 퇴거에 불응했던 세입자 5명을 포함하는 강제 퇴거에 시달린 기존 세입자 9명이 '우선 입주권'을 부여받고 동자동 9-20에 재입주하게 되면서 본 사건은 오랜 진통을 거쳐 장장 9개월 만에 마무리된다.

세입자들은 끝내 쪽방을 지켜냈지만, 정작 함께 살아가던 45명 중 34명(75%)의 일상은 그곳에 없었다. 추방당한 80%의 삶은 당시 맹렬해지는 추위와 재차 이사해야만 하는 부담감으로 인해 '그 방'이 아닌 '그 방 즈음'에 놓여 있었다. 쪽방촌 도시빈민들의 대항기억은 세입자 대부분을 분산시키고 건물을 남기는 절반의 승리를 쟁취한 채 그렇게 마무리되었다.

비루하지만 소중한

"사람들은 아버지를 난장이라고 불렀다. 사람들은 옳게 보았다. 아버지는 난장이였다. 불행하게도 사람들은 아버지를 보는 것 하나만 옳았다. 그 밖의 것들은 하나도 옳지 않았다"
—『난장이가 쏘아올린 작은 공』, 조세희, 1978

계고장을 통해 추방 카드를 내걸었던 건물주의 핍박과 그것을 추동한 지역 사회의 젠트리피케이션 바람에 굴복하지 않고 끝내 쪽방을, 나아가 연쇄적으로는 쪽방촌까지를 지켜낼 수 있었던 빈곤한 세입자들의 서사는, 이 사람들의 인생에 내포된 바가 결코 '쪽방촌', '도시빈민', 혹은 '철거민'이라는 이름으로 교묘하게 박제되어 온 이미지에 속박되지 않음을 보여 주었다. 그들은 경제적으로는 취약한 사람들이었지만 그것만이 그들의 전부는 아니었다. 쪽방촌은 건물주의 일방적 추방으로 상실할 수 없는 도시빈민의 엄연한 취득 공간이었고, 도시빈민은 그곳을 사수하기 위한 문제 해결의 적극적 주체가 되었으며, 철거민은 떳법이 아닌 법원의 적실한 판결에 기대었다.

나아가 이들 세입자의 대항기억은 단편적이지 않았으며, 매우 다양한 방식을 거쳐 만들어졌다는 점에도 주목할 필요가 있다. 비상대책위원회의 구성부터 탄원서 제출, 평화 전략, 저항적 결의, 쪽방에 남아서 버티기, 기자 회견, 공사중지 가처분 신청까지 그들은 할 수 있는 최대한의 노력을 모두 쏟아부었다. 이는 도시빈민들이 자신에게 가해지는 환경적 도전에 대해 응전할 역량과 삶의 의지를 갖추고 있었음을 뜻한다. 추방에 직면했을 때, 생존하고자 하는 그들의 무의식적 욕구Eros는 비록 전 사회적으로 퍼져 나가지는 않았으나, 억압에 저항하는 민중의 해방적 힘인 에로스 효과Eros Effect*로 이어졌다. 그것은 역사에 맞서는 빈민들의 대항기억이자, 삶에의 욕망을 적극적으로 발현시킨 탈주체화의 과정이었다.

흔히 쪽방은 언론에서 '1인 감옥'으로 보도되곤 한다. 그러나

* 미국의 사회정치학자 조지 카치아피카스George Katsiaficas가 사용한 용어로, 민중이 스스로 역사의 방향을 변화시킬 수 있다는 직관적 믿음을 지니고 역사의 무대에 개입하는 현상을 뜻한다.

추방된 쪽방촌 도시빈민의 대항기억에 의한 동자동 9-20 사태의 전개도

세입자	시점	건물주
1-1. 비상대책위원회의 구성: 주민 의견 수렴 (이주 대책 부재 시 이곳을 떠날 수 없음, 남아 있는 세입자 45명)	2015년 2월	0. 동자동 9-20 사태의 발발: 1차 퇴거 공고 (건물 안전진단 결과에 따라, 3/15까지 퇴거)
		1-2. 비대위와 접촉: 2차 퇴거 공고 (4월 후반부로 퇴거 시한만 연기)
2-1. 탄원서 제출 (서울시, 용산구, 국민권익위원회)	3월	2-2. 철거 공사를 위한 비계(飛階) 설치 (연기했던 시한을 원래대로 되돌려놓음)
4-1. 평화적 버티기 (건물주를 자극하지 않는 방향으로 선회)	4월	3. 기만적 줄다리기 (퇴거 철회 → 2차 퇴거 시한 즈음 재요청)
4-3. 저항적 결의 (퇴거 불응, 건물주의 공고를 협박으로 인식)		4-2. 본격 철거 공사와 3차 퇴거 공고 (5/30까지 퇴거)
5-2. 다수의 세입자가 이주를 선택 (연희동 매입임대주택, 동자동 내 다른 쪽방)	5월	5-1. 퇴거에 대해 세입자들과 합의 도출 (세입자지원세력의 부재 속 진행, 각개격파)
6-2. 공용화장실에 문짝을 달아 버텨나감 (남아 있는 세입자 11명)	6월	6-1. 문짝 철거 공사와 단수 처리 (세입자들이 거주하는 상태에서 인부동원)
7. 동자동 9-20 사태의 공론화: 기자 회견 (연대체들의 동석, 세입자 대항기억의 절정)		8-2. 철거 공사의 지속 및 단전 처리
8-1. 공사중지 가처분 신청 (남아 있는 세입자 5명)		
8-3. 공사중지 가처분 공판	7월	—
9. 이주자들, 동자동 쪽방촌으로 회귀		—
10-1. 추방에서 자유, 쪽방 존속 결정 (재판부의 공사중지 가처분 신청 수용)	9월	10-2. 철거 공사 → 쪽방 보수 공사로 전환 (용도변경 포기, 서울시와 저렴쪽방 계약)
10-4. 기존 동자동 9-20 세입자 9명 재입주	11월	10-3. 보수 공사 완료

그곳을 감옥이라고 부를 수만은 없다. 아우슈비츠 수용소와 같이 생명이 위협당하는 극한 상황에서는 도덕이 힘을 발휘하지 못하며 위엄이나 용기, 자존, 협동과 같은 인간적 덕목도 벗겨지고, 비인간적 체제에 맞서는 저항이나 동류 인간에 대한 연대도 부재한다. 반면 추방된 그들은 자신들이 거주하는 공간의 가치를, 자신들이 처한 비참한 실상과 그들의 삶의 의지를, 법의 테두리 안에서 함께 투쟁하며 여기저기에 외쳐대고 있었다. 무기력하고 불쌍한 쪽방촌, 주어진 현실에 수동적인 빈민, 을질하는 철거민이라는 기본 테제의 유통은 재고再考해야 할 여지가 분명한 것이다. 이곳의 사람들은 홀로코스트 당시 유태인 생존자 프리모 레비Primo Levi가 수감된 동료들을 지칭했던 '무젤만'der Muselmann*이 아니었다. 이들의 대항기억은 쪽방을 존속시키고자 하는 추방된 빈민 당사자들의 주체적 행동들을 통해 무젤만과는 구분되는 노력을 보여 주었다. 그것은 무젤만으로 전락하기를 거부하는 쪽방촌 주민들의 필사적 몸부림이자, 삶의 터전으로서 쪽방이라는 공간이 추방에 맞설 만큼 그들에게 얼마나 소중한 의미인지를 유추케 하는 지표가 된다.

세입자들의 대항기억에 의하면 건물주의 추방 요구에 대응한 그들의 생존 전략은 각자 홀로 분산 거주하고 있었다면 불가능

---

* 독일어로 무슬림을 뜻하며, 아우슈비츠 수용소의 수감자 중에서 아사 상태에 도달한, 그래서 곧 가스실로 들어가기 직전의 사람들을 가리키는 은어였다. 무젤만은 익사한 자, 움직이는 시체, 벌거벗은 존재, 식물적 존재, 비인간 등으로 취급되었으며, 인간과 윤리에 대한 모든 언설을 무의미하게 만드는 '영도zero degree'로 상징되었다.

했을 일이었다. 건물에 쪽방이 밀집해 있고, 그와 같은 건물들이 집중된 쪽방촌이었다는 공간성은 그래서 중요하다. 빈곤의 공간을 사수하기 위한 조직적 노력이 그로부터 시작될 수 있었기 때문이다. 물론 기존의 쪽방촌에서 이와 같은 대항이 쉬이 이루어지지 못했다는 점을 고려해볼 때, 빈곤의 밀집 자체만으로는 충분조건이 될 수 없다. 여기에서는 동자동 쪽방촌 주민들의 깊숙한 유대와 연대 의식이 주요한 역할을 했다. 세입자들이 문제 해결을 위해 비상대책위원회를 구성한다든지, 건물주의 회유에 떠밀린 이주자들이 동자동 쪽방촌을 그리워해 결국 되돌아온다든지, 동자동사랑방을 위시한 연대체들이 사태 전반에 관여하고 기자 회견에 힘을 보탰다는 점은 도시빈민들이 결코 혼자가 아님을 말해 준다.

이 사실은 빈곤밀집공간 및 그곳에서 파생되는 관계망이 추방 문제의 해결을 위한 일종의 열쇠가 될 수 있음을 암시한다. 그리고 도시빈민들이 함께 체득해 가는 쪽방촌의 장소성을 고려해볼 때, 외부의 입장에서 개발을 주장하며 열악하고 도시의 미관을 해치므로 없어져야 하는 공간이라고 쉽사리 단정할 수 없음을 짚고 넘어갈 필요가 있다. 쪽방촌 주민들이 임대주택으로 흩어지지 않도록 공유주택을 구상하려는 주민 자치 조직의 노력, 나아가 쪽방으로부터 추방당하지 않으려는 노력이 쪽방의 심각한 물리적 열악성 문제를 명백히 압도하고 있었음을 또한 주시해야 한다. 물론 그것은 밀집된 빈곤의 부당한 비위생성을 방임하자는 주장을 의미하지 않는다. 아무리 빈곤한 공간이라도 거주의 불안정성이 해결되어야 그 이후도 도모할 수 있음을 의미한다.

쪽방촌의 대안

유감스럽게도 이 사태에서는 사회복지의 후퇴를 확인할 수 있었다. 사회복지시설인 쪽방상담소는 추방의 문제가 발생하자 당사자인 거주자들의 의견을 듣기보다는 건물주의 입장에 동조하고 그가 필요로 하는 쪽방촌의 각종 정보를 제공했으며, 세입자들이 탄원서를 제출한 사태 초기부터 이곳에서 살기를 원하는 이들에게 무작정 이주를 권유하고 그것을 실행에 옮겼다. 말하자면 쪽방촌 도시빈민들에게 편파적 폭력을 행사하고 만 것이다. 그마저도 이주를 돕는 역할을 원활하게 수행하지 못해 주민들의 불만을 샀다. 게다가 쪽방상담소는 세입자들의 기자 회견에는 불참했으며, 돕는 듯했으나 실상은 연대하지 않았다.

연희동 매입임대주택으로 이사했던 주민들이 2개월도 채 되지 않아 동자동 쪽방촌으로 되돌아온 사례는, 이주만을 정답으로 밀어붙였던 쪽방상담소의 행동이 정답이 아니었음을 보여 준다. 아울러 세입자들에게는 쪽방촌 내부의 사적 복지 체계가 사회복지시설보다 자신들의 활기를 더욱 지탱해주고 있음을 고발하는 것이기도 했다. 추방 문제가 쪽방의 존속으로 결론이 나자 그제야 재빨리 해당 쪽방 건물을 위탁 운영하게 되는 당시 쪽방 상담소의 태도는, 세입자들의 대항기억을 들추지 않은 채 이곳에 저렴쪽방이 형성되었다는 결과만 보는 경우에는 결코 알 수 없었을 것이다.

이 사태의 전말을 통해, 추방의 고리를 끊고 도시빈민들의 생존권 및 거주권을 보장하기 위한 대책으로서 '공공쪽방'을 검토해 봐야 한다. 동자동 9-20 사태에서 쪽방 건물은 세입자들의 투쟁을 통해 끝내 용도변경이 되지 않은 채 리모델링 후 보전되었다. 그러나 쪽방 대책으로서 주거 환경 개선 후 건물주와의 협상을 통해 임대료를 억제해 세입자들에게 저렴하게 공급하는 서울시의 소수선小修繕 방식 개량 사업은 업무 지구 중심의 대규모 개발 사업으로 발생하는 젠트리피케이션에 여전히 무력하다. 소유권이 민간에게 있는 이상, 재개발이나 재건축 사업으로 철거의 수순을 밟고 있는 대부분의 쪽방촌에서 개량 방식의 의미와 효과는 극히 제한적일 수밖에 없다. 그렇다고 하여 언제까지고 해당 사태와 유사한 사건들이 발생할 때마다 대책을 위한 세입자와 건물주 사이의 협상과 저항이 반복되어야 한다면, 그 또한 매우 소모적이지 않은가.

쪽방이 노숙인들의 주거 자원과 탈노숙의 발판으로 예방적 기능을 하고 있고, 서울시도 임시 주거 지원 등을 통해 정책의 수단으로 쪽방을 활용하고 있으므로, 지자체는 쪽방촌의 멸실에 대해 방관할 수 없다. 이미 서울시가 화장실과 주방을 공유하고 개별 방을 보장하는 사회주택을 지원하는 만큼, 정부는 '복지 인프라'로서 쪽방촌 생태계의 중요성을 간과하지 말고 건물주들의 재산권 행사에 대해 쪽방촌 생활권 내부의 토지나 건물을 적극적으로 매입해 공공쪽방을 공급할 필요가 있다. 구체적으로는 주민들의 욕구에 맞춘 '쪽방 매입형 공공주택 모델'의 도입으로서, 1)쪽방촌의 건물들을 공공이 매입한 후 순환식 개발로 면적·구조·설비 측면의 리모델링을 진행하고, 2)주민들의 지불 능력을 고려해 입주 및 주거 유지를 지원하며, 3)입주자의 욕구에 맞춰 의료, 일자리, 자립 생활 등의 복지 서비스를 지원, 연계하는 방식을 취하되 4)주택의 운영에 있어 당사자들의 참여에 기반을 두는 것을 의미한다. 중앙정부와 지자체가 의지를 보인다면 공공쪽방은 공공임대주택의 획기적 증가가 기대되지 않는 상태에서 쪽방촌을 훼손하지 않으면서도 쪽방의 개념을 질적으로 제고시킬 수 있는 유효한 대책이 될 것으로 예측된다.

나아가 쪽방촌 생태계를 파괴하지 않는 실효성 있는 대책이 발굴될 때까지는 도심 내 빈곤층의 주거지에 대한 개발 계획을 저지하거나 혹여 실행되더라도 쪽방촌과 공존할 수 있도록 하는 분명한 조치가 요청된다. 주민들에게 쪽방촌의 파괴로 인한 주거 상실은 공동체의 파괴, 외로움의 증폭, 방문간호사나 쪽방상담소 지원으로부터의 소외로 인한 질병의 악화 및 극도의 스트레스를 의미한다는 점을 염두에 둘 필요가 있다. 마침 최근에 국토교통부를 통해 발표된, 초고층 LH 임대아파트의 공급을 골자로 한 동자동 쪽방촌의 공공 재개발 사업이 과연 이러한 점들을 세밀하게 염두에 둔 실효적 방식인지, 나아가 정말로 이곳의 가난한 세입자 주민들이 염원하는 내용인지는 앞으로도 두고 볼 필요가 있다.

다시 시작된 삶과 불안

추방된 쪽방촌 도시빈민들의 대항기억은 사태의 추이로 보면 일부 유효한 승리를 거두었음에도, 그에 대한 사회적 망각은 쉬이 이루어졌다. 그리고 이들에 대한 지배적 서사는 현 시점에도 여전히 힘을 발휘하고 있다.

동자동 9-20 사태가 종료된 후, 이듬해인 2016년 한 해 사이에만 쪽방 건물 6곳에서 용도변경이 이루어지며 동자동의 쪽방은 무려 100여 개나 자취를 감추었다. 여기에 더해 젠트리피케이션은 여전히 위압적으로 진행되고 있고, 동자동 9-20의 경우 저렴쪽방의 사업 기한의 만료가 임박한 시점에서 건물주의 태도에 전적으로 기댈 수밖에 없는 세입자들의 주거 불안이 재점화되고 있다. 서울시와 건물주 간 재계약이 성사되지 않는 경우, 해당 건물의 감가상각을 고려하더라도 5년간 동결된 임대료의 급등이 예측되기 때문이다. 설상가상으로 쪽방으로의 임대 자체를 건물주가 거부할 수도 있다. 동자동 9-20 사태는 쪽방촌에

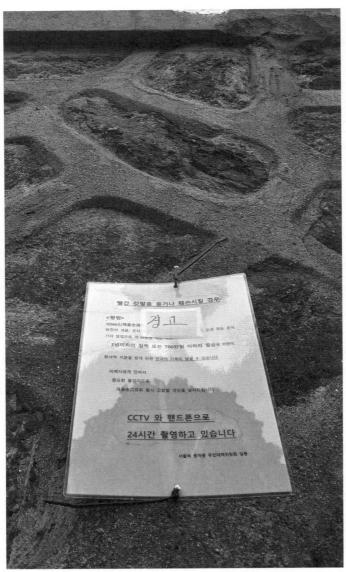

동자동 담벼락에 붙은, 정부의 공공주택 건설 계획을 반대하는 사람들이 항의의 표시로 거는 빨간 깃발을 훼손하지 말라는 경고문 ⓒ필요한책

서 지금도 이름 없이 계속되고 있는 전형적 현상인 셈이다. 땜질식 대책만이 난무한 상황에서 빈민들이 거주할 수 있는 쪽방이 급격하게 부족해지는 것이 적절한지, 나아가 가난한 사람들의 삶은 쉬이 철거당해도 괜찮은 것인지, 이때 사회복지는 당사자의 거주 욕구와 건물주의 추방 요구 사이에서 어떠한 입장을 견지해야 하는지 정말 진지하게 되물어야 할 시점이다.

사태 이후에도 또다시 삶은 이어지고 있다. 추방이 끈질기게 이루어지는 만큼, 추방을 선고받은 사람들의 응집력 또한 못지 않게 공고해져 왔다. 각종 사회적 압력으로 인해 이미 탈진 상태에 놓여 있는 빈곤한 쪽방촌 사람들이 흩어지지 않고자 대항해 왔던 수고가 헛되지 않도록, 이제는 국가가 벼랑 끝에 서 있는 그들의 절규에, 경고에, 목소리에 응답해야 한다.

철거된 동자동 쪽방촌 건물 바닥 ⓒ필요한책

02
빈곤밀집지역 내부의 인간관계 -쪽방촌과 영구임대아파트의 차이를 중심으로

"여기는 못 사는 동네지만 그래도 서로 신의 은총이 있고 우리들도 서로 사랑하고 있어요. 우리는요. 누가 뭘 나누어 주던가, 우리가 사 먹던가 하더라도 김치, 반찬, 심지어는 콩 한 쪽도 나누어 먹고 서로 챙겨 주는 그런 동네예요. 임대주택에 가야 술을 끊을 수 있을 것 같지만 거기 가면 혼자일 거라고 생각해요. 그러니까 이 동네에 대한 자부심이 있어요."

_동자동 쪽방촌 주민 구술 인터뷰

비자발적 실업, 채무, 사고, 장애, 이주, 자연재해 등으로 빈곤의 덫에 한 번 걸려들면 경제적 소득 결핍, 정치적 차별, 사회적 배제, 건강 불평등, 교육·문화적 소외, 공간적 격리, 관계적 고립 등이 중층적으로 연루된다. 그래서 국가 및 시민 사회의 복지와 사회 안전망이 촘촘하거나 적극적이지 못하다면 개개인의 제한된 정보와 노력만으로는 쉬이 단절하기 힘든 복합적인 사회 문제로 여겨져 왔다. 직업을 가졌지만 가난한 근로 빈곤층, 집을 보유하고도 가난한 하우스 푸어, 치솟는 전세비로 가난한 렌트 푸어, 의료 시설의 부족으로 생겨나는 의료 빈곤층, 에너지 사용의 불평등과 연관되는 에너지 빈곤층과 같은 새로운 빈곤층 개념들이 통용되는 현실도 빈곤의 복잡성을 여실히 보여 준다.

언급한 빈곤의 현상이 지닌 고통의 영역 중에서도 특히 도시 빈민이 빈곤의 덫에 놓여 있음을 시각적으로 잘 드러내는 지표는 바로 그들이 머무는 '공간적 분포'다. 빈곤은 모인다. 복지 및 정보의 사각지대에서 극심한 빈곤을 겪는 사람들은 거주 공간의 협소한 선택폭이라는 한계 속에서, 생계비를 제외한 빈곤한 가처분 소득으로 해결 가능한 선택지인 낙후된 동네와 주거지로 밀려나기 때문이다. 흥미로운 사실은 현대 사회에서는 도시 빈민들이 '비자발적 자발성'으로 선택한 가난한 동네가 반드시 인간의 생존을 위한 입지 경쟁에서 도태된 외곽뿐만이 아닌, 경쟁에서 살아남은 대도시의 도심이나 부도심에도 미친다는 것이다. 소위 '빈곤의 도시화'다. 시장 경제의 특성상 교통의 요지거나 각종 편의 시설이 존재하는 등 동네의 입지가 좋을수록 그들이 밀집한 실 주거지들의 물리적 열악성은 일종의 도심 속 '빈곤의 섬'으로서 상대적으로 더욱 명백하게 드러날 뿐이다.

빈곤의 도시화

사람들에게 빈곤밀집지역의 주된 이미지는 깨진 창문과 만연화된 범죄, 각종 인프라의 부재, 고성방가의 연속, 특유한 가난의 냄새, 어둡고 우울한 느낌 등으로 굳어져 있다. 인간이라면 누구든지 누려야 할 기본적 주거의 권리에서 소외된 이들 동네는 대중들이 빈곤(구조)과 빈민(사람)을 구별하지 못하게끔 하는 착시의 공간이기도 하다. 흑인인권운동가 맬컴 엑스Malcolm X는 1960년 연설에서 '빈곤의 구조에 편승한 세력은 피해자들의 삶을 계속 공격하면서도 오히려 피해자들이 자신들을 공격했다고 고발한다'고 지적한다. 피해자로 둔갑한 가해자들이 목소리를 내는 것이 민주주의이며 정의라고 여겨지는 현실은 위선이다. 따라서 가시화된 빈곤밀집지역의 존재를 통해 규탄하고 변화를 도모해야 할 영역은 빈곤과 빈곤의 밀집을 자아내는 구조여야 마땅하다. 하지만 지금도 되레 일차적 피해자인 빈민이 게으름과 노력의 부족 등으로 그 공간을 탈피하지 못하고 동네를 황폐화한다며 낙인을 뒤집어쓰는 경우들이 허다하다. 또는 집중된 빈곤 그 자체가 혐오 대상이 되기도 한다.

윤리적으로 부자연스러운 이 현상은 빈곤밀집지역에서 도대체 무슨 일이 벌어지는지와 관련해 연구자들이 관심을 두어 온 주제였다. 서구에서는 그곳이 온갖 사회 문제의 진원지로 지목되어 해당 지역 주민들의 생활을 위축시키고 사람들에게 해악을 끼친다는 근린효과의 설명 방식에 의해 문제시되면서, 비윤리성을 빈곤밀집지역에 투영해 왔다. 즉 빈곤의 밀집이란 단순히 도시빈민의 집단 주거지라는 물리적 주거 공간 차원에 국한되지 않고, 그들 생활 방식의 부정적 변형을 좌우하는 일종의 억압적인 사회생태적 환경으로 작용한다는 관점이었다.

한국 사회에서 도시빈민의 빈곤밀집현상은 그리 낯설지 않은 풍경이다. 우리는 1960년대 이후 약 40년 동안 도시빈민 주거 지역의 전형이었던 판자촌, 달동네, 산동네의 형태를 쉽게 떠올릴 수 있다. 그러나 때로는 국가 주도로, 때로는 건설 자본 주도로 도시 재개발 사업이 진행되어 온 소위 현대화의 과정에서, 만연하던 판자촌은 대규모로 철거되었다. 그에 따라 추방된 주민들은 새로운 정착지인 지하 셋방, 비닐하우스, 고시원, 쪽방촌, 그리고 영구임대아파트로 흩어져 모였다.

도덕적으로 정당화되기 어려운 공간은 정치적으로는 매우 자연스럽게 박멸되는 방향으로의 처방이 뒤따르고 지속적으로 실행되었다. 그러나 모든 도시빈민이 목숨을 잃어 사라지거나 귀농하지 않는 한, 혹은 반대로 누구도 예외 없이 적절한 주거에서 살 수 있는 조건이 구비되지 않는 한, 그러한 공간은 생존해야 하는 사람들의 현존으로 인해 단지 명칭이 바뀌어 재생산될 뿐 제거되기는 힘들다.

근린효과

가난한 동네에 산다는 것은 내부 구성원들로 하여금 어떠한 관계성을 형성하게 만들까? 빈곤에 대한 지리적 접근은 동일하게 열악한 소득 수준을 가진 빈민이라 하더라도 그들이 어디에 사는가에 따라서 현재의 빈곤함이 더(덜) 빈곤하게 여겨질 수도 있다는 문제의식에서 출발한다. 빈곤밀집지역과 소득혼합지역에 거주하는 도시빈민의 삶의 태도나 만족도는 서로 다를 수 있다. 사회적 배제를 겪는 차원이 집합적 혹은 개인적이라는 차이를 보이기 때문이다.

근린neighborhood이란 '근처의 이웃'이라는 의미다. 일반적으로 내부 구성원들 간의 지속적인 면대면 상호 작용이 발생하는 지리적 영역, 그리고 이웃 관계와 같은 사회적 네트워크가 이루어지는 장소를 지칭하며, 흔히 '지역 사회' 혹은 '동네'와 치환되는 개념이다. 근린은 토지 이용을 둘러싼 사회 집단 간 경쟁의 결과로 생겨난 자연적 공간이자, 자원 분배의 위계질서에 의해서 만들어지는 사회적 공간이다. 이것은 빈곤밀집지역도 예외가 아니다. 경쟁의 결과든, 위계적 구조의 결과든 현대 사회의 근린은 인구 집단의 층화 현상을 묘사하고 있다. 이는 필연적으로 불평등을 내포한다. 즉 근린 간에도 사회적 삶의 격차가 존재하고, 집중된 불이익 및 사회적 배제의 역학이 작용한다.

3장에서 보다 자세히 설명할 이론이지만, 중남미의 도시빈민 가족에 대한 참여 관찰을 토대로 초기 이론적 접근을 시도했던 오스카 루이스Oscar Lewis의 빈곤문화론에서는 도시 빈곤의 문제와 사회 병리 현상을 주로 하위문화subculture의 형성과 세대 간 전승이라는 지역 사회의 문화적 측면을 중심으로 파악, 설명하는 접근법을 취했다. 그러나 빈곤문화론은 주류 사회와는 차별적인 하위문화의 실재에 대한 입증 실패와 영속적 문화결정론의 한계, 사회 구조 및 사회 변동의 희생자에게 빈곤문화를 전승했다는 죄를 뒤집어씌워 오히려 비난하게끔 만드는 이론적 함의, 도시 문제 발생의 사회 구조적 측면에 대한 분석적 고려 미흡 등의 문제들로 사회과학계에서는 논쟁 끝에 심각한 이론적 결함을 지닌 것으로 선고되었다.

이후 사회학자 윌리엄 J. 윌슨을 비롯한 일부 연구는 빈곤문화론에서 탈피해, 사회적 고립과 빈곤의 집중 등 도시 지역의 구조적 특성에 주목함으로써 지역 사회의 영향에 대한 새로운 관심을 환기했다. 윌슨은 하류계급Underclass에 집중된 병리적 현상에 관한 연구를 하려면 이들을 겨냥해 왔던 원색적인 비난과는 상관없는, 지역 사회의 해체 현상 자체를 다루어야 한다고 주장했다. 그는 빈곤문화론에 반대하며, 빈민들의 문화적 적응 자체가 아닌 그것이 나타난 환경에 집중했다. 빈곤문화로 표상되는 문제적 행동들은 단지 상황적인 것일 뿐, 세대에 걸쳐 전수되는 그들만의 특질이 아니라는 입장이었기 때문이다. 윌슨은 사회 해체의 징표로서 빈곤이 집중된 근린에서의 생활이나 성장이 인간에게 지속적인 흔적을 남긴다고 봤다. 따라서 지역 사회를 재배치하거나 빈민들의 구조적 제약을 줄이면 낙인과 차별이 감소하고 사람들이 새로운 환경에 적응할 것이라고 보았다. 이것이 이른바 근린효과 연구였다.

근린효과란 빈곤이 특정한 공간에 편중되어 지역의 사회 경제적 환경을 형성할 때, 그것이 개개인의 빈곤과는 독립적으로 그들의 삶을 둘러싸는 맥락이 되어 주민의 개인적 행태, 생활 방식, 삶의 질이나 성과와 관련해 부정적 효과를 강화한다는 개념이다. 예컨대 개인의 인구사회학적 특성, 사회 경제적 특성 및 개인적 자질이나 능력을 통제하고서도 단지 특정 지역에 거주함으로써 발생하는 기회 또는 불이익을 말한다. 부유한 동네에 거주할 때 환경은 '기회'지만, 빈곤한 동네라는 맥락은 내부 구성원들의 사회적 고립을 초래하며 '불이익'이 된다. 중요한 것은 빈곤한 동네는 기회로 연결되지 않기에, 어떤 방식으로든 변화가 요구되는 곳으로 여겨진다는 점이다.

사회학자 더글러스 S. 매시Douglas S. Massey와 낸시 A. 덴튼 Nancy A. Denton은 흑인을 중심으로 출현하는 도시 지역의 빈곤 및 각종 사회 문제의 발생을 인종차별과 거주지 분리의 사회 구조에 토대한 것으로 파악해, 윌슨과 함께 사회 구조적 측면을 중심으로 지역 사회의 영향을 재조명했다. 빈곤문화론이 문제의 책임을 빈민에게 전가하고 개인의 심리적, 인지적 변화를 도모하는 것에 초점을 두었던 반면, 이러한 근린효과 연구는 개인을 둘러싼 사회 경제적 혹은 생태적 환경의 특성과 문제의 발생의 연관성에 초점을 뒀다. 그리고 동네와 같은 사회 조직 수준에서의 공간적, 환경적 변화에 대해 정책적, 제도적 관심을 가질 것을 강조했다. 인간 삶의 맥락을 탐구한 이들 연구는 지역 사회의 해체를 근린 내 빈곤 밀집도, 높은 거주 불안정성, 높은 흑인 비율 등으로 세분화했다. 그리고 각 영향력을 검토하며 영향을 중재하는 복지시설, 도서관, 파출소 등 '지역 사회의 제도적 인프라'나, 주민들의 지역 사회 순찰이나 동네 어르신들의 비공식적 슈퍼비전supervision, 이웃 간 사회적 유대와 응집과 같은 '집합적 사회화collective socialization'의 요인들을 주요 변수들로 소환, 투입해 빈곤의 밀집이 자아내는 역동성을 파악했다. 이는 빈곤밀집지역의 불이익을 기회로 전환하려는 움직임들이기도 했다.

근린효과 연구의 성취와 한계

다양한 지역 사회 변수들이 구축된 1990년대 후반을 지나면서는 종속 변수인 개인 발달 및 행태, 생활 상태 등도 세분화되어 제반 학문 분야에서 연구가 활발히 전개되었다. 교육 성취도, 사회적 관계, 고용 수준, 보건, 자살, 범죄, 아동 학대, 청소년 일탈, 인지 발달 등 각 학문의 관심 분야에 근린의 중요성이 도입된 것이다. 그것은 근린의 사회 경제적 상태가 개개인의 심리적 측면 뿐만 아니라 교육과 직업 등 개인의 사회·경제적 활동 수준과도 관련을 맺고 있음을 보여 주었다. 일부 국내 연구들도 근린효과의 존재를 인정하며, 거주 환경이 사회적 관계의 파괴를 비롯해 신체적, 정신적 건강의 악화, 학습된 무기력의 형성 등 여러 측면에서 부정적 영향을 초래함을 다룬 바 있다. 즉 빈곤의 집중화 현상이 내부 구성원들의 안녕을 낮추며, 비행이나 범죄 행동을 높이는 요인이 된다는 것이다.

흔히 빈곤의 밀집은 그것이 주민들 간이든 외부인들과의 접촉이든 인간의 관계를 단절하고 퇴보시키며, 사회적 네트워크와 응집력 형성을 제약한다는 논리로 이어졌다. 서구에서는 그 상태를 일종의 뇌관으로 여기며 심각한 문제로 판단해 왔다. 특히 사회학자 제이슨 보드먼Jason Boardman과 스테파니 로버트 Stephanie Robert의 연구(2000)에 따르면, 낙후된 지역 내 도시빈민이 집중된 상태에서 개인적 자질 및 특성이 취약한 개인들이 '탈출구의 부재'라는 공통점을 지닌 결핍된 이웃과 상호 작용하게 되면 주민들에게 부정적인 사회적 압박감과 긴장을 유발한다고 본다. 그리고 그것이 만성화되었을 때 정신건강의 악화로 귀결된다는 것이다. 이를 해소하기 위한 개입 방법은 지역 사회 해체의 중심 요소인 밀집된 빈곤을 분산시키거나, 보다 현실적으로는 중재 요소인 제도적 인프라나 사회적 관계를 구축하는 게 제시된다. 그럼으로써 빈곤밀집지역이 지닌 위험성을 최대한 완화하고 사람이 안전하게 살 수 있는 동네로 만든다는 것이다.

여기에는 기본적으로 빈곤의 밀집은 부정적이라는 인식이 담겨 있다. 그러나 '빈곤이 왜 밀집될 수밖에 없는지'에 대한 고민은 없다. 빈민들에게 거주지 선택권이 제한된 상태, 그리고 그런 가운데서도 어떻게든 삶을 살아내고 숨통을 틔우기 위해 빈곤이 밀집된 공간이나마 머무르면서 관계를 맺으려는 사람들의 의지적 선택과 같은, 근린의 숨어 있는 생태계적 역동은 단순히 빈곤밀집현상의 부정적 영향력으로 치환된다. 그 결과 그 상태를 단죄하자는 결론을 초래하고 만다. 그것은 빈곤의 개인 원인론을 벗기고 사회적 영향력을 실증해 내고자 했던 정량적 분석의 한계이다. 실상은 빈곤한 개개인이 모여 있는 상태가 부정적 시너지를 낸다고 보았기 때문에 빈곤한 개개인을 비윤리적이라고 나무랐던 초기의 빈곤문화론과 별반 다르지 않은 결론을 내리게 된 것이다.

여기서 빈곤밀집지역은 사회 구조적으로 만들어진 상태와 개개인의 선택이라는 조건이 톱니바퀴처럼 맞물려 있다는 점에서 상당히 복잡한 개념이라는 게 드러난다. 그곳은 억압이 내재화되면서도 억압을 깨부수는 공간, 낙인찍혔으나 당사자로서는 그렇게까지 부정적이지만은 않을 수도 있는 일말의 가능성을 가진 공간인 셈이다.

한국의 빈곤밀집지역과 도시빈민의 속성

서구로부터 주장된 근린효과가 우리나라에도 존재하는지 여부와 관련해 일부 국내 연구들은 '확증할 수 없다'는 결론을 내리곤 했다. 여기에는 우리나라 도시빈민의 특성이 서구나 중남미의 그것과 상이했다는 점이 작용했으리라고 추정된다. 특이하게도 20세기 중후반 국내의 도시빈민을 다룬 연구들은 그들의 특성으로 높은 교육열, 부지런함, 적극적이고 진취적인 태도와 강한 계층적 상향 의식, 주거 지역을 중심으로 발달한 폭넓으면서도 촘촘한 사회 경제적 네트워크, 활발한 주민 운동을 강조해 왔다. 그리고 이는 도시의 일반 주거 지역보다 빈곤밀집지역에서 뚜렷하게 나타나는 특질이기도 했다. 루이스는 빈곤문화가 시공간을 초월해 보편적으로 나타난다고 했다. 그러나 한국은 근대화와 도시화의 특수성 및 삶에 대한 빈민들의 열망으로 인해 저열한 빈곤문화를 찾기 어렵다는 시각이 지배적이었다.

국내 빈곤밀집지역의 전형이자 도시빈민촌이었던 달동네는 이른바 달동네문화라고 부를 만큼 능동적이고 건강한 빈곤문화를 상징하는 공간이었다. 남원석(2003)은 국가 재건의 시기에 상경한 이농민들이 거주했던 판자촌과 같은 무허가 정착지는 당시 농촌의 이웃 관계가 지속되는 공동체일 뿐 아니라 험난한 도시 생활에 적응하기 위한 기착지라고도 묘사한다. 1970~80년대 도시빈민은 주거 공동체, 가족, 친척 등에 기반을 둔 사회적 네트워크 형성을 통해 자신들의 삶과 터전을 배제하는 도시 환경에 적극적, 능동적으로 대응했다. 한국의 도시빈민들에게 이러한 사회적 네트워크는 자신들의 불안정한 사회 경제적 상황을 타개하기 위해 동원할 수 있는 주요한 자원이었다. 빈곤의 밀집 자체에 몰두했던 서구와는 해당 공간을 바라보는 관점에서 구분되는 양상을 확인할 수밖에 없는 이유다.

1980년대 재개발과 관련하여 실시된 빈곤밀집지역들에 대한 국내 연구는 '빈곤의 공간을 과연 한계적이고, 일시적인 공간으로 이해하는 것이 적합한가?'라는 의문을 던졌다. 예컨대 조은과 조옥라(1992)는 도시빈민이 집단 거주지의 일자리 정보망을 통해 생계유지에 대한 도움을 확보하며, 조밀한 공간에 모여 거주하는 사람들끼리 심리적 안정감을 공유한다고 봤다. 그들의 집단 거주지를 부득이하게 생성된 희생자들의 공간이라거나 단순히 주거 문제를 해소하는 곳으로 보지 않았다. 대신 도시빈민이 처한 사회 경제적 취약성을 극복하기 위한 생활 양식과 자조 체계를 발전시키는 공간으로 파악한 것이다. 이는 빈곤밀집지역을 단순히 범죄가 만연한 곳이라든지 결핍과 박탈의 취약한 공간으로만 바라보는 인식이 과연 정당한지에 대한 보다 근본적

물음으로 이어졌다. 그들에게 집단적 거주는 사회 경제적 곤궁에 의한 지지의 부재를 채우는 삶의 방식이기 때문이었다.

그러나 도시 미화와 주거 개선 사업, 그리고 도시 재개발 이후에 달동네가 해체되면서 비록 공간의 성격은 사뭇 다르더라도 영구임대아파트 단지들이 빈곤의 밀집을 이어받았다. 다른 한편으로 IMF 외환 위기 이후 잠재적 노숙인으로서 극단적 주거 빈곤에 처한 사람들은 쪽방촌에 밀집하여 거주했다. 빈곤은 거주지의 유형이 다변화되었어도 여전히 '모였으나', 이전과 달라진 바는 그 사이 도시화가 급격히 진행되었다는 점이며, 그로부터 수십 년이 경과한 현실이다. 이렇듯 변화된 시공간의 현황은 그들의 밀집 분포 하에서 빈곤에 대처하는 인간관계가 1970~80년대 도시빈민들의 그것과 유사하게 이루어지고 있는지, 앞서 언급한 서구의 근린효과의 영향을 받는 방식으로 전환되어 가는지, 또는 제3의 길을 걷는지에 대한 탐색을 요구한다.

빈곤과 사회적 관계망

빈곤한 상태와 사회적 관계망은 밀접한 관련을 지닌다. 앞에서 제시한 한국 사회 특유의 속성을 차치하고 먼저 사회적 관계망에 미치는 빈곤의 영향력을 살펴보면, 기본적으로 빈곤은 인간의 사회적 관계를 위축시키거나 단절시킨다. 재정적으로 빈곤한 상황은 인간관계를 맺는 데 있어 일종의 부담strain으로서 결혼이나 우정을 위태롭게 하며, 그러한 관계를 유지하려는 노력도 약화시키기 때문에 사회적 관계의 지속을 어렵게 한다. 빈곤층이 직면하는 상황으로서 주거의 불안정성 또한 잦은 이사와 맞물려 관계의 단절과 연관된다. 이처럼 사회적 관계망의 축소 또는 해체는 물질적 자원이 부족한 빈민이 사회적 자원마저 상실하게 됨을 의미한다. 역으로 사회적 관계망의 해체나 단절, 부재 또한 빈곤의 상황을 촉발, 가속한다. 도움을 주고받는 관계가 파괴된 상태는 개인이 취약한 상황에 놓이는 것을 더욱 쉽게 만들기 때문이다. 즉 사회적 관계망의 존재는 빈곤의 덫으로의 전락을 예방하는 요인이며, 특히 가족, 친척, 이웃과의 친밀한 관계는 빈곤으로의 진입을 막는 주요한 지원 체계가 된다.

빈민의 경우 사회적 자원을 통해 빈곤의 상황을 극복할 수 있다. 사회적 관계는 빈곤의 상황에 대처하는 도시빈민의 집단적 적응 수단인데, 이들에게 사회적 관계망은 비가시적 생존 수단이자 자조적 안전망으로 기능한다. 빈민들은 인간관계를 통해 위로와 격려 등의 정서적 지지 및 생존에 필요한 물질적 지원을 확보한다. 물론 빈곤으로 인해 도시빈민의 관계망은 제한적일 수밖에 없다. 그러나 그렇기에 희박하나마 남아 있는 관계의 끈이 그들에게 얼마나 중요한지를 유추하기는 그리 어렵지 않다. 동시에 사회적 관계망이 활성화될수록 도시빈민의 생활도 개선될 수 있으며, 그들은 더 나은 생활 환경을 만들기 위해 노력을

하게 되리라는 점도 유추할 수 있는 부분이다.

쪽방촌과 영구임대아파트에서의 인간관계

다변화된 빈민 거주지들 중 특히 쪽방촌과 영구임대아파트는 여전히 일반 주거지와는 구분될 정도로 빈곤의 밀집이 큼직하게 남아 있는 공간들이다. 이 두 빈곤밀집지역의 인간관계, 구체적으로는 내부의 이웃 관계가 지닌 공통점과 차이점을 파악하는 것은 빈곤밀집지역의 역할이 빈민에게 이중고dual hardships로 작용하는지, 반대로 개인이나 가족의 빈곤 상태를 되레 완충하는 역할을 하는지를 당사자 입장에서 확인할 수 있기에 중요하다. 사람이 지닌 사회적 관계는 자립 의지, 신체 건강, 자기효능감과 자존감 등의 정신건강, 탈빈곤과 관련된다고 보고되고 있다. 아울러 빈곤은 사회적 관계의 결여 혹은 부족과 연결되기도 하므로, 결핍된 부분을 양적·질적으로 제고하는 빈곤 대응 프로그램을 지역 사회 내 사회적 관계망에 대한 개입을 통해 설계할 수 있다는 점에서도 필요한 일이다.

나아가 그것은 빈곤의 밀집이 억압적이고 부정적이라는 기존 사유에 대한 저항이기도 하다. 특히 빈곤이 유사하게 포화된 상태라도 드러나는 관계망의 특질에서 차이가 감지된다면, 빈곤밀집지역을 동질적인 하나의 개념으로 취급해 효과를 측정해 온 노력은 단지 혼재된 결과의 총합일 뿐이다. 이는 지역 사회 영향 전반의 파악에는 쓸모 있을지 모르나 각 실체의 파악에는 부정확한 자료가 된다. 그래서 우선 쪽방촌과 영구임대아파트의 두 공간에 대한 연구가 어떻게 이뤄졌는지 현황을 살펴봤다.

본 연구가 이뤄진 2020년 4월 기준, 단순 검색으로 한국학술지인용색인 KCI에서 확인된 국내 학술 논문은 쪽방촌 52편, 영구임대아파트 159편이었다.[*] 영구임대아파트와 관련된 연구가 쪽방촌에 비해 3배 이상 많아, 해당 공간에의 관심이 상대적으로 높음을 파악할 수 있었다.

여기서는 연구 주제와의 관련성 및 연구의 질이라는 준거에 따라 먼저 1)사회과학 분야로 제한을 두고, 2)피인용 횟수가 10 이상인 주요 연구들로 추린 후, 3)해당 공간들에서 형성되는 사회적 관계를 다루는 연구로 참고 범위를 축약했다. 피인용 횟수를 고려할 경우 최근 연구들을 포함하지 못한다는 난점이 있으나, 별도로 검토한 결과 연구의 흐름은 시대와 무관하게 유사했다. 이로써 최종적으로 도출된 연구는 쪽방촌 9편, 영구임대아파트 13편이었다. 특히 쪽방촌과 영구임대아파트 지역을 구체적으로 비교 분석한 연구는 없었으므로, 쪽방촌 내 사회적 관계를 다루었던 연구들과 영구임대아파트 내 사회적 관계를 주제로 한 연구 결과들을 조합해 흐름을 종합하고자 했다.

----

[*] 본서의 탈고 시점인 2021년 5월 기준으로 연구의 개수는 쪽방촌 59편, 영구임대아파트 170편이었으며, 검토한 결과 본 연구의 내용을 변화시킬 만한 유의미한 변동 사항은 없었다.

쪽방촌이란 무엇인가?

쪽방촌은 자연발생적으로 형성된 대표적 빈민 거주지의 한 유형이자 잠재적 노숙인이 한뎃잠을 잘 수 있는 보금자리 혹은 가난에 처한 사람들이 생존하는, 벽을 가진 최후의 거처로 분류된다. 그러나 실상 쪽방촌이 일반 대중에게 발견되었을 때의 소개 방식은 1997년 외환 위기 이후 급증했던 노숙인들이 사는 비공식 임시 거처의 개념이었다. 즉 쪽방은 인간의 빈곤으로의 추락, 하향 이동의 끝자락이자 노숙인들의 자립과 재도약의 발판으로서 상향 이동 초기 과정에 모두 등장하는 일종의 중간적 공간인 셈이다.

역사적으로 빈곤이 밀집된 용산구 동자동, 종로구 창신동, 중구 남대문로5가 등 쪽방촌 다수가 원래는 서울을 비롯한 대도시의 역세권에 위치한 여관이나 여인숙이곤 했다. 이는 1960년대 당시 인력시장이나 재래시장이 지하철역을 중심으로 형성되어 있었기 때문이다. 영등포구 영등포동, 종로구 돈의동 등 쪽방촌 연원의 또 다른 한 편은 윤락가였다. 지리적으로는 교통이 편리하다는 강점을 이용해 노동자들과 공생하며 번성하던 당시 공간은, 시대의 흐름에 따라 지역 자체가 노후화되고 윤락 행위가 금지되면서 산업이 쇠퇴하고 노동자들이 떠나며 숙박업 기능을 상실했다. 그 과정에서 어느덧 노숙인을 비롯한 도시빈민들이 점유하는 마지노선의 공간으로 변했다. 지하철역은 거리 노숙인들

종로구 창신동 골목 ⓒ서울역사박물관

의 주요 생존 공간이기 때문에, 역과 가까우면서 자체적으로 낡아진 쪽방촌에도 인구 유입이 된 것이다.

시대의 흐름에 따른 인구 구성의 변화(노동자에서 노숙인)와 시간의 흐름에 의해 낙후된 공간(쪽방촌), 그리고 쪽방촌을 둘러싼 고정된 환경(지하철역)이 맞물리면서 빈곤은 모였다. 방의 형태들이 매우 잘게 쪼개진 모습이라고 해서 이름을 얻은 쪽방촌은 공간 자체는 여전히 도심 내에 존재한다. 하지만 그러면서도 도심과는 구분되는, 역설적이게도 도시빈민이 거주 불가능한 곳으로 여겨지는 값비싼 땅에 위치한 가장 가난한 상징적 공간이되었다. 그렇기 때문에 쪽방촌은 불가피하게 원 거주민들의 재정착이 어려운 재개발이나 재건축 사업으로 쉬이 철거 위협을 받는 곳이기도 하다.

그도 그럴 것이, 쪽방은 최저 주거 기준의 모든 항목에 한참 미달하는 0.5~2평 남짓의 협소한 공간이라서 개별 화장실, 욕실이나 부엌과 같은 부대시설이 들어설 자리가 없다. 건물 혹은 층마다 하나씩 간이 화장실이 있을 뿐이며, 계단이 좁고 가팔라 거동이 불편한 경우 오르내리는 것 자체가 위험 요소가 된다. 부엌도 부재하므로 주민들은 주로 방안이나 어두운 복도에서 휴대용 가스버너로 라면 등 간단한 요리를 해서 먹곤 한다. 쪽방은 천장이 낮고, 대체로 창문이 없거나 작아서 환기가 잘되지 않으므로 생활하면서 발생하는 각종 냄새가 통풍의 부재로 쌓여 있는 경우가 허다하며, 동일한 이유로 화재 위험에 노출되어 있다.

쪽방촌에 사는 사람들

쪽방에는 대부분 가족과 관계가 단절된 단독 가구가 장기 거주하며, 50~60대 중장년 단신 남성들이 거주자의 약 70~80%를 차지한다. 쪽방촌에 발을 디딘 다수는 수년에서 수십 년씩 거주하며 죽음을 맞는 경우도 빈번하므로 인생의 종착지가 되기도 한다. 그리고 개인의 재정적 이유와 계절적 변화에 따라 노숙과 병행되는 공간인 점, 철거나 추방 위협 등으로 인해 주민들의 장기 거주는 한 공간에서의 체류보다는 반복되는 쪽방촌 내 수평 이동으로 해석된다.

구성원의 절반 이상은 최빈곤층인 국민기초생활보장수급자며, 그 외에 독거노인, 장애인, 노숙인, 여성 단독 가구, 드물지만 청년이나 부부로 살아가는 사람들도 있다. 전반적 교육 수준은 중졸 이하로 낮고 만성 질환을 지니며 노동력을 상실해 무직인 경우가 대다수다. 가족 해체, 알코올 중독, 신체 및 심리적 문제 등을 짊어진 다수의 사람을 위해 쪽방촌에는 2000년대 초반부터 쪽방상담소가 설립되어, 열악한 공간에서 생존하는 주민들에 대한 상담, 취업 지원, 생계 지원 및 각종 행정 지원 서비스가 제공되고 있다.

쪽방촌은 방수를 늘리기 위해 비정상적으로 작은 방을 만들어 내는, 편법이 동원된 무허가 숙박 시설이 집중된 곳이기도 하다. 법적으로 허가되지 않았으나, 오히려 불안정한 사람들은 주인이 아닌 세입자들이다. 자신의 거처 자체가 불확실한 처지이므로 정치적 권리나 시민권의 행사도 제대로 하지 못하는 상황들이 잦기 때문이다. 그래서 주택임대차보호법이 적용되는 임대주택에 해당하지 않는 법적 사각지대이기도 하다. 이곳은 무보증금에 대략 15~30만 원의 월세나 5천~1만 원의 저렴한 일세로 운영된다. 이를 절대적 수치로만 보면, 심각한 감가상각에도 불구하고 매년 소폭 상향되는 주거급여에 연동해 방의 가격이 올라가는 상태가 타 지역 및 시장 가격과 비교했을 때 낮아 보인다. 그러나 실상 그것은 교묘하게 작동되는 허구다. 평당 가격으로 계산하면 쪽방촌의 월세는 서울 8구 아파트 월세 평균의 3배 이상이다. 뿐만 아니라 심지어 타워팰리스와 같은 고가 아파트의 평균 평당 임대료보다도 수만 원 높은 수준으로 책정되고 있다. 도시빈민의 쪽방촌 선택은 그들에게 그만큼 보증금의 문턱이 매우 높다는 것을 의미한다. 그러나 재개발의 위협, 낙후된 내부 공간의 모순, 편법적 공간 창출에 극단적 월세까지 온갖 상상을 뛰어넘는 열악함이 가득하므로 인간이 거주하기에 심히 부적합하다고 여겨지는, 주거권 자체가 부재한 공간임에도 불구하고 부인할 수 없는 부분이 있다. 바로 명칭에서부터 드러나듯 이곳이 인간의 관계가 생동하는 '촌락'이라는 사실이다.

쪽방촌 거주자들 사이의 인간관계

거두절미하고, 쪽방촌의 사회적 관계를 언급한 모든 주요 연구는 사회적 배제라는 한계적 상황에 노출된 주민들이 쪽방촌에서 나름의 상호 작용을 수행하며 빈민들의 커뮤니티를 만들고 있다는 긍정적 결과들을 주로 내놓았다. 물론 쪽방촌의 빈곤밀집현상은 여느 빈곤밀집지역이 그러하듯 주민들이 지니는 사회적 관계망의 크기를 감소시켰다. 그러나 외부 사회와의 단절 속에서 그들은 본인이 가진 대부분의 관계망을 내부 구성원인 쪽방촌 이웃들과의 친밀한 관계로 채우고 있었다.

쪽방촌 연구는 쪽방이 밀집된 서울, 대전, 대구 지역 등에 걸쳐 수행되어 왔다. 샘플의 지역적 분포는 연구마다 차이를 보였으나, 그들이 보이는 연구 결과들이 대부분 유사함에 주목할 필요가 있다. 이는 특정한 쪽방촌에서만 커뮤니티 성격이 나타난다는 일각의 주장을 일축하는 결과다. 이를 근거로 쪽방이라는 공간적 특성과 그 안에 밀집된 사람들의 속성이 지역을 불문하고 흡사하다고 판단된다.

쪽방촌의 빈곤밀집현상은 양적 크기는 작아도 내부 소속감을 높이는 방식으로 주민들의 사회적 관계와 연관되고 있다. 그러한 현상이 대두되는 배경과 관련해 연구들이 각각 제시하고 있는 바들을 묶어 종합적으로 분류, 해석해 보면, 1)주류가 되지 못하는 외부의 사회적 낙인 2)가족 및 친척과의 연계 단절과 단

쪽방촌의 사회적 관계에 대한 주요 연구 결과

연구자(연구년도)	연구지	연구 결과
이소정(2006) 피인용 횟수: 29	쪽방촌 전반	■비위생적이지만, 다른 지역에 비해 편안한 느낌을 줌 ■쪽방촌이 외부의 인식과는 달리 최빈곤층의 커뮤니티 기능을 하며, 내부 구성원 간 상당히 친밀한 관계가 형성되어 있음 ■주민의 상당수가 친구나 친지가 쪽방촌에 거주하거나, 이들 인맥의 소개로 쪽방촌에 유입됨 ■최근 가장 친하게 지내는 사람=같은 쪽방 거주자(46%) ■쪽방촌 주민들 간 서로 도움을 주고 받는 비율(53.1%)
권지성(2008) 피인용 횟수: 26	대전시 대전역 쪽방촌	■가족이나 친척과 전혀 연락하지 않는 경우(45.1%) ■사회적 관계망의 크기는 작지만, 쪽방촌은 흔한 인식처럼 불안정하고 단절된 공간이 아닌 주민관계가 긴밀한 공간 ■공유하는 시공간에 의해 '우리'의 관계가 형성되고 유지됨 ■관계가 쉽게 깨지는 가벼움과 가족 이상의 친밀함이 공존 ■처지가 비슷하므로 공감, 위로, 격려하고 물질, 정보, 정서 면에서 지지를 제공하나, 안도를 느끼고 자극을 받지 못해 더 나은 삶을 도전할 만한 동기를 부여받지는 못함
허소영(2010) 피인용 횟수: 20	서울시 영등포(Y) 쪽방촌	■편견과 차별에 주눅 드는 삶, 인색한 지원에 근근이 살아감 ■단절된 가족과의 관계, 애정과 보살핌이 늘 부재한 상태 ■아무것도 내세울 수 없는 처지에서 하루짜리 술친구에 머무는 사귐, 외로움을 안고 가기 ■벗어나기를 원하면서도 떠날 이유보다 더 많은 머무를 이유를 가진 사람들 ■빚 갚는 마음으로 도움 주기, 쪽방 사람들과 다르게 살기
윤경아·노병일 (2005) 피인용 횟수: 17	대전시 중동 정동 쪽방촌	■대인관계(3.3점/5점), 성생활(2.6점/5점), 사회적 지지(2.74점/5점)를 아우르는 사회적 관계(2.88점/5점) 측면에서 모두 평균 이상의 삶의 질을 보여 주고 있음 ■쪽방촌에서 거주할 경우 거리나 쉼터의 노숙인보다 사회적 관계 영역, 신체적 건강, 심리적 건강, 환경 영역 모두에서 삶의 질이 높게 나타남
이현주·안기덕 (2013) 피인용 횟수: 16	미상	■락(樂)의 삶: 차별이 없고 인정이 넘치는 관계망 ■외롭게 살다가 홀로 쓸쓸히 죽어간다는 쪽방촌 바깥 일반 대중의 주류적 인식과 다름. 쪽방촌은 마음의 고향과도 같음 ■쪽방촌 내 이웃은 밥을 함께 먹는 관계, 식구(食口)이자 가족, 서로 인정과 도움을 주고받는 친밀하고 호혜적인 관계 ■아파트 생활보다 낫다고 구술. 편리보다 사람 사이의 관계가 더욱 중요하다고 여김 ■인간 실존의 적절성이 그 사회가 정의하는 남부럽지 않은 생활 수준으로 측정될 때 그 수준을 지키지 못하는 무능력은 그 자체로 괴로움과 고통, 굴욕의 원인. 그러나 그곳은 경제적 수준에 의해서만 판단되는 싸구려 삶터가 아님 ■고통을 견딜 수 있는 자존 능력을 갖추고 있으며, 쪽방촌을 살 만한 곳으로 만들어 나감

하성규(2007) 피인용 횟수: 14	서울시 돈의동 쪽방촌	▣평균 약 20년을 단독 가구로 지내옴 ▣자원이 있어야 나눌 수 있는 도구적 지지(1.65점/5점)는 낮게, 고성방가와 주민 싸움에 불편을 겪지만(48.6%) 보유한 자원이 없어도 나눌 수 있는 정서적 지지(2.94점/5점)는 높게 나타남
이현옥·이은정 (2013) 피인용 횟수: 14	서울시 동자동 쪽방촌	▣'벗어나고 싶은 가난의 공간'이라는 연구자들의 선이해가 틀렸다고 증명되는 공간, 더 좋은 생활 환경으로 이주했더라도 생존의 위기를 함께 극복하는 동맹 자원으로서 주민 간 밀접한 관계의 형성 및 유지로 인해 되돌아오는 공간 ▣가족이나 친족과의 관계 단절, 취약한 노동 능력으로 직장이나 동료들과의 관계 역시 열악 ▣불편해도 노숙보다는 나은 공간이라는 안도감, 편히 쉴 수 있고 정이 있고 편안한 공간, 사람 냄새가 나는 우리 세상 ▣사생활과 공동생활이 모호할 수밖에 없는 공간으로, 아픔이 있지만 살아가야 하는 사람들이 자신과 타인의 삶을 포용해야 살아갈 수 있는 공간 ▣오래전 주민들을 도와주던 누군가 손길이 불씨가 되어 자신이 받았던 도움을 다른 이웃들에게 되갚는 사람들이 늘어나며 주민들 간 유대감 강화 ▣주민들은 지역의 문제에 관심을 두고 주민 활동에 동참하면 쪽방촌이 발전할 수 있다는 가능성이 고취되어 있음
김미령(2008) 피인용 횟수: 11	서울시 및 대구시 쪽방촌	▣거처할 곳은 있지만, 지역 사회의 주류가 못 되는 주변인 ▣가족으로부터 받는 사회적 지지 미약, 사회적 고립을 경험 ▣쪽방촌 주민들은 스트레스와 우울을 극복할 자원을 가짐, 주위 사람들의 염려와 자신에게 필요한 정보와 충고 등
이헌석·여경수 (2011) 피인용 횟수: 11	쪽방촌 전반	▣비주택 거주민의 존재는 빈곤을 원인으로 한 주거로부터의 배제 상태를 보여 주지만, 여기에 그치지 않고 일반적 인간관계나 사회관계망으로부터의 배제에 이르게 됨을 뜻함

독 가구로서의 생활 3)쪽방의 열악한 구조 4)생존의 동지로서 처지의 유사함을 들 수 있다.

먼저, 쪽방촌은 주류 사회에서 정상적 주거 형태로 인정받지 못하며 그것은 어느 정도 사실이기도 하지만 이는 일종의 외부로부터의 낙인이다. 연구들은 공통적으로 쪽방촌에 대한 기존의 인식이라든지 연구자의 선이해가 잘못되었음을 실토하고 있다. 외부로부터 유입되는 편견 때문에 쪽방촌이 삶의 터전으로서 기능하고 있는 역동이 제대로 드러나지 못하고 있기 때문이다. 주홍글씨와 그에 따른 외부의 인색한 지원은 주민들을 주눅 들도록 하지만, 역설적이게도 주류가 되지 못하는 주변인인 주민들 내부의 돈독한 인간관계와 연관된다. 즉 자신들을 비주류로 만드는 바깥 세계의 인식은 주민들로 하여금 적극적으로 관계를 맺고 주민 조직을 꾸려 가려는 모습으로 대응하게끔 하고 있다. 그럼으로써 쪽방촌이 낙인의 굴레를 벗고 발전할 수 있다고 보기 때문이다. 따라서 쪽방촌은 인간 실존의 적절성을 경제적 측면으로만 계측하는 입장이 가지는 근원적 한계를 증명하는 공간이기도 하다.

두 번째로, 쪽방은 1인이 간신히 들어갈 수 있는 생활 공간이다. 2명도 들어가기 벅찬 생활 공간에서 살고 있는 것이다. 쪽방촌 주민들은 상당수가 노숙을 경험했으며, 만만치 않은 월세로 항시 주거 불안에 시달리는 잠재적 노숙인으로 통칭된다. 그렇게 되기까지 다수는 가족 해체를 겪었거나 실질적으로 관계가 단절되곤 했다. 홀로 쪽방에서 거주하기로 선택했거나 쪽방으로 내몰린 것은 의지할 만한 원가족이나 친척이 부재함을 의미하며, 설령 있다 해도 연락을 하지 않음을 드러낸다. 비단 가족 관계뿐 아니라 이들은 취약한 노동 능력으로 인해 직장 동료와의 관계 역시 열악하다. 이러한 현상은 빈곤이 사회적 관계망을 축소한다는 이론적 배경과 무관치 않다.

이렇듯 인간이 보유한 기존의 다양한 관계들이 붕괴된 상태에서 단신 가구를 유지하는 쪽방촌 주민에게 내부 이웃과의 접촉은 중요한 의미가 될 수밖에 없다. 이웃이야말로 주민들이 외로워하는 상황에서 심리적 안정감을 누릴 수 있는 유일한 통로가 되고 있는 것이다. 의존할 사람의 부재 상태에서 주민들은 인간관계 형성에 있어 공간적 영향을 특히 많이 받는다. 그것은 아무리 불편하더라도 노숙할 때에 비하면 훨씬 안정감 있는 삶이다.

다음으로, 좁은 공간으로서의 쪽방들은 자연스레 마을로서의 쪽방촌을 형성하게 되는데, 쪽방의 구조가 매우 열악하고 위생적이지 못하기 때문이다. 계절적으로 매우 추운 날만 아니면 주민들은 쪽방에서 버티기 보다 밖으로 나와 바람을 쐬거나, 담소를 나누거나, 술잔을 기울이거나, 각종 동네 모임이나 복지 프로그램에 참여하곤 한다. 쪽방촌 주민들은 공원이라든지 마당, 평상과 같이 비어있는 공간을 점유해 공유하며 그곳을 나름대로 자유롭고 편안한 공간으로 만들어 가고 있다. 시공간을 공유하며 고통을 극복해가는 자존의 능력을 보여 주는 것이다. 그렇게 사생활 공간(쪽방)과 공유 공간(촌)은 겹쳐진다.

마지막으로, 그들의 인간관계는 생존의 동맹 자원이다. 유사한 처지의 가난한 사람들이 모이게 되자, 그들은 쪽방촌 전체를 하나의 생활 공간으로 인식한다. 자신은 여기 사람들과 다르다는 구별 짓기가 버젓이 수행됨에도 대내적 동질성의 극대화가 동시에 나타난다. 따라서 정서적 안정감은 쪽방촌 내에 그 농도가 가볍거나 진하거나의 차이는 있더라도 완연히 구비되어 있다. 주민들은 빈번한 다툼과 자기파괴를 수반함에도 주변 이웃들과 서로를 정서적으로 격려하고 도움을 주고받는 뒤끝 없는 호혜성을 보여 준다. 차단된 바깥세상과 비교하면 위축되지만, 쪽방촌 그곳에서는 적어도 경제적 이유만으로 차별받지 않는다. 일반 사회가 이루지 못하는 이른바 평등한 사회다.

그들은 자신들이 사회 경제적 위치가 매우 낮다는 것과 자신들이 거주하는 공간이 넉넉지 않은 곳임을 알고 있다. 하지만 물리적인 불편과 감당해야 할 월세가 높음에도 불구하고 오랜 시간 그곳을 떠나지 않고 있다. 바로 옆에서 함께 살아가는 이웃이 비록 탈빈곤이 가능하기까지 영향을 주거나, 인생에의 도전을 자극하지는 못해도 그들의 인생을 지탱하는 사회적 자원이 되어 왔기 때문이다. 그래서 쪽방촌에서의 삶은 지극히 고통스러우면서도 그들 나름의 즐거운 락樂의 삶일 수 있다.

요약컨대 쪽방촌에서 드러나는 빈곤의 밀집이란, 가족의 해체 및 쪽방 자체의 공간적 제약으로 인해 단독 거주가 불가피한 쪽방촌 주민들이 사회적 배제라는 외발적 스티그마에 의한 위축에 대항하여 촌락 형성으로 맞서는 공간 활용 방식이라고 볼 수 있다. 그리고 취약하고 폐쇄적인 사회적 관계망을 내부 구성원 간의 사회적 지지로 채움으로써 공동체적 결속을 강화하는 방향성을 보여 주었다. 여기서 윌슨이 언급한 근린효과는 두 가지 방향으로 상이하게 나타나며 상쇄된다. 우선 빈곤의 집중으로 인한 사회적 배제와 고립이 확인되며, 주민들의 관계망은 양적으로는 감소한다. 그러나 1인 거주 형태의 밀집이라는 쪽방촌의 공간적 특성이 내부 인간관계의 밀도를 질적으로 증가시킨다. 따라서 쪽방촌에 단순히 부정적 차원의 근린효과를 적용하는 것은 부적절하며, 오히려 이곳은 20세기 한국의 도시빈민들이 오랫동안 추구해 왔던 달동네문화를 여전히 보유하고 있었다.

국가가 내놓은 대안, 영구임대아파트

영구임대아파트는 최초의 사회 주택으로서, 1989년 정부가 '도시 영세민 주거 안정 종합 대책'의 일환으로 영구임대아파트 25만 호를 1989년부터 1992년 사이에 건설한다는 계획을 확정시키면서 보급되기 시작했다. 영구임대아파트의 도입 배경에는 여러 요인들이 작용했지만, 무엇보다 토지 가격과 주택 가격의 급격한 상승으로 대부분의 국민이 주거 불안을 겪을 만큼 심각했던 1980년대 후반 주택난이 주요한 이유였다. 특히 합동 재개발 방식에 의한 기존 주거 지역의 급속한 해체로 인해 도시 빈민이 겪어야 했던 주택난은 매우 심각했다. 별다른 이주 대책 없이 거리로 내몰린 재개발 지역에 거주하던 많은 수의 세입자들은 생존권마저 크게 위협당하는 실정이었다. 이러한 사회 경제적 위기를 해소하고 도시빈민들의 주택 문제 해결을 위해 당시 노태우 정부는 1988년에 영구임대아파트 건설을 발표했다.

영구임대아파트는 도시빈민만을 대상으로 시장 가격 이하의 저렴한 임대료로 임대되고, 건물의 수명이 다할 때까지 공적으로 소유, 관리되는 한국 최초의 사회주택이라는 의미에서 높은 평가를 받았다. 무엇보다도 초창기 영구임대아파트 건립 당시에는 국가가 적극적으로 도시빈민에 대한 주거 문제를 책임진다는 측면에서, 단순한 주택 공급이라기보다 소득 재분배적 성격을 지닌 복지 정책 차원의 접근이라는 상당히 긍정적인 정책으로 평가되었다.

그러나 해당 계획은 당초 25만 호 건설을 목표로 의욕적으로 추진되었으나 입주할 영세민이 없다는 이유를 내세우며 결국 1993년 말을 끝으로 6개 도시와 34개 시, 군 지역에 약 19만 호의 건설 실적에 그치고 말았다. 이러한 처사는 영구임대아파트 건립 정책이 시민 사회 저변의 공감대나 복지 정책의 체계적 발전 과정을 통해 나왔다기보다는, 1980년대 후반의 사회 경제적 위기에서 비롯된 정치적 위기를 타개하기 위해 지배 엘리트의 정치적 의도에 따라 추진된 측면이 강하기 때문으로 풀이된다. 도시및지역계획학 박사 김수현의 연구에 의하면 토지와 주택 가격이 어느 정도 안정되고 위기가 완화되자 영구임대아파트 건립 정책 또한 급속히 후퇴한 것으로 본다.

영구임대아파트에 사는 사람들

영구임대아파트의 대부분은 1,000~2,000세대 규모의 대단위 아파트 단지 형태로 공급되었다. 여기에 정부의 관리 지침에 의거해 입주민의 대다수가 법정 영세민 등의 절대 빈곤층으로 구성되었다. 그럼으로써 영구임대아파트는 공간적, 사회적으로 경계가 명확한 하나의 주거 지역을 형성하게 된다. 입주 대상은 초창기에는 법정 영세민으로 한정되어 있었으나, 입주 신청이 제대로 이루어지지 않자 1993년 관리 지침을 개정해 입주 대상을 일본군 위안부, 북한이탈주민, 국가유공자, 등록된 장애인 등 특정 보호 계층과 저소득 한부모 가정, 철거 세입자, 저소득 청약저축 가입자로 확대했다.

영구임대아파트의 입주자는 입주 대상자 가운데 신청자를 대상으로 점수제에 의해 관할 지방자치단체에서 선정하며, 그 과정이 법적으로 엄격하게 진행된다. 점수는 가구원 수, 가구주 연령, 장애인 유무, 부모 또는 조부모 부양 여부, 시 거주 기간 등의 조건을 반영하여 매겨진다. 정책의 주 표적인 법정 영세민의 인구사회학적 특성으로는 주로 2인 가구와 편부모가정, 결손 가정, 여성 가구주와 장애 및 질환자의 고비율, 가구주의 저학력, 저기술, 고연령 상태를 들 수 있다. 영구임대주택은 그 건립 목적이 저소득층의 주택 문제 해결만이 아니라 이들의 경제적 자립에도 있으므로, 주민들이 자활 능력을 기르도록 사회복지시설 및 소득향상시설이 설치, 운영되어야 한다.

영구임대아파트의 기본 계약 기간은 2년으로, 2년 경과 후 다시 입주 자격을 확인해 갱신 계약을 체결하면 지속적으로 거주할 수 있다. 입주 자격에 변동이 생기면 임대보증금 및 월 임대료 책정에서 그에 따르는 임대 조건이 부과되며, 법정 영세민에서 제외된 입주 가구들도 재계약 시 할증보증금 및 임대료만 내면 거주가 가능하다. 임대료는 그들이 주로 법정 영세민임을 감안해 보증금 100~200만 원에 월 임대료 3~4만 원 수준에서 책정되고 있다. 이는 목돈을 요하지 않으나 매달 13~30만 원의 월세를 지불해야 하는 쪽방촌 생활과 상이한 부분이다.

영구임대아파트 거주자들 사이의 인간관계

영구임대아파트의 인간관계를 다룬 연구들은 사회적 배제라는 한계적 상황을 겪는 주민들이 그곳 안에서 스티그마를 경험하며, 주민 상호 간의 관계를 회피함으로써 관계망을 위축시킨다는 부정적인 결과들을 주로 내놓았다. 놀랍게도 쪽방촌 연구의 결과들과 정반대였다. 낙인의 경험까지는 동질한 양상을 보이나 대응하는 양상에 있어 영구임대아파트의 주민들은 쪽방촌 주민들과 확연히 이질적인 모습을 보여 주고 있다. 나아가 영구임대아파트는 슬럼화된 지역으로 간주되어 그 부정적 이미지를 더욱 공고화시킨다. 서울시와 대전시를 비롯, 경기도와 전라도 등 전국 각지를 대상지로 삼아 온 연구들은 쪽방촌과 마찬가지로 소속 지역에 무관하게 모두 영구임대아파트의 사회적 관계가 외부의 커다란 낙인은 물론이고 내부 구성원들끼리의 관계마저도 극도로 취약한 상태라고 기술하고 있었다.

주민들이 극심한 빈곤을 겪고, 바깥 세상으로부터 낙인을 경험하며, 불안정한 가족 생활을 한다는 점은 쪽방촌의 빈곤 밀집 형태와 영구임대아파트가 다를 바가 없다. 그렇다면 영구임대아파트 주민들의 관계망이 협소하고 고립된 형태로 전락하게 된 배경에 대해 탐구할 필요가 있다. 연구들에서 그와 연관되는 요인으로 감지되는 바는 1)인위적 빈곤 지역 2)개인주의화 및 고립화를 촉진시키는 아파트의 공간적 특성 3)분양 아파트와의 근접성 4)주민의 특성으로 내재화된 열의 부족과 내부 분열 그리고 5)주민들의 인구사회학적 특성 및 경제 상황으로 크게 분류된다.

영구임대아파트의 사회적 관계에 대한 주요 연구 결과

연구자(연구년도)	연구지	연구 결과
하성규·서종녀 (2011) 피인용 횟수: 63	서울시 강북구 노원구 강서구	■영구임대아파트와 분양아파트 사이에 놓여 있는 철조망과 심각한 갈등, 편견과 낙인, 부당한 차별의 사회적 배제 공간 ■경제적 어려움으로 주민 간의 교류에도 제한을 받음 ■공공주택단지라는 주거 형태가 주민으로 하여금 자신감의 상실과 외부의 부정적 인식과 압력, 주민의 실패 수용으로 연결 ■빈곤층만의 영구임대주택단지는 도시의 빈곤한 섬, 빈민의 격리 수용으로 해석되며 위험 ■사회적 자본이 타 지역보다 강하고 잘 조직된 달동네, 산동네의 불량 주거지와 달리 여기서의 관계는 매우 약화됨
유현숙·곽현근 (2007) 피인용 횟수: 37	대전시 P동	■사회적 배제의 전형적 현상을 보여 주는 공간, 외부인으로부터 비정상적 사람으로 간주됨, 인생의 실패자나 낙오자로 인식됨, 여기에 산다는 이유만으로 분양아파트 주민들로부터 차별을 받음, 불량 주거 지역으로 만들었다는 원인 제공의 책임 공방에서도 자유롭지 못한 채 패배적 사고를 형성 ■여성 한부모가족들이 주류 사회로부터 소외된 채 사회적 네트워크 차원에서 심각한 사회적 낙인과 배제를 경험함 ■가족이나 친척, 친구들과 단절된 채 지냄 ■연구 대상자 대부분이 이웃과 친밀한 관계를 형성 못함, 복도식 설계에도 양쪽 이웃과 친하게 지낸다는 사례가 한두 명에 불과 ■아파트라는 주거 환경의 특성이 주민들을 개별 가구 단위로 격리시킴으로써 나타나는 결과 ■이웃 관계를 형성할 시간이 부족, 자발적 폐쇄성이 나타남 ■이웃에 대한 매우 큰 반감과 불신, 위협적인 대상으로 인식 ■영구임대아파트 내 결성된 주민 조직에 참여하는 사례자 없음
오인근(2009) 피인용 횟수: 35	대전시	■노인들은 가족, 이웃, 친구들과의 네트워크 단절을 경험, 특히 이웃과의 네트워크 단절은 상대적으로 더욱 심각한 수준 ■사회복지관을 이용할 때 그렇지 않을 때보다 무망감과 자살 생각이 유의미하게 감소
박윤영(2007) 피인용 횟수: 32	경기도 남부의 도시	■이웃과의 교류가 활발하지 않거나 그저 그런 편(57.6%) 영구임대아파트에서의 삶을 부끄러워하는 편(29.4%), 자녀의 인식을 보면 45.4%가 부끄러워함, 일반 주택 지역이 아닌 저소득층 주거 지역, 소음 악취 등 불량 주거 지역으로 인식 ■인근 이웃들의 차별적 시선을 느끼고 심리적 위축을 경험, 스스로 낙인을 내면화
신준섭·김윤배 (2009) 피인용 횟수: 26	서울시 및 경기지역	■영구임대아파트가 위치한 복지관에서 클라이언트가 사회복지사에게 폭력을 행사하는 비율이 높았음(54.5%) ■저소득 계층으로서 사회적 차별 경험을 많이 받고, 심리적 위축감을 경험하며 가정 폭력, 청소년 탈선과 비행의 문제 발생
이영아(2015) 피인용 횟수: 22	영구임대 아파트 전반	■빈곤 지역의 공간적 격리라는 심각한 결함을 낳은 영구임대아파트 정책, 빈곤층 주거의 집단화와 가시화 및 외부적으로 사회적, 공간적 배제를 당하는 원인이 됨 ■노후화로 인한 건물 안전 및 관리의 문제가 이어지며 슬럼화

이상록(2012) 피인용 횟수: 20	전주시 익산시 군산시	■지역 무질서, 청소년 비행과 일탈, 낙인감과 소외감 문제 발생 ■동네의 물리적 환경은 좋은 편이나, 동네 낙인감을 경험 ■동네 이웃 관계도 일반 주거 지역에 비해 좋지 못함, 주민들이 해당 거주지의 사회 환경에 대해 부정적으로 평가
임재현·한상삼· 최신용(2011) 피인용 횟수: 16	서울시 인천시 광명시	■공동체 의식에 있어 불만이 만족보다 훨씬 높음(60.2%) ■이웃과의 만남에 불만족을 느낌(29.6%) ■거주 기간이 길수록, 연령이 많을수록 이웃과의 교류 증대, 그러나 그것이 공동체 의식으로 이어지지는 못함
조용운·한창근 (2014) 피인용 횟수: 16	서울시 노원구	■영구임대아파트만이 지닌 특성과, 아파트라는 하나의 문화에서 주는 이웃과의 단절로 인한 고독감과 소외감 ■남성 독거노인의 경우 사회적 지지가 자살이라는 극단적 선택을 억제하는 완충 효과를 하기 때문에 소외감과 외로움 해소를 위한 사회적 지지를 증가시킬 필요
최종혁(2002) 피인용 횟수: 15	서울시 강남구	■지역 문제의 해결을 위해 주민 조직의 필요성이 제기되나 사회복지관에서 지역사회조직사업을 수행하기 어려운 공간이며, 소수이긴 하지만 실제화된 사례들 존재 ■계층 간 위화감, 사회적 차별로 인한 심리적 위축감 공공 시설물의 파괴 및 관리 의식 약화로 슬럼화 ■민주적 토착 지도자의 부재가 주민 조직화의 장애물이 됨
박윤영(2009) 피인용 횟수: 13	영구임대 아파트 전반	■대규모 아파트 형태의 획일적 공간 구조, 아파트 주거 문화의 특성상 상호 교류가 적고 이웃 아파트 단지 주민과의 갈등 및 낙인 문제, 오랜 시간의 경과로 단지의 슬럼화와 고립화가 우려됨, 사회복지적 대응이 시급한 곳 ■낙인, 사회적 배제, 시설의 낙후화, 자활 의욕 감퇴로 무력하고 희망 없는 아파트 형태의 새로운 빈곤 지역
곽현근(2013) 피인용 횟수: 13	대전시	■영구임대아파트 지역일수록 지역 공동체 의식이 유의미하게 낮았고, 이웃과의 교류는 감소했으며, 주민의 집합적 효능감도 낮았고, 주민 조직 참여도도 감소했음 ■단순히 취약 계층이 밀집된 영구임대아파트에 사는 것만으로 사회적 자본 수준이 부정적으로 낮아질 수 있음을 보여줌
공윤경(2016) 피인용 횟수: 11	영구임대 아파트 전반	■대단지 영구임대아파트의 집단화는 거주자들의 자신감 상실, 사회적 패배자라는 인식의 내부화를 통해 근린 의식 결여, 반사회적 행위 유발이라는 심각한 사회 문제를 야기 ■부정적 근린효과로 인해 외부의 부정적 인식은 강화되고 차별, 배제는 점차 확대되어 주거지가 주변화됨. 이 과정에서 비어 있던 임대주택에 새로운 빈곤층이 유입되면서 빈곤문화가 악순환되는 배제 메커니즘이 발생

인위적으로 만들어진 빈곤 지역

영구임대아파트는 일반 주거 지역 및 자연발생적으로 존재하는 쪽방촌과 달리 국가에 의해 의도적으로 형성된 빈곤밀집지역이다. 영구임대아파트를 건설할 당시, 정책에는 도시빈민들의 주거난을 해소할 목적이 있었다. 그러나 아쉽게도 특정 지역에 고밀도의 저소득층을 집중시키는 주택 정책이 주변 지역 공동체에 어떤 영향을 미칠지에 대한 정책적 고려는 전혀 이뤄지지 않았다. 여기서 빈곤밀집현상의 강제성 여부에 의해 빈곤 지역의 특성이 달라질 수 있음을 엿볼 수 있다.

쪽방촌은 영구임대아파트와는 달리 사라진 판자촌을 대체해 도시빈민들이 자신들의 필요에 의해 형성한 공간이다. 이러한 차이는 내부적 사회적 관계가 발현되는 양상과 관련을 맺는다. 인류학자 헬렌 사파Helen Safa의 연구에 따르면 입주자의 선발과 입주, 관리가 모두 국가에 의해 이루어지는 관료제적 속성, 즉 모든 것이 공적으로 처리되는 경향은 결국 사소한 분쟁도 법적 문제나 책임의 문제로 이어지게끔 함으로써 주민 간 관계와 결속력을 경직화시킨다. 이들은 아파트의 수급자가 되기 위한 공식화 과정, 입주 후 사회복지관 서비스 이용 과정, 일상생활 모두에서 스티그마를 경험하고 있었고, 이러한 인위성은 상대적 박탈감과 사회심리적 소외감으로 나타났으며 이는 유대감을 악화시켰다.

한편 이들이 거주하는 공간이 '아파트'라는 점도 인간관계의 위축과 연관성을 가진다. 사회학자 피에르 부르디외Pierre Bourdieu는 근대적 주거 유형으로서 아파트는 미리 계획된 면적과 형태에 따라 미래의 이용 방식과 거주 유형까지 일정 정도 제한을 받는, 고도로 구조화된 공간임을 강조한다. 그리고 구조화된 공간으로서의 아파트는 거주자들로 하여금 그러한 요구와 기대에 부합하는 특정한 생활 양식을 요구한다. 그러나 문화적 적응이 모든 거주자에게 가능한 것은 아니다. 부르디외는 알제리에 있는 빈곤층 아파트의 황폐화를 아파트가 요구하는 문화적 변신에 실패한 결과로 봤다. 빈곤층과 아파트가 쉽사리 연결되지 못하면서 실족한 주민들의 방치로 공간이 슬럼화된 것이다. 더불어 구식 주거와 아파트의 주거 환경을 비교하며 전자가 집과 집 사이의 허술한 경계, 그리고 공동의 활동을 조장하는 시설과 같은 생활 조건으로 인해 주민들을 단합시키는 반면, 후자는 경계가 엄격하여 주민들을 고립시킨다고 주장했다. 이는 쪽방촌과 영구임대아파트의 결정적 차이라고 추측할 수 있는 부분이다. 부르디외가 지적한 아파트의 개인주의적 특성은 한국의 아파트 문화에도 적용될 수 있으며, 아울러 자가 소유가 아닌 공공 자산에 대한 보존 의식이 약하다는 인간의 특성 또한 문화적 부적응으로 인한 슬럼화를 조장한다.

'주홍글씨'가 새겨지기 쉬운 환경의 위험

그러나 내부 인간관계의 위축을 아파트 자체의 문제라고만 본다면, 부유한 아파트 내에 형성되는 빗장공동체gated community는 설명이 되지 않는다. 이때 세밀하게 살펴야 할 지점은 아파트는 아파트되 영구임대아파트의 경우 일반 분양 아파트와 거리가 근접하다는 현실이다. 주민들이 가난하다는 점과 외부의 낙인을 적용받는다는 점은 쪽방촌과 동일하나, 분양 아파트가 위치상으로 가깝다는 것은 주홍글씨가 매우 구체적으로 새겨지기 쉬운 취약한 상태임을 뜻한다. 대부분의 영구임대아파트 연구가 이곳의 특징으로 내부의 이웃 관계보다도 우선적으로 사회적, 공간적 배제를 들고 있다. 단지들 사이에 놓인 철조망이나 울타리가 대표적 사례다.

부당한 차별은 주민들에게 패배감을 안기기 마련이다. 쪽방촌에서는 그와 비슷한 공간에서 중상류층이 거주하는 경우가 없기 때문에 차별을 겪더라도 추상적 차원의 압력에 그친다. 쪽방촌의 경우 위치상으로 근접하기도 한 비교 대상이 주로 거리나 쉼터의 노숙 생활이므로, 비록 공간 자체가 가지는 물리적 여건은 아파트에 훨씬 못 미치더라도 위상이라든지 자존감의 측면에서는 오히려 더 높은 모습을 보여 준다.

낙인을 부여받은 영구임대아파트 인구 집단은 밀집되어 있음에도 그것이 국가에 의한 강제성과 아파트라는 공간의 철저하고 확고한 경계에 토대를 두었기 때문에 서로를 의지하며 마을을 이루지 못하고 있다. 낙담이 팽배한 지역의 특성은 주민 지도층의 열의를 저하시키며 이는 주민들의 관계망에 치명적이다. 따라서 전반적으로 낙인을 내면화하는 양상을 보이게 된다. 이러한 모습은 자력화된 개인들이 낙인에 대항해 유대감을 강화시키고 있는 쪽방촌의 실태와 상반된다. 영구임대아파트의 주민들은 민주적 토착 지도자를 쉽게 세우지 못할 뿐더러, 오히려 자발적 배제를 수행하는 모습을 보인다.

여기에 더해 그들이 주로 2인 가구라는 점 및 그들의 경제 상황이 쪽방촌의 그것보다 조금 더 나은 수준이라는 점도 고려해야 한다. 영구임대아파트가 2인 가구 혹은 핵가족이라는 인구사회학적 특성은 1인 가구인 쪽방촌 주민들과의 차이점이다. 열악한 상황을 가족끼리 의지하며 버틸 수 있기에 가족의 존재 하에서 이웃은 의지하고 협력할 대상이 아니게 된다. 나아가 수급자가 아닌 집단들도 여럿 있기 때문에, 주민들은 살아가기 위해 직장에서 노동을 해야 하며, 그것은 자연스럽게 동네의 이웃 관계에 투자할 시간이나 여력을 감소시킨다. 물론 아무리 요구되는 노동 시간이 길어도 참여하고 싶은 마음이 들도록 만드는 마을의 요소가 있다면 어떻게든 참여할 수도 있다. 하지만 그러한 움직임이나, 혹은 본인이 참여하지 못하는 부분에 있어 아쉬워하는 태도들은 드러나지 않는다.

요약컨대 영구임대아파트의 빈곤밀집현상은 주민들의 사회적 관계를 축소시키고 있었으며, 주민들은 각종 피해의식으로 점철되어 상당히 무기력한 모습을 보이고 있다. 여기서 윌슨의 근린효과는 두 가지 측면에서 부정적 방향으로 발현된다. 국가에 의한 빈곤의 인위적 집중화로 인해 사회적 배제와 그에 따른 고립 상태가 만들어지며, 주민들의 관계망은 양적으로 감소한다. 그리고 아파트라는 개인주의적인 공간의 특성 및 분양아파트와의 근접성으로 인해 주민들은 소외감이 증대하며, 아예 인간관계 자체를 포기하도록 한다. 이러한 상황은 이들이 서로를 동질한 집단으로 여기기를 수치스러워 하는 인구사회학적 요건과, 아파트 내 열의를 잃은 주민 지도층이 무력해지는 측면으로 인해 축소된 관계망을 확장시킬 여지를 만들지 못하고 있다. 이렇듯 영구임대아파트와 쪽방촌의 대비는 빈곤이 밀집된 지역이라고 하더라도 특성이 결코 동질하지 않음을 보여 준다.

빈곤의 공간이 가질 수 있는 가능성과 한계

도시빈민들이 모여서 거주할 때, 빈곤과 그로 인해 발생하는 각종 문제들에 대처하기 위해 활용되는 주민들의 사회적 관계가 양적으로 위축되는 것은 공통적인 현상이다. 그러나 쪽방촌과 영구임대아파트에서 질적인 양상은 정반대로 전개된다. 빈곤이 과밀하게 분포한다는 공간적 배경이 유사함에도 불구하고,

두 공간의 주민들이 상대와 관계를 맺으려는 의지에 있어 확연히 구분된 것이다. 전국의 쪽방촌과 영구임대아파트의 인간관계를 다루는 선행 연구들을 종합했을 때, 쪽방촌의 빈곤밀집현상은 구성원 내부의 활발한 관계로 이어진 반면, 영구임대아파트의 빈곤밀집현상은 관계 의지 자체를 끊어내고 있었고 나아가 도심 지역의 슬럼화를 유발하고 있었다.

빈곤의 밀집이 지니는 영향력은 거주지 유형의 환경적, 생태적 차이가 고려될 때에 비로소 엄밀하게 판단될 수 있는 복잡한 개념이다. 두 지역이 형성되고 유지되는 맥락이 상이했기 때문에, 주민들의 내부 인간관계는 단순히 빈곤의 밀집만으로 부정적 영향을 받는다고 단언할 수 없었다. 이론에서 언급한 각 효과들이 부유한 지역에서는 기회로, 빈곤한 지역에서는 불이익으로 나타나리라고 보는 일방향의 해석에 대해, 인간관계의 질적 측면에서만큼은 반드시 그러하다고 주장할 수 없음을 상기한 결과들이 명백하게 보여 주었다.

여기서 빈곤의 공간이 가지는 가능성과 한계를 동시에 확인할 수 있다. 특히 쪽방촌의 경우, 앞서 언급한 다양한 문제를 지님에도 취약 주거지라고 쉬이 규정할 수만은 없다. 제삼자가 볼 때는 완연히 드러나는 역설 속에서도 쪽방촌 주민들이 왜 그토록 그곳에서 오랜 세월 살아왔는지를 검토해 보면, 이미 구축된 그들 안의 농밀한 네트워크에 대한 고려가 주택 정책에 반드시 포함되어야 함을 알 수 있다. 쪽방촌 주민들에게 정부는 주택을 매입하여 임대해 주거나 영구임대아파트를 제공하는 방안을 추진하고 있으나, 연구 결과에서 보았듯 효과성 측면에서 의심스럽다. 쪽방촌에서 영구임대아파트로의 이주는 물리적 차원만 보자면 격상된 것이다. 그러나 사회적 관계를 살폈을 때 더욱 큰 낙인감 분만 아니라 내부에 스며들기 힘든 단절된 관계로 인해 주민들이 굴욕을 경험할 수 있음을 기억할 필요가 있다.

대안으로서, 기존의 쪽방촌 건물을 국가가 적극적으로 매입해 순환적으로 리모델링하는 방식으로 주거 환경을 개선하는 것이 여러 가지 이점이 있다. 이를 통해 무분별한 재개발로부터 쪽방촌 생태계를 보호하고, 민간 건물주들의 편법과 터무니없이 치솟는 월세를 근절하며, 내부 공간의 비위생성을 변화시킬 수 있다. 또한 주민들의 긍정적 관계망도 살리면서 낙인을 줄이는 방식이 될 것이다.

단, 주민들 간의 관계가 서로 더 나은 삶에 대한 도전과 자극이 되지 않는다는 점은 해결해야 할 숙제다. 그러나 빈곤하더라도 자신의 삶터에서 안정적으로 살아가는 데에 지장이 없는 게 중요하다는 관점에서 본다면, 탈빈곤이나 더 나은 삶, 자활의 개념과 그에 대한 도전 및 자극도 쪽방촌을 없애기 위한 비자발적 이주의 논리에 이용되는 허구일 수도 있음을 경계해야 한다. 더 나은 삶을 위한 동기가 보이지 않는 상태로 살아가는 가난한 사람들의 모습도 그들 나름의 인간관계로 생존에 대처하는 경우들을 보았을 때, 한국 사회에서 무조건 비정상으로 여겨질 수만은 없다. 오히려 주민들에게는 더 나은 삶에의 요구보다 쪽방촌의 더 나은 환경적 변화가 우선되어야 한다.

분리된 공간에 대한 사후관리의 필요성

영구임대아파트 주민들에 대해 사회적 소득혼합지역으로의 이주라는 방안은, 인위성이라는 측면에서 쪽방촌에서 영구임대아파트로의 입주와 크게 다를 바가 없다. 실제로 어떠한 관련 연구에서도 이들을 더 나은 곳으로 이주시켜야 한다는 결론을 내린 바가 없다.

다만 쪽방촌 주민들에게는 기존의 관계망이라는 자원에 대한 역량 강화Empowerment와 조직의 공고화가 요구된다면, 영구임대아파트 주민들로서는 애초에 관계망을 형성하는 작업부터 새롭게 시작되어야 한다. 그러나 주변의 부정적 인식을 깨는 것은 그들만의 노력으로 가능한 것이 아니다. 따라서 국가는 단지 행정적 차원에서의 임대 자격 조건을 검토하는 과정에서만 엄격하게 개입하는 차원을 넘어, 임대단지마다 설치된 사회복지관과 함께 이미 분리된 상태의 주거 단지에 대한 사후 관리에 적극적으로 나설 필요가 있다.

한편 빈곤한 주민들이 보유한 사회적 관계의 중요성을 인지하고 강조하는 것이 재정적 지원이나 국가적 공공서비스가 불충분한 상태를 정당화시키는 도구로 용납될 수는 없다. 사회적 자원을 확대하려는 노력과 함께, 쪽방촌 및 영구임대아파트의 도시 빈민들이 지니는 취약한 물질적 조건들을 제고시키려는 노력이 병행되어야 한다. 예컨대 쪽방의 월세를 높이는 것을 법적으로 규제한다거나, 그들의 소득을 보장하는 정책적 방안이 간과되어서는 안 된다.

지금까지 빈곤이 모이는 현상이 사회적 자본의 문제와도 밀접한 관련을 나타냄에도 거주지의 유형에 따라 쪽방촌과 영구임대아파트의 빈곤밀집현상은 서로 다른 양태의 사회적 관계를 생산하는 점을 확인했다. 전자의 경우 부정적 의미의 근린효과가 갈수록 약화되었으며 후자의 경우 반대로 그 효과가 강하게 적용되고 있음을 확인하고 차이에 대한 해석을 시도했다는 점에서 이 글의 의의가 있다. 그러나 노력에도 불구, 예컨대 쪽방촌 연구들이나 영구임대아파트 연구들이 공통적으로 보지 못한 모습들이 여전히 존재할 수 있다는 가능성으로 인해 2차 자료의 객관성 및 신뢰성이 전적으로 담보되었는지를 확신할 수 없다는 문제, 그리고 노숙인 쉼터나 역 주변 거리와 같이 다른 방식으로 빈곤이 집중된 지역 등을 포괄적으로 다루지 못했다는 점은 한계로 남는다. 후속 연구를 통해 빈곤밀집현상을 나타내는 여러 형태의 지역들을 비교분석함으로써 빈곤한 지역의 이질성을 보다 명확하게 파악하고 그에 따른 세부적 방안의 마련이 시작될 수 있기를 기대한다.

꿈을 꾸는 사람은 늙지 않는다

중계본동 백사마을 주택 현관문의 글과 그림 ⓒ필요한책

03
빈곤의 공간을
어떻게
보아야 하는가
-쪽방촌을 둘러싼
외부의 시선들

"진짜 레벨이 높은 사람은 나를 무시하지 않아. 내가 느끼면서 반문을 못해. 그건 나이나 학력이랑 상관없어. 정신적인 거야. 저 사람은 그래도 배려하는 마음을 갖고 있구나 이걸 느껴. 겪어 보면 확실히 느끼는 거야. 느끼면 그 순간부터 내가 그 사람한테 함부로 못해. 자극적 빈곤 이미지를 만들어내는 사람들은 그러니까 내 기준에서는 나보다 레벨이 높은 사람이 절대 아닌 거야."

_동자동 쪽방촌 주민 구술 인터뷰

주로 명절 전후나 선거철에 언론 취재의 노출 빈도가 높은 쪽 방촌은 흔히 '레미제라블Les Misérables', 즉 비참한 사람들의 애환이 담긴 곳으로 형상화되곤 한다. 그리고 그때마다 국가의 각종 제도 및 사회 서비스로부터 방치된 곳으로서 시민 사회의 온정이 공급되어야 할 가여운 곳이 되어 왔다. 문제는 그와 같은 프레임이 반복 투영되는 과정에서 쪽방촌은 '가난의 자극적 상징'으로 소비될 뿐 고독사, 혹한기나 혹서기의 건강 악화, 화재 위험, 창문의 부재, 곰팡이 번식 등의 실제적인 제반 문제는 방임된 상태로 때마다 그저 외쳐지고만 있다는 것이다. 이미 쪽방촌에는 '해결되지 않는 불쌍한 사람들의 군락'이라는 주홍글씨가 새겨져 있다.

소위 '빈곤포르노'는 시간이 흐를수록 그 수위가 강해지고 주민들은 어느새 가엾은 이미지에 종속되곤 한다. 밀집되어 있기에 명백히 가시화된 존재이지만 정책 설계에서 이들의 존재감과 목소리는 쉬이 간과되곤 했다. 그러나 그들에게 정말로 목소리가 없었던 것은 아니었다. 지난 2015년에는 인천 동구에서 만석동의 쪽방촌인 괭이부리마을에 생활체험관 설치를 추진했다가 '가난의 상품화'를 이유로 주민 160여 명의 거센 반발을 받고 사업을 철회한 일이 있었다. 유사한 사건이 2017년 서울 중구에서도 발발했었다. 대학생들의 사회적 감수성을 제고시키려는 목표로 수일간 쪽방 생활을 체험하는 프로그램이 기획되었으나 주민의 동의도 구하지 않은 채 일방적으로 진행하려 하다가 주민들의 사생활 침해 등 논란이 커지자 끝내 무산되고 말았다.

빈곤의 관광지화가 보여 주는 것

가난家難이 아닌 가난假難*을 실험하게끔 환경을 조성하려던 이
두 차례의 시도는 쪽방촌을 관광화하려는 어떤 움직임으로 포착
된다. 지역 사회를 발전시키려 한다는 명분 아래 쪽방촌을 유희
적 구경거리로 만들려 했다는 지적과 함께, 슬럼 관광을 통해 관
광객들 사이에서 무의식적으로 세뇌되는 인식의 기저에 '자신
의 현 상태가 이들과 같지 않아 다행이다'라는 안도감·우월감이
나 '이들처럼 게으르게 살지 않아야 한다'는 일종의 왜곡된 미덕
이 재생산될 수 있다는 점 또한 무시 못 할 문제점으로 여겨진
다. 단기간의 쪽방 체험은 사회적 감성을 높이려는 박애적 여행
philanthropic travel으로 의도됐으나 실상은 가난의 관음증적 여흥
화voyeuristic entertainment에 불과했다.

쪽방촌은 이처럼 제3자의 입장에서 비참한 주거 환경이자 연
민의 대상으로 끈질기게 조명되면서, 동시에 변함없이 현상 유
지되는 공간, 그래서 정책적으로 누군가는 지역 경제 발전의 촉
발점으로 주목시키려는 경영 방식으로, 또 누군가는 해체하려는
개발 방식으로 접근하려 하는 복잡한 이해관계의 산물이다. 쪽

---

* 거짓 가난.

방촌과 주민들을 '사회의 희생양'으로 보려는 구조적 시각은 쪽방 체험의 사례에서도 확인했듯 빈민을 '나태한 사람'들로 여기는 정반대의 병리적 시각과 절묘하게 결합해 있다. 실제로 대부분의 쪽방촌은 24시간 청소년 출입금지구역으로 격리되어 있다. '비참하지만 위험한 곳'이 쪽방촌이 처해 있는, 사람들의 필터로 투과된 현실이라고 할 수 있다.

이제 가난한 공간으로서의 쪽방촌과 도시빈민의 존재가 어떤 시각으로 조망되어 왔는지를 비판적으로 들여다 볼 필요성을 제기하고자 한다. 과연 학문은 언론이나 정책에서 보여 온 바와는 달리 빈민들의 삶터와 일상을 정밀하게 묘사하고자 했는가? 나아가 쪽방촌의 현실과 이에 대응하는 빈민들의 복잡다단한 노력을 적절히 서술해 냈는가? 혹여 그렇지 않았다면 연구라는 도구 또한 언론 못지않게 일종의 프리즘이 되어 빈곤 연구자들의 의식에, 연구 내용에, 심지어 독자에게 '도시빈민은 병리적 희생양' 등과 같은 기이한 이념이나 전제를 주입, 공고화할 수도 있기 때문이다.

빈곤문화론: 병리적 존재와 위험한 곳

대한민국 빈민 거주지의 역사는 해방 직후에 시작, 6.25전쟁을 거치며 확실하게 가시화되었다. 해방 후 귀국한 해외 거주자,

전쟁 과정에서 발생한 월남민, 정전 후 상경한 피난민과 도시의 산업화에 따른 이농민까지, 이들이 서울을 비롯한 대도시에 유입되는 과정에서 가난은 대대적으로 모이게 됐다. 도시 인구가 급증하고 주택의 양은 절대적으로 부족한 상태에서 유입 인구 다수가 무주택 도시빈민으로 전락했기 때문이다. 당시 도시 수용력의 한계로 인하여 환대받지 못한 이들은 생존을 위한 자구책으로서 시가지 주변의 산비탈과 하천변, 제방, 철로변을 따라 불량 주거지squatter를 만들어 집단으로 거주한다. 그것이 바로 밀집된 빈곤의 상징이 된 '판자촌'이었다.

당시 도시빈민은 경공업 중심의 급속한 산업화에 필수적인 대규모 저임금 노동력을 안정적으로 재생산하는 존재로서 사회 발전의 추동력이었으나, 동시에 국토 개발과 도시 미관을 위협하고 저해하는 위험한 존재로 인식되곤 했다. 그것은 사회 구조의 명백한 모순이었다. 도시빈민에게는 경제 개발의 성과도, 고통도 불평등하게 분배되었기 때문이다. 미셸 푸코에 따르면 역사에서 빈민은 오랜 기간 광인 또는 범죄자와 동질한 부류로 취급되어 왔다. 무분별한 불량 주택들을 건설하면서 사회의 안전을 위협한다고 판단된 사람들의 존재는 공권력이 치안을 통해 대응해야 할 정치적 대상이었던 것이다. 빈민을 바라보는 시각이 이와 같음에 따라 빈민들이 밀집된 공간 또한 자연스럽게 각종 문젯거리가 집중된 곳으로 간주되어 왔다.

이러한 도시빈민들에 대한 적대적 관점은 빈곤이 충동적이고 병리적인 개인들의 생활습관으로부터 비롯된다고 보는 빈곤의 원인론과 밀접한 관련이 있다. 그것이 극대화된 이론으로서 미국의 인류학자 오스카 루이스가 1960년대에 발표한 빈곤문화론Culture of Poverty이 있었다. 멕시코, 푸에르토리코, 뉴욕 등지의 빈민촌에서 수십 년간 면밀히 현장 연구를 수행한 그는 그곳 주민들의 생활 양식, 가치관, 태도에서 수렴한 70여 가지 특질을 '빈곤문화'로 개념화했다.

빈민들은 주류로부터의 소외 경험 과정에서 특유의 문화를 축적, 유지, 재생산한다. 그 문화 안에 내포된 성질, 예컨대 기존 제도에 대한 불신과 적대감, 빈번한 폭력, 부父의 권위주의, 약물 및 알코올 중독, 혼전 동거, 조기 성 경험, 도박, 역사의식의 결여, 미래 계획의 부재, 낮은 동기부여, 약한 직업윤리 등의 비정상성이 결국 이들을 세대가 흘러도 빈곤에서 탈피하지 못하게 만든다는 내용이 빈곤문화론의 골자였다. 여기에서 빈민은 단순히 경제적으로 빈곤한 사람을 의미하는 것이 아닌, 비빈민과 다른 그들 고유의 사회적, 심리적 특성과 그에 따라 독특한 생활 양식을 가진 확고히 구분된 특이한 존재로 변환된다.

빈곤을 세상에 드러낸 빈곤문화론의 한계

루이스는 그 자신이 가난한 이민 노동자의 자식으로서 빈민들의 처지를 깊이 이해했고, 한창 미국 경제가 호황을 누리던 시절에 빈곤문화의 개념을 환기했다. 그럼으로써 '비'시민으로 간주되는 빈민들이 주류 사회로부터 철저하게 고립되고 경제적 측면을 넘어서는 극도의 결핍을 경험하고 있는 현실을 사회 문제화하면서 경종을 울리고자 했다.

그러나 그의 저작들은 정밀하지 못한 일반화로 인해 보이지 않는 질곡의 구조를 외면하였다. 그래서 역설적으로 그의 연구는 '빈민의 보편적 생존 방식이야말로 빈곤을 공고화, 영속화시키는 질적으로 저열한 것'이라는 보수적 가치 판단으로 해석되었고 이후 상당한 논란거리가 되었다. 결과적으로는 "자신들만의 무기력한 언어와 심리 및 세계관을 가진 빈민은 희망의 부재와 자아 혼돈을 만성화하며 이미 열악한 생활 실태를 악화시킨다"고 주장하게끔 만듦으로써 빈곤의 책임을 개인에게 전가하게 만든 것이다. 또한 빈민의 빈곤 대응 방식을 '역사의식과 비전이 희박한 상태에서 오로지 자신만의 생존을 위한 생활 방식'으로 통칭하여 그것이 결국 빈곤을 탈피하지 못하도록 막는 요소라고 호도되게끔 했기 때문이다.

게다가 자본주의 사회의 한계적 위치에 있는 사람들이 만들어낸 적응의 산물로서의 빈곤문화는 주류 사회의 정부, 고급 관료, 경찰, 교회 등의 제도에 대한 반감과 적대감을 지니고 있어 기득권층에게는 늘 위협으로 여겨졌다. 각종 병리적 행동과 불법적 태도를 내포한 빈민들의 집단 거주지는 특히 위험한 곳이었고,

빈민들은 그 사고방식과 행동이 교화되어야 할 대상이었다. 이 문제를 해결하기 위한 전략은 빈곤문화를 공유하는 내부 구성원들이 같은 공간에 모이지 않게끔 이들을 흩어 놓는 것이었다.

여기에서 빈민들을 흩는다는 것은 곧 빈곤문화의 발아 자체를 억압하는 것을 의미한다. 경제적 제약으로 인한 빈곤층의 좁은 주거 반경, 그리고 지리적 근접성을 내재하는 문화의 특성상 의존적이고 폭력적인 빈곤문화의 사멸은 단지 경제적 빈곤의 소거만으로는 결코 이루어질 수 없었다. 결국 그것은 공간적 차원에서 빈곤밀집지역의 해체와 맥을 같이 했다. 빈곤문화는 사회화를 통해 세습된다고 여겨지기 때문이다. 도시빈민을 공간적으로 섞어 놓으면 중·상위 계층의 이웃으로부터 동기부여가 되면서 재사회화, 즉 더욱 나은 생활을 지향하는 자극을 얻게 되리라고 전망했던 것이다. 이미 루이스는 빈곤문화에 속하지 않은 빈민들도 존재함을 밝힌 바 있다. 만약 그들이 공간적으로 집중되어 있지 않다면 빈곤문화가 생길 확률은 확고히 감소하게 된다.

한편 루이스는 빈곤문화는 국가와 지역의 차이를 초월하여 존재한다고도 주장했다. 당시 빈곤문화론이 대한민국의 판자촌이 대량 생산되고 있던 시점과 유사한 때에 등장했기에 국내에서도 빈곤문화의 존재 유무에 대한 연구들이 착수된 바 있었다. 대표적으로 대한민국 도시빈민들 사이에는 사회적 낙오자들의 집합체인 서구 슬럼가의 빈곤문화가 부재하다는 연구와 존재한다는 연구가 대립했다. 결국 대부분의 연구에서 국내의 빈민은 모두가 함께 가난에서 벗어나려는 열망을 지니고 노력하는 건전한 시민이며, 따라서 빈곤문화란 부재하다는 것이 지배적 경향으로 자리잡았다. 그러나 이 분석은 20세기 중반 판자촌의 경우까지에 한정된 것으로서 빈민 거주지의 파편화 이후의 결과를 보장해 주지 않는다. 즉 시간이 흐름에 따라 밀집된 빈민을 조망하는 방식에서 빈곤문화적 특질이 재도래했을 가능성을 염두에 둘 필요가 있다.

한편 국내의 판자촌에 빈곤문화가 부재하다는 학문적 성과들도 당시 시대의 조류였던 판자촌의 재개발과 해체의 절차를 거스르지는 못했다. 판자촌의 부재야말로 밀집된 빈곤의 위험을 극복하고 경제 성장에 성공했다는 국가적 차원의 징표였기 때문이다. 국가는 판자촌을 도시빈민의 '불법적 무단침입'으로 만들어 낸 불량촌으로 명명해 왔고, 그것을 효율적 국가발전을 위협하는 요소, 따라서 박멸해야 할 공간으로 여겨 왔다. 이를 고려할 때, 광주대단지사건(1971)을 비롯하여 목동투쟁(1984), 사당동판자촌투쟁(1985), 상계동철거반대투쟁(1987) 등의 사건에서 무자비한 철거와 불충분한 이주비의 지급으로 20세기 후반 내내 도시빈민과 마찰을 빚어 왔던 당시 정부의 시각 저변에는 그들을 하대하고 그들에게 빈곤의 책임을 전가하며, 끝내 그들의 공간과 생존 방식을 부정하는 빈곤문화적 관점이 전제되었음을 유추할 수 있다.

1962년, 한남동에 판잣집을 짓고 있는 일꾼들 ⓒ서울역사박물관

맥락효과: 희생당한 존재와 위험한 곳

빈곤은 개인적 수준으로 존재할 때보다 특정한 지역에 모여 있을 때 그 열악하고 궁핍한 현실이 더 명백하게 보이곤 한다. 빈곤문화론은 밀집된 빈민의 고립된 실상을 폭로하는 데는 성공했으나 이를 초래한 구조적 원인보다는 고립을 자초한 빈민들의 일상과 생활 습관을 비난하는 결과를 가져왔다. 이에 빈곤을 개인의 문제가 아닌 환경의 문제로 인식, 접근하려는 시도가 있었다. 소위 빈민에게 미치는 공간의 효과인 맥락효과* 연구 Contextual Effect였다.

맥락효과 연구는 도시빈민의 삶의 터전인 빈민촌의 공간성에 관심을 두고, 그것이 그들의 일상을 변형시키는 영향과 기제를 탐구하려는 노력이었다. 그럼으로써 빈민이 표현하는 각양의 행동 표식들이 그들 내부에서 발전시킨 빈곤문화에 의한 것이 아닌, 부득이하게 처할 수밖에 없었던 사회적·공간적·지리적 환경에서 비롯된다는 점을 밝혀내고자 했다.

맥락효과 연구에 따르면 도시빈민은 주류 계층으로부터 지리적으로 격리되어 비교적 저렴한 거주지를 찾아 특정 지역 사회에 주거 군집residential clustering이 이뤄지곤 한다. 즉 빈곤의 밀집이란 빈부의 격차가 공간상으로 발현된 개념이라고 할 수 있

---

* 맥락효과는 2장에서 제시된 '근린효과', 그리고 '이웃효과' 등과는 세부적으로 측정하기 위해 사용하는 지표의 선정에서 약간의 차이가 있을 뿐 대부분 동일하며 치환 가능한 개념이다.

는 계층별 거주지 분리residential segregation다. 구체적으로는 빈민이 겪는 사회적 배제social exclusion와 그로 인해 형성된 저렴한 지역 시세 같은 빈민의 필요조건이 맞물려 생겨난 사회적 현상이라고 할 수 있다.

맥락효과 연구는 가난이 지역 사회에 공간적으로 집중하는 상황에서, 그곳에 거주하고 있다는 이유만으로 빈민들의 일상과 삶의 기회에 기여하는 순수한 효과를 밝혀내고자 했다. 그런데 조밀해진 가난은 가난한 이들과 가난하지 않은 사람들과의 지속적인 상호배타적 거주지 분리를 수반하기 마련이다. 그에 의해 생성된 지역 사회 간 공간 불평등 및 지역 사회 내 빈곤의 집중 등의 맥락적 조건이 빈곤한 주민들에게 차별적 낙인, 육체적·정신적 고통 등의 집중된 불이익concentrated disadvantage을 유발한다는 것이 맥락효과 연구의 기본 주장이었다. 그런데 빈민촌의 순수 효과를 증명하려던 맥락효과 연구들은 결국 도시빈민의 삶에 기여가 아닌 부정적 영향을 미친다는 일군의 결과물을 도출하게 된다.

빈민촌의 고착을 부르는 맥락효과

맥락효과 연구에 따르면 빈곤이 밀집된 지역 사회의 생태적 특성은 빈민 개개인의 사회 경제적 속성과 별개로 그 자체적인 고유한 손상 효과를 가진다. 즉 빈민촌은 그곳에 거주하는 빈민 속성의 총합을 뛰어넘는 독립적 맥락context이자 독특한 생활 공간이라는 것이다. 이 분야의 실증 연구들은 빈곤이 밀집된 지역 사회일수록 주민들의 교육 성취도가 낮고, 주류 사회의 제도와 일자리로부터 소외되며, 각종 범죄에 연루되는 빈도가 높고, 가족 관계에서 실패할 가능성 역시 크다는 지점을 정량적 분석의 결과로 지적해 낸다. 나아가 빈민촌의 맥락효과가 거주자들의 생애 전반에 걸쳐 흔적을 남긴다는 연구 결과도 발표된 바 있다.

빈곤문화론에서 비난을 면하지 못했던 도시빈민의 각종 행동은 맥락효과 연구를 통해 지역 사회 '맥락'의 존재가 밝혀짐에 따라 누명을 벗었다. 그들의 드러나는 행위 이면을 통해 '환경 속의 인간Person In Environment'이라는 사회복지학의 기본 명제를 증명해 주었기 때문이다. 위험하고 병리적인 것으로 여겨졌던 밀집된 빈민의 생존 방식은 도시빈민이 불가피하게 위치하게 된 거주 공간에서 겪고 있는 고통으로 치환되었고, 이제 그들은 빈민촌에 갇혀 버린 무고한 희생양이 되었다.

그리고 그러한 결론만큼 빈민촌은 계속 위험한 곳이 되어 갔다. 빈민에게 입혀졌던 특질들이 사라지는 순간 빈민촌이 존속해야 할 이유도 없어졌기 때문이다. 빈민촌의 환경적 열악함이 사회적으로 부각된 가운데 정책적 해법으로 제시된 전략은 바로 거주 환경 변화의 일환인 빈곤의 분산de-concentration of poverty이었다. 맥락효과 연구도 빈곤문화론과 마찬가지로 빈민촌의 존폐에 대해서만큼은 공통된 입장이었기에 특정 공간에 빈민을 집중시키지 않으려는 처방은 일치했다. 다만 맥락효과 연구에서 요구하고 이행했던 빈민의 분산이나 사회적 혼합social mix은 그들을 이른바 더 나은 환경으로 '해방'하기 위해서였다.

1999년 이후 쪽방촌을 바라보는 시선들

쪽방촌도 빈곤밀집지역 현상의 다변화 과정에서 등장한 대표적 거주 공간 중 하나다. 달동네, 산동네로 불리던 불량 주거지, 즉 판자촌이 자취를 감추면서 도심 속에 새롭게 대두된 최저 소득층의 비공식 주거 형태였던 것이다. 엄밀히 말하자면 세간에 재발견되었다는 것이 정확하다. 그동안은 정책적으로 무관심한 채로 방임되었다가 1997년 외환 위기 이후 거리 노숙인이 급증하면서 도시빈민의 최후의 거처로 다시금 주목받았기 때문이다.

국내의 쪽방촌 연구는 쪽방의 존재가 재조명된 후 1999년에 착수되어 현재까지 20여 년째 꾸준히 수행되고 있다. 도심의 위압적인 고층 빌딩들에 그 모습이 은폐되어 있어도 쪽방촌은 연구자들의 관심사에서 아직 망각되지 않았다.

여기서는 국내 학술지 논문의 대표적 데이터베이스인 한국교육학술정보원 학술연구정보서비스RISS에서 2019년 5월 말엽 기준, '쪽방' 키워드로 검색된 도합 197편의 관련 학술 연구를 시대별로 면밀하게 전수 검토했다. 쪽방촌 연구의 개수를 산출한 결과 2000년대 74편*, 2010년대 123편으로 연구 주제로서 쪽방은 아직 역사는 짧으나 시간의 경과에 따른 관심도의 증가 추세를 확인할 수 있었다.

이후 검토 과정에서 쪽방에 대한 전반적 개요나 단순한 정보만을 소개하고 있는 지엽적인 논문 및 도시빈민과의 관련성을 연구 결과의 주요한 내용으로 보고하고 있지 않는 39편의 논문을 분석에서 제외했다. 이로써 최종적으로 도시빈민의 일상을 관통하는 총 158편의 쪽방촌 연구를 활용했으며, 여기에는 '쪽방'이라는 키워드만으로는 검색되지 않으나 도시빈민 및 조직화를 중심 주제로 삼는 연구 중 쪽방촌과 연관성을 지닌 연구 및 저서들도 일부 포함되었음을 미리 밝히는 바다. 이러한 기존의 쪽방촌 연구들을 종합하는 연구 방법으로 담론 분석discourse analysis, 구체적으로는 그중에서 비판적 담론 분석의 해방적 의도와 목표를 차용한 비판적 담론 지형 분석을 시도했다.

분석의 결과, 쪽방촌을 바라보는 총 네 개의 크고 작은 담론들이 맹렬하게 전개되고 있었다.

---

* 1999년에 나온 5편 포함.

1. 수난담론: 빈곤한 쪽방촌에서 핍박받는 존재

쪽방촌을 보는 시선으로서 첫 번째로 추출한 담론은 도시빈민을 빈곤한 쪽방촌에서 핍박받는 존재로 서술하는 '수난담론'이었다. 수난담론의 주제는 거주 환경이 쪽방촌 공간이기에 펼쳐지는, 도시빈민의 원치 않는 단절과 고독이다.

1평의 좁디좁은 쪽방에 자리를 잡은 주민들은 대부분 노인, 장애인, 수급자 정도로 점철된 1인 가구로 구성되기 때문에 부득불 사회적 관계망의 사각지대에 놓이게 된다. 이들은 팽배한 불신과 낙인으로 인하여 쪽방촌 내외부 이웃과의 소통 및 교류를 성공적으로 수행하지 못한 사람들이다. 그래서 이들은 철저한 고립 속에서 예고 없이 발생하는 고독사에 대한 근원적 공포심을 안고 살아간다. 이 담론에서는 '하루짜리의 유대', '홀로 고독한 생활을 하며 힘든 삶을 꾸리고 있는 쪽방 거주자'. '죽음을 일상적인 것으로 받아들인다', '쓸모없는 입'과 같은 체념적 텍스트들이 두드러진다.

쪽방촌으로 진입하기까지 가정이나 사업장, 노숙 생활에서 겪었던 과거의 내·외상과 트라우마로부터 쪽방촌에서 현재형으로 겪고 있는 극심한 경제적 빈곤, 쪽방촌 유입 후 피하지 못한 사회적 네트워크의 단절, 미흡한 사회보장제도의 허점을 알면서도 당사자가 무시당하는 상황과 빈곤을 탈피하려는 노력조차 하지 않는 수급자라는 낙인, 그럼에도 수급권을 상실하지 않으려는 처절한 몸부림 때문에 노동 시장에 참여하지 못하게 되는 법적 배제의 역설까지 인생의 위기 상황들이 중첩되면서 그늘진 일상 속 빈민은 각종 후유증에 시달리며 살고 있다.

여기에 더하여 쪽방 자체가 기본적인 의식주를 해결할 부대시설이 구비되지 못한 비주택 공간인 데다가 채광과 환풍이 되지 않는 물리적 열악성까지 더해져 사람이 생존할 수 없는 환경이라는 점 또한 강조된다. 나아가 그러한 쪽방이 모여 있는 쪽방촌은 이들에게 안전지대가 아닌, 도심의 활기찬 주변 상황과 극단적 대조를 이루는 불안한 공간이다.

결국 도시빈민은 쪽방촌에서는 만성화된 군중 속의 고독에 취하여 있으나, 밖으로 발을 내딛는 순간 그가 입은 빈곤 때문에 유발되는 지독한 선입견과 무자비한 차별이라는 생경한 두려움을 감당할 수 없는 무기력한 상태가 되어 버린다. 빈민에게 가해지는 환경적 작용이 강조되다 보니, 그에 대한 그들의 반작용을 기대할 수 없는 상황들까지 함께 묘사되는 것이다. 인적·물적으로 폐쇄된 이곳 쪽방촌에서 고통스러운 삶을 연명할수록 빈곤의 수렁은 깊어져만 가며 거주 기간 또한 장기화 양상을 띠게 된다. 궁극적으로 그곳은 살아 보려고 들어왔지만 끝내 탈피할 수 없고 고작 수평 이동 남짓만 가능한 감옥 같은 공간이 되고 만다. 그렇게 쪽방촌은 '다른 주거 대안을 찾을 수 없으므로 부득불 살아가는 공간'으로, 도시빈민은 '장기적 빈곤 위험의 덫에 갇힌 수감자들'로 서술된다. 수난담론에서 그들이 할 수 있는 대처란

학습된 무력감 속에서 그저 숨죽이고 인생의 끝날을 기다리는 것이었다.

수난담론을 다룬 일군의 연구는 쪽방촌 도시빈민들의 무고한 주변화marginalization 과정과 배제 실태를 환기하는 역할을 했다. 이는 언론에서 조명하는 '레미제라블'로서의 인간 군상을 진지하게 연구함으로써 사람들이 쪽방촌에 대하여 흔히 생각하는 일반적 관점, 즉 '이런 곳에 사람이 살도록 내버려 둘 수 없다'는 사변에 깊이와 무게를 더한 측면을 무시할 수 없다. 그래서 편견과 차별에 주눅 드는 쪽방촌 인생의 소외된 단면과 바깥세상에 쉬이 다가서지 못하는 사람들의 존재로서 이들의 보호가 시급하다는 사회적 경고를 보낼 수 있었다.

문제의식의 측면에서 이 유형의 연구들은 도시빈민들의 수난에 빈곤의 밀집 및 거주지 분리와 같은 환경적 요인의 지분을 무시할 수 없다는 맥락효과 연구와 궤적을 같이 한다. 단, 처방에서는 경제적으로 쪽방촌에서 벗어나기 힘든 빈민의 현실적 제약과 부족한 저렴 주거의 공급 상황을 고려하여 쪽방촌 내부의 지지 체계를 보다 활성화할 것을 권고한다.

그럼에도 수난담론은 근본적으로는 도시빈민의 고통에 초점을 두고 있다. 역사적으로 쪽방촌이 가지는 자구적 유용성을 인정하더라도 궁극적으로 동시대에 공존하는 또 하나의 생활 공간으로 이해될 수는 없는 공간으로 여긴다. 그 결과 빈민의 해방, 즉 주거의 상향을 무척 중요한 과업으로 삼는다. 그래서 자연스럽게 '집단화된 불법·불량거주지로서의 쪽방촌은 도시빈민의 저렴 주거가 아닌 위험 시설 차원에서 마땅히 규제되고 마침내 없어져야 할 곳'이라는 부정적 뉘앙스를 함축한다.

흥미로운 사실은 한국 사회에서 나름대로 보편성을 띠고 있는, 도시빈민을 연민하는 수난담론의 목소리는 정작 쪽방촌 연구 내부에서는 지극히 작았다는 점이다. 그것은 수난담론이 여타의 경로로도 충분히 접할 수 있는, 연구 주제로서 이미 포화된 내러티브이기 때문이라고 평가된다. 또한 이러한 시선이 쪽방촌의 모습을 변화의 의지가 희박한, 매우 정적인 곳으로 다소 편협하게 그려 낸다는 점도 묵과할 수 없다. 사회 구조의 희생양임을 강조한 나머지, 도시빈민은 쪽방촌 내부와 외부를 막론하고 오로지 그들을 둘러싼 사회 환경에서 발아하는 절망의 일상적 지배에 종속되었다는 단편적 명제를 주입하기 때문이다.

나아가 여기에는 쪽방촌의 '촌락'으로서의 기능을 놓친 부분도 있다. 그것은 가난한 사람들의 촌락은 불완전하다는, 일종의 '정상성의 원리'가 수난담론에 축약되어 있음을 시사한다. 결국 연구자들은 수난담론의 시선만으로는 잘 보이지 않는 쪽방촌의 역동성을 포착하려 했던 것으로 보인다. 수난담론의 한계는 곧 쪽방촌의 장소성을 재발견하고 이곳을 보존해야 하는 이유가 있는 공간으로 여기거나, 혹은 도시빈민을 무조건 고통과 연관시키지 않으려는 다른 시선의 출현을 예고한다.

2. 쪽방촌문화담론: 환대의 쪽방촌과 빈민공동체

　의외로 빈민촌으로서의 쪽방촌을, 쉬이 예측되지 않는 순기능을 갖춘 곳으로 그린 시선들도 있었다. 겉보기에 열악하다고 해도 이곳 역시 사람들이 살아가는 장소임에 관심을 기울이는 것이다. 이 두 번째 담론은 환대의 쪽방촌과 빈민공동체의 긍정적 면모를 부각하는 '쪽방촌문화담론'이다. 여기에서는 밀집된 도시빈민 사이에 특유의 문화가 존재함은 인지하지만, 그것이 루이스가 주장한 것처럼 질적으로 조악하다고 해석할 수는 없다고 이야기한다. 쪽방촌문화담론의 주제는 '거주 환경이 쪽방촌이었기에 가능했던 일상의 회복, 공유와 인정人情의 문화 그리고 가난의 상징에 새로운 의미를 부여하기'다.

　이 두 번째 담론은 쪽방촌의 공간을 1인 가구만의 열악한 쪽방과 그것의 비관적 확장판으로 바라보는 수난담론과는 다르다. 이 담론의 특징은 쪽방촌의 공간을 기본적으로 빈곤이라는 공통점을 가지고 거주하는 개인의 집합체와 연결한다는 점이다. 이 공통점의 밀집 때문에 쪽방촌에 관심을 가지고 도움을 주려는 손길들도 쪽방촌 내부에 이미 들어와 있다. 즉 쪽방촌을 하나의 유기체로 보고 환대의 공동체 공간으로 재개념화하는 것이다. 그래서 수난담론과는 환경적 작용, 즉 공간성을 조망하는 관점의 차이가 뚜렷하다. 빈민을 관통하는 쪽방촌의 환경적 불리함을 이렇듯 나름의 유리함으로 치환하는 행동은 그들에게 가해지는 작용에 대한 쪽방촌 도시빈민들의 (비)의도적 반작용 내지는 응전으로, 고통 너머의 삶을 더 들여다 볼 필요가 있음을 암시한다.

이에 따라 조밀한 관계성이 개입되고 있는 쪽방촌은 사람답게 살고자 하는 의지가 공유되는 공간이 된다. 그럼으로써 단순히 물리적 낙후 공간이기 때문에 사라져야 하는 문젯거리로서의 입지를 탈피한다. 주민들로부터 '편리하지만 개인주의가 만연한 아파트보다 낫다', '쪽방촌은 차별이 없고 인정이 넘치는 관계망', '마음속 깊이 정든 고향', '편히 쉴 수 있는 공간'으로 구술되기까지 한다. 이들 텍스트에서 쪽방촌은 떠나려 해도 떠날 수 없을 정도로 매혹적인 곳으로 인식되곤 한다.

세밀히 들여다보면 쪽방촌은 주택이 크게 넓어진 촌락의 개념으로, 몸을 누이고 비와 추위를 막을 수 있는 1차적 사생활 공간과 공유의 생활이 가능한 2차적 마을이 터전에 공존하는 일종의 도시빈민형 코하우징co-housing이라고도 할 수 있다. 환언하면 쪽방촌에 거주하는 빈민들은 비록 세입자이지만 '내 집'이라고 할 수 있는 반경이 단지 '내 방'에 국한되지 않는다는 의미다. 그곳에서 이들은 급식, 진료, 상담, 법적 지원, 저축, 이웃 관계 등 대부분의 복지를 무료나 저비용으로 해결할 수 있는 자급자족 생활을 하고 있다. 무심하거나 비非시민, B급 시민으로 무시하는 외부 사회와는 달리 공·사의 영역 모두에서 살아 있음을 느낄 수 있는 쪽방촌의 생동력에서 내부자들은 본원적 향수鄕愁

를 체감한다.

그곳에서 도시빈민들은 하나의 문화 집단으로서 부족한 여력 속에서도 서로를 활발히 환대하면서 살아간다. 빈곤이 밀집된 만큼 밀도가 높은 사회적 연결망을 보유한 것이다. 이것을 빈곤문화라고 칭할 수도 있다. 그러나 이때 도시빈민들이 의미를 부여하는 '쪽방촌문화'의 개념은 수십 가지의 부정적 개념들을 부적절하게 뭉뚱그린 기존의 빈곤문화와는 구별된 '따뜻하다 못해 뜨거운' 그들의 공유 문화로서 독특성을 가진다.

이들은 빈곤으로 수렴되는 자신의 처지와 유사한 사람들과 동질감을 느끼며 감정, 정보, 금전 등에서 호혜적 관계를 누리는 이웃이 되었다. 수난담론에서처럼 홀로 고립됨에 그저 머물러 있는 대신, 빈민들은 식사를 함께하고 일상을 같이 보내며 서로를 살뜰히 챙기고 위로하는 등 자신들이 구축한 정서적 유대감과 비공식적 지지체계를 통해 적극적으로 스트레스를 해소하고 주어진 현실에 응답하며 역동적 삶을 살고자 노력한다. 쪽방촌에서는 소위 '이웃보험'이 활발하게 통용되고 있다고 표현되기도 한다. 일반 대중에게는 사뭇 형편없는 풍경으로 보여도, 쪽방촌 도시빈민들에게는 이와 같은 일상의 편린들이 사람 냄새를 풍기며 메말라 있던 삶을 즐거움으로 색칠한다. 매우 비위생적이고 지저분해 보이는 인상은 일상을 버티면서 살아가는 사람들에게는 그만한 이유가 있는 법이며, 내부적 신뢰라는 렌즈로 보면 전혀 특이할 것이 없다. 도리어 그것은 '빈곤의 미美'인 것이다. 종합하면 주어진 가난에 좌절하지 않고, 도시빈민들이 쪽방촌에서 만들어 내는 긍정적이고 고무적인 삶의 방식, 즉 '쪽방촌문화'라고 할 수 있다. 이것은 서구의 빈곤문화론과 비교하면 이질적인 의미의 문화이지만, 국내 빈곤층 주거지의 역사에서는 예전의 건강한 달동네문화가 쪽방촌으로 이입된 바로도 볼 수 있다. 오늘날의 마을공동체 담론과도 일부 연결될 수 있는 개념이다.

쪽방촌문화담론은 쪽방촌 외부에서 재단하는 시선과 쪽방촌 내부자들의 입장 사이에 심연이 놓여 있음을 보고했다. 후자의 목소리를 드러낸 연구들은 밀집된 빈민을 '가난'과, 가난함에도 고통을 견뎌 내는 '자존自存의 능력' 또한 갖고 있는 투박하고 끈질긴 존재로 묘사한다. 단지 경제적 수준에 의해서만 판단되는 저렴한 삶과 취약한 삶터가 아님을 말하려는 것이다. 재개발과 관련하여 실시했던 각종 빈곤 공간 연구는 '빈곤의 공간을 과연 한계적이고 일시적인 성격의 것으로 이해해야 하는가'에 대한 원천적인 질문을 던졌다. 특이할 것 없이 특별한 내부의 생활 양식을 이해하고 나면 쪽방촌은 제3자의 섣부른 판단으로 쉽사리 허물어질 수 없는 곳, 허물어져서는 안 되는 곳이 된다.

그러나 쪽방촌은 사람이 살 만한 동네라고 하기에는 너무 큰 열악함과 불편함을 감수해야만 하는 물리적 환경인 것도 명백한 사실이다. 그래서 쪽방촌문화담론에서는 무조건적으로 현 상태의 존치를 주장하지 않는다. 다만 획기적이고 일방적인 형태의 변화가 아닌, '빈민들이 쫓겨나지 않는 방식으로' 단계적 내부 재생이 되어야 한다고 제언한다. 예컨대 쪽방촌은 저렴하고 깔끔한 임대형 숙박 공간으로 리모델링될 필요성이 있으며, 구체적으로는 소규모로 구역을 정해 순차적으로 개발하는 순환형 개발과정을 따르되, 그로 인해 잠시나마 터전을 상실할 위험이 있는 쪽방 세입자들에게 컨테이너라든지 임시적 주거 공간과 같은 가이주 단지가 마련되어야 한다.

쪽방촌문화담론은 오랫동안 공들여 온 쪽방촌공동체의 현존을 근거로 들어 도시빈민의 삶이 녹아 있는 쪽방촌을 유지, 보존하되 물리적인 환경을 중점적으로 개선해 나가자고 한다. 그럼으로써 내부의 삶의 질을 높이면서 동시에 외부의 낙인을 제거하는 전략을 요청한다. 즉 수난담론과는 달리 탈脫쪽방을 반대하는 이러한 보존의 논리에는 쪽방촌의 거주 환경을 단순히 물리적 주거 환경으로만 보지 않고, 사회·경제·문화적 환경으로 여기는 사고가 저변에 깔려 있다. 그것을 간과한 채 소위 '불량 주택'들을 제거하고 도시빈민을 잘 보이지 않는 곳으로 이동시키려는 각종 방안은 오로지 물리적 건물 상태만으로 쪽방촌을 재단한 결과일 수 있다. 그들이 쌓아 올린 공동체성과 그것을 토대로 생존해 왔던 빈민의 삶의 방식을 심각하게 훼손하고 만다는 점에 주목하자는 것이다.

놀랍게도, 쪽방촌 연구에서 이 담론의 위상은 대다수의 연구가 공통으로 거론할 만큼 그 파급력이 컸다. 적어도 학문 영역에서 만큼은 사회 현상을 관찰하는 보편적 시각으로서 설득력을 확보한 것이다. 이는 도시빈민을 사회적 희생양으로 여기는 기본적 입장은 취하되, 거기서 멈추지 않고 자신들의 악조건을 쪽방촌 내 관계망의 자원으로 치유해 나가려는 노력까지 제시했기 때문으로 보인다.

쪽방촌문화담론은 단순히 환경의 영향에 예속된 인간을 넘어 쪽방촌 도시빈민의 강인한 주체성을 포착했다는 점에 의의가 있다. 빈곤의 문화를 그려 내었으나 그것을 빈곤한 문화가 아닌 빈민들이 삶의 어려움을 직접 처리해 나가는 질긴 극복의 서사로 해석함으로써 도시빈민과 자신들의 터전에 대한 보존의 논리를 쪽방촌 내부의 문화에서 도출해 낸 것이다. 나아가 그들이 단순히 복지의 수급자이기만 한 것은 아니라는 점, 창조적으로 문제를 해결해 가고 지역 사회에 기여하는 사람들이라는 점, 그렇기에 낙인의 굴레는 불필요하다는 점 또한 강조된다.

여기에서 담론 지형의 커다란 진동이 감지되었다. 쪽방촌문화담론은 빈곤문화의 개념을 활용하지만, 도시빈민을 병리적 태도로 대하지 않는다. 따라서 도시빈민을 단순히 사회적 희생양으로 보았던 수난담론과는 판이한 축이 요구된다. 빈민을 변화의 주체로 등장시키는 인식은 그간 그들을 병리적 존재 혹은 사회적 희생양으로 간주해 오던 굳건한 이분법적 태도에 선명한 균열을 일으켰다.

3. 투쟁담론: 획득한 쪽방촌과 저항하는 빈민

세 번째로 소개할 시선은 공교롭게도 쪽방촌문화담론의 보수성을 고발하는 과정에서 태동했다. 쪽방촌문화담론은 도시빈민의 성격과 빈곤문화의 의미를 전복시켜 쪽방촌의 긍정적 역할과 도시빈민의 강점을 환기하는 지평을 열었다. 하지만 이 담론이 내걸었던 빈민의 주체성은 사실 자유보다는 인내심에 근접한다. 마치 '주어진 현실'에 어떻게든 적응하려는 방편으로서의 이웃관계라는 일종의 완충적 텍스트들이 연구들 곳곳에서 발견되었기 때문이다.

물론 그것조차도 도시빈민들에게는 분명한 의미를 지닌 대응방식임을 부인할 수는 없다. 일상의 치유는 고통과 상처의 흔적을 지니고 살아가는 이들 빈민에게 꼭 필요한 과업이었기 때문이다. 다만, 역으로 파고들면 그것은 빈민이 처해 있는 사회적 토양을 바꾸는 데에는 다다르지 못하거나, 심지어는 변혁을 외면하기까지 하는 한계적 주체성이라고 판단될 여지를 남긴다. 그로써 과연 정말로 치유되었는지를 되물을 필요가 있게 된다. 만병통치약으로 치부되어 왔던 이 모든 공동체 활동들은 결국 빈민의 인생을 본원적으로 고통스럽게 하는 빈곤과 불평등의 구조적 문제들은 건드리지 못하는 것 아닌가. 단지 시름을 망각하게 하는 정도의 탈맥락적, 비정치적 일상 영역의 의식주나 유희활동에 치중함으로써 작금의 현상 유지를 강화하는 데에 일조할 수 있다는 의구심이 제기된 것이다.

즉 변화 의지라는 개념은 이들 도시빈민이 가난한 현실을 주어진 것으로 수용하는 현상 속에서만 적용 가능했던 제한된 자유이자 일종의 기만일 수 있다. 그리고 일상에서 드러났던 빈민들의 질긴 생명력은, 그것이 있어야만 삶을 견뎌 낼 수 있었던 냉혹한 빈곤의 현실보다는, 더불어 삶을 통하여 성공적으로 적응하고 있다는 내용으로 쉽사리 치환되면서 자칫 쪽방촌에 대한 국가적·정책적 개입의 가능성을 줄이게 만드는 위험성을 내재하기도 한다. 쪽방촌문화담론은 그 따뜻한 시선의 의도와는 달리 잔여적 복지라든지 건물주의 착취와 같은 신자유주의 통치 전략과의 연결 고리로 이용될 수도 있음을 놓치지 않아야 한다.

재미있게도 이 공백을 채우고 있는 색다른 경향이 쪽방촌 연구의 내부에서도 아주 미약하나마 이미 감지되고 있었다. 단, 그 수가 적었기 때문에 이번 장의 주요 내용은 단지 쪽방촌 연구뿐 아니라 쪽방촌과 성격이 흡사한 빈곤 지역과 그들의 운동성을 다루는 관련 연구들도 일부 참고의 대상으로 삼았다. 그것은 바로 도시빈민이 자신들의 고통과 더불어, 바뀌지 않는 현실의 변화를 외치는 예언자적 주체로 살아가고 있다는 관점이었다. 바로 쪽방촌은 투쟁하는 빈민에 의해 획득된 공간이라는 세 번째 담론, 곧 '투쟁담론'이다. 투쟁담론의 주제는 가난에 대한 선입견을 부수려는 도시빈민의 공간적 실천이다.

투쟁담론은 도시빈민이나 노숙인 등 주변화된 인구가 주로 점유하는 공간에 관한 연구들이 애초부터 공간 자체(거리, 역사, 공원, 찜질방, 쪽방, 고시원, 임시 숙소 등)를 마치 유클리드 공간Euclidean space처럼 '주어진 것'으로 간주한 후 그 속에서 전개되고 있는 사회적 관계에 초점을 맞춘다고 비판한다. 그리고 공간을 짜인 각본에 의하여 존재하는 곳이 아닌 주체들이 창조되고 소멸하는 '정치와 권력의 장場'으로 보았다. 이것은 한편으로 한국 사회에서의 공간 연구가 공간의 맥락효과를 다룰 때, 그것이 주로 빈민들을 지배하는 일방적 권력 효과로 기능하고 있음을 지적하는 혹평이기도 하다. 나아가 빈민촌을 '사람 냄새가 퍼져 있는 곳', '여유롭지 않으나 정情만큼은 넉넉한 곳'으로, 빈민을 '가난하더라도 마음만큼은 따뜻한 사람'으로 조명하는 사회복지의 낭만적 온정주의 시각에 대해서도 냉철히 비판한다. 그로 인해 가난이 가난하지 않은 자들에게 회자되고, 팔릴 만한 상품이 되고 빈민이 전시의 대상이 되면서 사회 비판 능력을 상실해 간다는 것이다. 이는 빈민이 자신의 삶에서 발현되는 사회 문제를 직접 고심하는 주체가 아니라 사회복지 시스템에 군말 없이 편입되는 적응적 대상으로 전락하는 것에 대한 반감으로 해석된다.

더 나아가 투쟁담론은 쪽방촌문화담론이 달동네 인심이라든지 판잣집 풍경, 공동체적 희망과 같이 전형적으로 부여된 '가난의 상像'을 쪽방촌에 덮어씌우고 있다고 폭로한다. 그것이 결국 누구를 위한 것인지를 따져 보았을 때, 정작 빈민에게는 실익이 없으며 오직 그들에게 도움을 줄 수 있는 형편인 사람들의 시혜를 끌어 모으기 위한 복지의 전략으로 동원된다고 보기 때문이다. 즉 신자유주의의 지배에 순응하는 온건한 빈민 이미지 만들기의 일환으로 보는 것이다. 따라서 이 담론에서는 교묘한 방식으로 쪽방촌에 침투하는 사회의 왜곡된 편견과 멸시에 맞설 필요성을 제기하며, 도시빈민들의 저항적 목소리와 행동들을 조명한다. 이러한 도시빈민에게 잠재된 저항적 성격은 루이스가 빈민촌의 해체가 불가능할 경우 빈곤문화를 극복하는 방법으로 제시한 것이기도 하다.

피에르 부르디외는 물질적으로 가진 것이 없는 사람들이 모이면 공간 점유를 위한 투쟁을 집단으로 전개할 수 있는 여력이 커진다고 말한 바 있다. 그 말대로 공간의 점유를 둘러싸고 이해당사자들 간의 치열한 경합 과정에서 도시빈민은 자신들의 생활 공간을 구축해 가고 있다. 쪽방촌 유입을 관통하는 빈민들의 공통적 패턴은 '자발적 선택으로 보이는 비자발적 결정'이었으나, 거주 과정에서 이곳 쪽방촌은 시나브로 그들이 투쟁하여 일구어 낸 공간이 되어 간다. 쪽방촌은 이들의 최소한의 자존심을 지키는 근거이며 전부이기 때문에 확보된 이 공간은 침탈될 수 없는 유의미한 공간이 된다.

도시빈민들은 쪽방촌을 향한 높은 관심에 비하여 실상은 자신들이 사회적으로 배제됨을 이미 인식하고 있다. 그러므로 기본적으로 외부의 차별과 낙인에 대하여 분노심을 품고 있다. 그러나 피해를 체화하기만 하지 않고 고통 경험의 동질감에 의한 문제의식 및 연대 의식을 체득하여 그것에 대응한다. 연대 의식은 쪽방촌문화담론의 주요 개념인 이웃 유대가 그들이 겪는 각종 사회적 이슈들을 접하면서 잉태된 개념이라고 할 수 있다. 일상을 공유하던 공동체는 어느새 함께 아파하고 함께 버티며 함께 문제를 해결할 조직이 되어 간다. 소위 '유령들의 반란'이다.

연대 의식의 세부적인 행동화로서 쪽방촌의 도시빈민들은 무연고 사망자들에 대한 추모제를 매년 기획·홍보·참여하여 여론과 시민 사회에 경각심을 일깨우는 조직적 작업을 한다. 국가의 침묵 영역인 공공쪽방의 도입, 쪽방의 임대료 상승 저지, 젠트리피케이션 대책 마련, 쪽방 스프링클러 설치와 같은 실생활에서 직면하는 크고 작은 문제들에 대해 당사자로서도 목소리를 내며 구체적 정책 변화를 요구하는 공간적 실천을 수행한다. 쪽방촌 거주 도시빈민들이 주체인 빈민 운동체로서 동자동사랑방, 돈의동해뜨는주민사랑방, 홈리스행동 등의 조직이 존재하며, 이들은 더 큰 연대체인 빈곤사회연대에 소속되어 여타 영역의 빈민 및 소수자들과도 범사회적 연대를 주고받고 있다. 국가의 대책을 촉구하는 일은 물론, 사회의 편견과 멸시에 주눅 들지 않고 대항하는 것이 중요하다고 여기기 때문이다. 그로써 쪽방촌과 도시빈민은 국가와 사회질서가 그들에게 당연하게 요구해 왔던 행위와 사고방식의 경직된 규정성으로부터 탈주하게 된다.

투쟁담론은 수난담론처럼 쪽방촌을 주어진 상태로 여기고 그로부터 탈출하지 못해 괴로워하거나, 쪽방촌문화담론처럼 그곳에 적응해 가는 도시빈민의 모습을 다루는 기존의 연구들이 모두 외부 사회에 동정적이든, 낭만적이든 현상 유지적인 시각으로 비치는 장치가 됨을 간파한다. 그것이 쪽방촌의 개념을 정적靜的인 빈곤포르노의 이미지로 재생산하는 이유라고 본다. 그리고 이에 따라 공간 자체를 불가피하게 존재하는 무기력한 곳이 아니라 도시빈민의 공간적 투쟁으로 생성해 온 역사성을 지닌, 주체적으로 구조적 문제들을 해결해 나가면서 지켜내야 하는 장소로 지각함으로써 자기변호의 의미를 부여하려는 시도라고 할 수 있다.

기존의 인식에 도전하는 투쟁담론은 쪽방촌 연구 내부에서는 발아기의 비주류 담론이다. 빈민을 현실을 만드는 사람의 의미에서 변화의 주체로 보려는 시각이 유효함에도 담론으로서 영향력을 발휘하기까지는 공백을 깨고 후속 연구들이 서술될 때까지 일정한 기간이 소요될 것으로 추측된다.

4. 변주된 맥락효과담론
: 남아 있는 쪽방촌의 적극적 보호

마지막으로 도출한 담론은 쪽방촌의 철거, 빈곤의 분산과 사회적 혼합 정책을 비판하면서 쪽방촌이 가지는 특수한 역할에 능동적 의미를 부여하는 시선에서 비롯된다. 그것은 밀집된 빈곤 현상의 역할이 분명히 있다는 점을 강조하며 쪽방촌을 적극적으로 보존하려는 '변주된 맥락효과담론'이다. 이 담론은 도시빈민이 거주할 만한 공간의 지속적 감소 추세와 연관성을 가진다. 그리고 전자의 담론들은 비록 연구자들이 외부인임에도 쪽방촌에 거주하는 도시빈민의 내부적 시각과 그들의 실천에 집중하는 반면, 이 담론에서는 쪽방촌을 둘러싼 정책이나 시장의 논리를 관통하고 그 비판으로서 쪽방촌의 존재 여부에 관심을 기울이는 외부 시각을 중점적으로 다룬다.

변주된 맥락효과담론은 쪽방촌이 해체 위기에 처했거나, 해체되었거나, 분산되어 있을 때에야 그곳의 기능이 사후적으로 드러나게 된 부분에 주목했다. 그 사례로 2015년에 동자동 9-20번지와 중구 남대문로5가 253번지에서 각각 발생했던 갑작스러운 강제 퇴거 사태 등을 들 수 있다. 이 담론은 쪽방촌 외부에서 쪽방촌 공간을 보호하려는 내부적 노력인 쪽방촌문화담론과 투쟁담론을 지원하는 역할을 한다.

쪽방촌은 도시빈민들이 머물 수 있는 최후의 안식처이자 노숙인에게는 지역 사회로 재도약할 수 있는 발판이다. 그럼에도 불구하고 그 존재가 재발견된 2000년대 초반부터 계속 철거되어 그 수가 줄어들고 있다. 홈리스행동(2018)의 조사에 따르면, 쪽방의 개수는 2009년 1만678개에서 2014년 8181개로 5년 사이 무려 23.4%나 급감했다. 여기에는 그들의 환경을 옮기는 것이 빈민을 위하는 방식이라는 국가적 전략이 어느 정도는 작용했으리라고 추측된다.

그러나 국가가 '빈민을 위하여' 쪽방촌을 철거하는 것인지는 의문이 따른다. 정책적으로 쪽방촌을 도시빈민의 주거로 고려한 적이 없었기 때문이다. 쪽방촌과 같은 빈민촌은 주민 간 지지 체계에 대한 의존성이 강하다. 따라서 쪽방촌의 철거에 따른 사회적 관계와 커뮤니티의 상실은 중산층 주거지와 비교했을 때 도시빈민에게 보다 직접적인 위협을 초래한다.

분산된 쪽방 지역을 연구의 대상으로 삼았던 황세인(2015)은 쪽방촌에 일괄 해소책을 세우고 철거를 단행했던 지방정부와 공공임대주택으로의 이주로 일관했던 중앙정부의 시도들은 모두 예상과 달리 실효를 거두지 못한 채 매우 낮은 이주율로 종결되었다고 밝혔다. 그러면서 주민들의 쪽방촌 거주 장기화 현상을 언급했다. 거주 기간이 길어지는 현상은 재고의 여지가 있는데, 여기에는 끝내 쪽방촌을 벗어날 수 없다는 체념적 의미와 쪽방촌을 벗어나지 않으려는 의지적 의미가 이중 심리로 공존하기 때문이다.

즉 빈민의 삶을 이해하려면 그들의 생활 터전인 '동네'의 중요성을 간과할 수 없다. 매입임대주택에 입주했다가 가난하다는 이유로 냉대받거나, 그곳에서는 이웃 관계가 어렵거나, 인력시장과 멀어지거나, 서비스를 제공하는 복지 시설이 자신과 연결되지 않은 상태에서 월세 부담까지 지나치다는 이유를 들어 쪽방촌으로 되돌아오는 사례들도 명백히 존재한다. 다시 말해 임대주택이 기존의 쪽방촌 거주 환경이 지니던 물리적 열악성 문제를 해결할 수는 있어도, 그 외의 도시빈민들의 생활 측면에서는 크게 도움이 되지 않는다는 점을 짚고 넘어갈 필요가 있다.

그런데도 정부는 현 거처를 거점으로 삼는 방식으로 문제를 해결하려 하지 않는다. 저렴한 주거의 일시 해소에 대한 대비책을 강구하지 않는다. 주택 물량이 충분히 공급될 때까지 주거가 취약한 도시빈민이 활용하는 거처들의 밀집촌에 대한 철거 계획을 유예하여 쪽방의 멸실을 막는 주거 환경 개선 방식을 고려하지 않는다. 대신 무작정 임대주택으로의 이주 대책으로 일괄해 왔다. 이는 쪽방촌과 같은 거처를 필요로 하거나 그 이상의 주택으로 이주하지 못하는 극빈한 사람들을 전혀 포괄해 내지 못한 처사였다.

한편 지역의 재개발이 임대 수입을 높이려는 건물주의 이윤 확대 추구와 맞물리는 과정에서 쪽방 월세를 세입자들이 감당 불가능할 정도로 대폭 인상하는 임대료 상승형 젠트리피케이션, 혹은 쪽방 건물을 아예 용도 변경하는 주거지 파괴형 젠트리피케이션, 구체적으로는 쪽방의 게스트하우스화나 모텔화까지 심화되면서 결국 정부와 시장 모두에 의하여 세입자인 도시빈민들이 자신의 터전인 쪽방촌에서 쫓겨나는 현상은 더욱 빈번해질 예정이다.

변주된 맥락효과담론은 도시빈민에게 쪽방촌의 역할이 어떠한지를 정책적으로 탐구함으로써 오히려 쪽방촌 내부가 아닌 외부에서 더욱 소외되는 '추방된 도시빈민'들의 삶을 조명하고, 강제 퇴거나 이주정책의 문제점과 잔인성을 폭로하면서 남아 있는 쪽방촌을 적극적으로 보호해 내려는 경향성을 보였다. 빈민촌이 없어진다고 빈민들도 휘발되는 것은 아니기 때문이다.

이는 맥락효과의 변주로 해석될 수 있다. 기존의 맥락효과가 한결같이 빈곤한 거주 환경의 부정적 영향력을 의미했다면, 이 담론에서는 도시빈민의 삶의 안정과 지속과 연관되는 쪽방촌 공간의 효과를 뜻하기 때문이다. 도시빈민들이 정책이나 시장의 논리에 따르더라도 끝내 성공적으로 분산되지 못하는 모습, 혹여 분산되더라도 지역 사회에 통합되거나 녹아들지 못하고 고립되는 모습들은, 반대급부로 쪽방촌이라는 환경이 그 물리적 실태가 어떠한지와는 별개로 도시빈민들의 주거를 안정시키는 효과를 가지고 있음을 암시한다. 따라서 지속적 거주를 희망하는 원주민이 있는 한 쪽방촌의 저렴 주거로서의 사회적 유효성을 인정하는 포섭적 개발 방식이 필요함을 역설한다. 이 담론은 공간 변화에 대한 결론에서 남아 있는 쪽방촌에 대하여 무조건적 현 상태의 방치도, 전면 철거도 아닌 쪽방촌의 모습을 유지한 채 시설 측면 및 주민 복지 차원의 계획을 골자로 하는 점진적 내부 재생이라는 쪽방촌문화담론의 제안과 맥을 함께한다.

쪽방촌 외부에서 쪽방촌의 존폐와 도시빈민이 쪽방촌을 원치 않게 떠나야만 하는 상황들을 목격해 오면서 그곳의 중요성을 주장하는 방식으로 쪽방촌의 존재를 지지하는 이 담론은 역시 아직은 소수 담론이다. 그러나 이전의 담론들이 포착하지 못했던, 쫓고 쫓겨나는 현상의 실재와 '세입자'로서의 도시빈민을 진중하게 탐구하고 있고, 비자발적 이주를 예방하기 위하여 쪽방촌의 보존을 역설하고 있다는 점에 의의가 있다.

빈곤의 문화를 다르게 보는 시선들

지금까지 설명된 도시빈민에 대한 인식에서의 국내 쪽방촌 연구는 서구의 빈곤문화론이 이들을 위험하고 병리적인 존재로 여겨 오던 경향성을 지우고 있었다. 이는 쪽방촌에 밀집된 빈민들 사이에 특유의 문화적 속성이 나타난다는 점은 다수의 연구에서 인정되고 있으나, 그것의 특질이 빈곤문화론과는 달리 공동체적으로 해석되면서 빈민을 향한 병적 인식이 자연스럽게 소거된 현상이라고 할 수 있다. 기존 빈곤문화론이 지니던 치명적 결함을 재차 확인할 수 있는 부분이다.

담론 간 관계들을 보면 1강 3약의 세력 분포가 보인다. 전체적으로는 수난담론으로부터 탈피하고자 한 쪽방촌문화담론이 다수의 연구에 등장하며 주도권을 쟁취하고 있었다. 수난담론을 비롯하여 투쟁담론과 변주된 맥락효과담론도 비록 연구의 수는 적었으나 거대 담론에 압도되지 않은 소수 담론으로서 뚜렷한 정체성을 지키며 그 소임에 충실하다. 이것은 다채로운 목소리들이 외쳐지고 있다는 점에서 쪽방촌 연구가 건강성을 유지하고 있다는 청신호로 해석될 수 있다. 반면 소수 담론의 존재는, 그것이 공백으로 사멸하지 않도록 후속 연구들이 적극적으로 뒷받침되어야 할 여지와 필요성을 보여 주기도 한다. 그렇지 않을 경우 쪽방촌의 복잡성이 소멸하며 빈곤의 전형을 만드는 식으로 쉬이 단순화될 위험에 놓이기 때문이다.

그러나 개별 연구가 오로지 하나의 담론만을 드러내는 것은 아니며 부분적으로는 여타의 담론들과 결합하기도 한다. 실제 쪽방촌 연구를 들여다보면 환경의 영향과 인간의 대응*이 연결되기도 하고, 쪽방촌 내외부의 입장이 연결되는 경우**도 있었으며, 추방이나 철거의 문제에 대한 빈민들의 대응***으로서의 연결고리도 존재함을 확인할 수 있다.

나아가 담론의 구분 지점 못지않게 각 담론이 내포하는 내용 사이에 일정 정도의 유사성도 있다. 예컨대 사회가 기대하는 능동성을 발현할 수 없을 만큼 피폐해진 사람들, 자신의 목소리를 내야 한다는 요구에 침묵하는 사람들은 동시대적 스냅숏으로 보자면 '고단한 희생양(수난담론)'의 얼굴을 드러내지만, 역사적으로는 목소리가 실현되리라는 열망이 빈번히 좌절되는 과정에서

---

* 수난담론×쪽방촌문화담론.
** 쪽방촌문화담론×변주된 맥락효과담론.
*** 쪽방촌문화담론×투쟁담론.

치러야 했던 도시빈민의 '고투의 흔적(투쟁담론)'이라고도 할 수 있다. 침묵이나 공동체 또한 일종의 투쟁일 수도 있다는 것이다.

쪽방촌 공간 보존의 정당성

연구들이 보여 준 시선들에서 공통적으로 쪽방촌 공간에 대한 보존의 논리가 압도적으로 높다는 것도 주요한 특징이다. 그것은 적어도 학문적으로는 쪽방촌을 도시빈민의 저렴 주거로서, 정과 신뢰를 공유하는 공동체 공간으로서, 불편을 겪는 지점에 대해서는 목소리를 규합할 수 있는 조직으로서, 비자발적 이주가 발생하지 않아야 하는 안정된 공간으로서의 의미를 부여하는 것이다. 쪽방촌의 지속적 감소 추세에서 쪽방촌 도시빈민을 표적으로 삼는 정책과 현장이 충분히 경청해야 할 바라고 본다.

다만 이 결과를 쪽방촌을 정책의 사각지대에 놓이는 것을 정당화하는 것으로 해석하면 곤란하다. 대부분의 연구가 쪽방촌 재구축 계획으로서 도시빈민이 주체가 되고 그들의 공간에서 퇴거당하지 않도록 하는 단계적 내부재생의 추진이 시급함을 언급하고 있기 때문이다. 특히 쪽방촌 보존의 언급은 '대책이 마련되지 못한 상태로 빈민들의 거처가 위협받는 상태에서', '협동과 저항으로 만들어 낸 쪽방촌'이라는 현실적 상황을 현재 및 훗날의 재개발이나 도시재생에 충분히 고려하자는 의미다. 그것을 쪽방촌이 현 상태로 적절하지 않지만 혹은 적절하므로 쪽방촌에 아무런 변화를 주어서는 안 된다는 방임적 신자유주의의 의미로 풀이할 수는 없다. 만약 그렇게 된다면 쪽방촌을 보존하자는 논리는 그 자체로 부조리가 된다. 사수해야 할 쪽방촌은 그 공간의 대체 불가능성 및 사회·경제·문화적 의미이지 물리적 열악성이 아니다. 오히려 비적정 주거inadequate housing 측면은 당사자인 쪽방촌 도시빈민들이 이미·가장 잘 인지하는 현실이며, 최근에도 그들이 공공의 강력한 개입을 요구하는 목소리를 내는 주제다.

쪽방촌 연구는 언론의 시선과는 달리 도시빈민들의 입장에서 공간 이주보다는 공간 보전, 즉 장소성의 논리가 우세하고 있음을 보여 주었다. 그리고 쪽방촌에 대한 일련의 시선들 속에서 기존의 빈곤문화론과 맥락효과 연구 모두 담론 2, 담론 4처럼 일종의 변이 지점이 발아되고 있다는 점도 주목할 만하다. 내부자의 입장으로 재해석된 쪽방촌문화는 담론 2처럼 오히려 현대 사회에서 붕괴하고 있는 상호관계성을 여전히 강력하게 작동시키며, 도시빈민의 인생을 추동하는 원천이 되고 있다. 그리고 철거와 분산 이주 이후에 나타나는 폐해들이 지적되면서 밀집된 빈곤이라는 쪽방촌의 맥락효과 역시 담론 4에서처럼 긍정적 재평가가 이루어질 필요성이 제기되고 있다.

이러한 시선들을 분석하면서 도시빈민에 대한 인식 측면에서 담론의 지각 변동이 포착되었다. 실상 사회복지학에서 다루어 왔던 그동안의 빈곤 연구는 대부분 빈민을 문제 해결의 주체로 여기지 않았다. 빈곤의 원인론이 사회적 책임을 부각하는 방향으로 흘러가다 보니, 복지의 대상이자 빈곤의 영향력 아래 종속된 존재로서 주로 빈민의 다차원적 박탈과 배제의 현상이 지극히 강조되어 온 것이다. 그러면서 빈민의 회복탄력성resilience과 행동력은 심각하게 가려져 있다. 그러나 쪽방촌 연구에서 담론 1과 같은 수난의 흐름은 지극히 일부에 불과했다. 그와는 반대로 담론 3에서처럼 쪽방촌의 실태에 대하여 누구보다 잘 아는 당사자들이 침묵을 깨고 문제를 직접 제기하며 고통에 대항하는 실존적 주체로서 등장한다는 점에도 주목할 필요가 있겠다. 밀집된 도시빈민들의 끈질긴 생명력은 결코 무시할 수 없다.

교대로 사료를 먹는 고양이들이 있는 한남동 골목 ⓒ필요한책

04
보도된 쪽방촌과
보도되지 않는 쪽방촌
-탈식민주의적으로
빈곤의 공간
읽기

"부정적인 시선만 자꾸 찍어 대려고 하면 나를 비롯해서 주민들은 달려가서 적극적으로 항의해요. 경찰도 포기한 곳이지만, 그래도 우리가 순찰을 다니고 있기 때문에 그나마 낫거든요. 이런 건 카메라들이 포착하지 않죠. 그래서 일단 처음 온 사람들은 불신합니다. 겪어 보면서 이 사람이 괜찮은 사람인지 아닌지를 보고 우리도 태도를 바꿔요. 차별도 많이 겪고 피눈물 흘리면서 살아온 가난한 인생들을 그렇게 이용해 먹는 건 틀린 겁니다."

_쪽방촌 주민 구술 인터뷰

"후암동에 쪽방촌이 웬 말이냐! 결사 반대!!"

2019년 10월 4일, 서울역 건너편의 마천루들 사이 쪽방촌 일대 정비계획안이 서울 도시계획위원회 심의를 통과해 중구 남대문로5가 395번지 일대의 재개발이 가능해졌다. 이곳은 악명 높은 판자촌이었던 '양동'으로 불리던 곳으로, 가난의 역사에서 도시빈민 주거지의 고유명사로 굳어져 온 이름난 공간이다. 여기에는 서울스퀘어와 힐튼호텔, 대우재단빌딩 등 고층 빌딩 사이에 남아 있는 쪽방촌 10여 개 건물을 재정비할 방안이 담겨 있으며, 전면 철거 후 개발하는 방식 대신 건물별로 소규모 개별 정비를 시행하는 방식이 적용되는 것으로 변경되었다고 알려졌다. 지역의 특성을 고려한 다양한 정비 방식을 도입함으로써 오랫동안 방치되었던 소규모 노후 불량 건물의 개별 정비가 가능해질 것으로 기대되었다. 여기까지가 해당 사안과 관련해 당시 언론에 보도된 쪽방촌이었다. 언뜻 곧 쪽방촌이 살기 좋은 지역으로 산뜻하게 정비되리라는 전망이 느껴지는 내용이었다.

그런데 불과 며칠 후, 서울역 동자동 쪽방촌의 바로 옆 동네인 후암동에서 남대문로5가 쪽방촌 주민들의 이주에 대한 반대가 가시화되었다. 이곳에 쪽방촌이 추가되는 것을 저지한다는 거친 규탄 내용을 담은 붉은 현수막이 동네 곳곳에 걸리며 대대적인 사회적 갈등이 예고된 것이다. 언론에서는 '소규모 개별 정비'라고 보도했지만 실제로는 중구로부터 용산구로의 쪽방촌 위치 변경 및 주민들의 집단 이주를 의미했다. 그에 따라 터전의 상실이 확실시된 주민들은 원래 거주하던 공간에서도, 비자발적으로 이주될 것으로 예상되는 공간에서도 환대받지 못하는 난감한 처지에 놓이고 말았다. 원래 쪽방촌이 있던 지역은 산뜻해질지 모르겠으나 재개발, 이주 지역 주민들의 님비 현상, 지자체의 복지비용 부담 문제 등이 이해관계로 얽히는 가운데 도시빈민과 그들의 거주지는 들어설 자리가 없다. 그러나 재개발이 빈곤의 산뜻한 해결과 무관하다는 이와 같은 내용은 두어 달이 지나도록 보도되지 않았다. 쪽방촌 재개발의 문제는 양동 재개발 지역 쪽방촌 주민의 주거 대책을 마련하라는 몇몇 주요 언론의 보도가 당사자와 시민단체들의 대책 요구 기자 회견이 있었던 12월 11일에 등장한 후에야 그나마 비로소 관심의 대상이 될 수 있었다.

2020년 5월까지 후암시장 입구에 쪽방촌 이전 결사 반대 현수막들이 걸려 있었던 상태, 그리고 그들의 반대 집회는 사회적 갈등의 단면을 보여 주고 있음에도 보도조차 되지 않고 있었다. 도시빈민들이 억울한 일을 당해도 인권 침해와 관련된 기사가 부재하는 상황은, 언론의 감시 기능이 제대로 작동되지 않고 있음을 보여 주는 지표다. 뒤이은 상황을 보고하자면 일단 수 개월 후 후암동으로의 쪽방촌 이전은 결국 불발되고 말았다. 쪽방촌 개발의 예고 자체가 무효화되지는 않은 상태에서 일단 양동에 여전히 남아 거주를 이어가는 주민들도 여럿 존재하나, 일부 주민들은 행방이 밝혀지지 않은 채 어디론가 비가시화되었다. 남아 있는 주민들도 안심할 수 있는 상황은 결코 아닌 셈이다.

우리 눈을 대신하는 무수한 미디어의 시대

　가난에 대한 인식은 사람들에게 어떠한 경로로 유입될까. 가장 근원적으로는 자신이나 가족이 겪어 온 가난 혹은 주변 지인의 가난을 통해 형성될 것이다. 만약 자신이 가난과 무관하게 살아왔다면, 빈곤한 동네에 직접 찾아가 봉사 활동을 수행하거나 빈곤의 문제를 다루는 각종 문학 작품, 인문사회과학서적, 연구, 영화, 전시된 사진 등 다양한 방법들을 통해 각인될 것이다. 그러나 그것들은 의도적으로 유심하게 들여다봐야만 인식되는 것이다. 그렇다면 가장 흔하게는 매일 홍수처럼 쏟아지는 관련 뉴스와 기사, 광고, 예능 프로그램 등의 미디어가 스마트폰과 컴퓨터만 켜면, 또 TV만 틀어놓으면 무의식적으로 우리의 생각을 관통하고 또 형성한다고 말할 수 있을 것이다.

　그만큼 타인의 고통을 관통하는 언론의 보도는 주의 깊게 검토해 보아야 할 필요가 있다. 재현되는 이미지들로 빈곤, 빈민, 빈곤의 시공간 등에 대한 사람들의 태도가 정립되거나 학습되기 쉽기 때문이다. 여기서는 특히 빈곤의 공간 중에서도 노숙 직전의 최후 방어선, 혹은 노숙인들이 디딤돌로 삼고 주거 상향을 시도할 수 있는 최초 진입 경로로 해석되곤 하는 쪽방촌과 거주민

들에 대해 어떤 프레임들이 유포되고 확산하는지를 탐색해 보고
자 한다. 한국 사회에서 절대 빈곤층이 점유할 수 있는 공간의
부재와 그 현실에 대한 언론 취재의 부재라는 앞선 후암동의 사
례는, 마치 사람들에게 사회의 발전이 평화롭고 순탄하게 이루
어지고 있다는 착각과 환상을 이식할 수도 있다. 빈곤의 공간의
마지노선인 쪽방촌에 대해 무엇이 보도되고, 무엇이 누락되고
있는가.

프레임, 그리고 빈곤을 재현하는 미디어의 난제

"내가 가난한 사람들에게 음식을 주면 사람들은 나를 성자
라고 불렀지만, 왜 여기에 가난한 사람들이 그토록 많은지를
물으면 사람들은 나를 공산주의자라고 불렀다."

브라질의 해방신학자이자 대주교 돔 헬더 카마라의 어록이다.
해방신학은 1950~1970년대 라틴아메리카 사회에서 만연했던
빈곤과 불평등을 주요한 문제로 다루며, 정치적·경제적·의식적
탈식민화를 통해 저低발전의 발전을 극복해야 한다는 종속이론
을 토대로 삼은 신학이다. 따라서 빈곤을 양산하는 거대한 악의
구조와 맞서 싸우는 과정을 중시하고, 핍박받는 빈민을 적극적
으로 옹호함은 물론 그들을 변혁의 주체로 세우고자 했다. 당시

는 미국과 소련의 냉전 시대였으며, 라틴아메리카 내에서도 서유럽과 미국 같은 '제국들'의 발전 궤적을 충실히 따라가면 경제가 성장할 수 있다는 발전주의적 사고가 일종의 복음gospel이 되어 영향력을 발휘하고 있던 시기였다. 해방신학을 접하기 전 일반 사제였던 카마라는, 어느 날 자신이 시무하던 교회에 들어선 거지 행색의 어머니와 아기를 보고서 충격을 받고 해방신학의 길을 걸었다고 알려져 있다.

위의 문구에서 그가 받았던 상반된 평가는 그가 일반 사제였을 때와 해방신학자가 된 이후의 차이에 따른 것이었다. 음식을 나누는 지극히 보편적이고 따뜻한 방식으로 빈민들을 돕고자 실천해 오던 사제는, 음식을 받아 먹어야 하는 사람들이 왜 이렇게 끊임없이 양산되는지, 강력한 불평등이 왜 고착되는지를 헤아리는 데 관심을 기울이지 않는 사람들을 질책하는 예언자가 되어 갔다. 그것은 그가 '초라한 행색의 어머니가 아기를 안고 있는 모습을 봄'으로써 사고의 전환이 급격히 이루어졌기 때문이었다. 그가 눈으로 맞닥뜨린 것은 그들을 수백 년간 식민 지배해 왔던 제1세계와의 돈독한 관계를 통해 사회가 발전하리라는 낙관적 전망과는 달리 여전히 절대 빈곤에 찌들어 죽어 가는 사람들의 처절한 모습이었다. 이에 그들에게 음식을 제공하는 사후 처방만으로는 이 상황이 종결되지 않으리라는 진단이 뒤이은 것이다.

사회 문제를 인식하기 위해서는 먼저 그 문제를 들여다볼 기회가 있어야 한다. 그리고 그때 무엇을 보느냐에 따라 시야가 확장되거나, 평소에 가진 발상이 근원적으로 전환될 수도 있다. 카마라가 맞닥뜨린 빈곤의 참상이 사회의 부패를 끊기 위해 빈민들과 연대해야 한다는 새로운 생각을 태동시켰던 것처럼 말이다. 그의 깨달음으로부터 수십 년이 흐른 오늘날, 현대 사회의 개인주의와 통신 기술의 급격한 발달이 결합하면서, 대중이 빈곤한 타인과 직접 대면하지 않고도 간접적으로 접근할 수 있는 통로가 된 미디어는 사람들에게 빈곤의 양태를 보여 준다는 점, 나아가 그것을 토대로 나름의 관점과 실천을 정립하도록 한다는 점에서 역할이 매우 막중하다. 따라서 미디어에 내재한 프레이밍framing은 세심하게 검토되어야 할 필요가 있다.

나의 판단이 무조건 정답?

흥미로운 점은 '가난'이라는 똑같은 현상을 접하고도 충분히 이질적이면서 풍부한 해석이 가능하겠지만, 사람들은 자신의 특정한 각도로 현상을 바라보고 해석하는 것을 곧 정답으로 여기곤 한다는 것이다. 그래서 누구도 프레임으로부터 결코 자유로울 수 없고, 그럼으로써 사람들 사이에 편이 갈리게 된다. 앞서 본 것처럼 서구적 보편성의 전 지구적 확대를 목표로 하는 발전주의 담론을 따르던 다수의 반대자는 카마라의 구조적인 질문을

'공산주의고 그릇된 것'이라고 못을 박으면서 자신들에게 영향을 미칠 여지를 원천 차단한다. 이는 매카시즘McCarthyism의 발동이라고 할 수 있다.

사람들의 사고를 새로이 형성하고 변혁함은 물론 심히 경직화시키기도 하는 프레임은 일종의 계몽과 그에 따른 공고한 신념을 제공한다. 그러나 그러면서도 자신의 옳음을 변호하는 과정에서 자기 보호와 세력화를 위해 프레임에 속하지 못하거나 다른 프레임에 있는 사람들을 혐오하고 단죄하기에 이른다. 어떠한 프레임이든 프레임은 그것이 주되게 보고자 하는 현실의 특정 측면은 강조하고, 여타의 측면은 생략하거나 주변화한다. 그처럼 현실에 관해 일정한 방향의 해석을 유도하는 의미생산의 도구이기 때문에, 해당 프레임에 이해관계가 걸린 사람들은 생존을 위한 경쟁에서 살아남으려면 경합하는 상이한 프레임을 짓밟거나 포획할 수밖에 없다. 카마라의 사례에서도 확인할 수 있듯, 심지어 가난에 관한 이야기에서조차 예외 없이 서구의 제국주의가 그래 왔던 것처럼 주도권을 흡수하고 독식하기 위한 파워 게임이 발생하는 것이다.

이때 경쟁에서 승리하는 프레임은 빈곤에 대한 통념적 사고의 전복을 꿈꾸지 못하도록 규율하고 억압하는 기제로 작용하기도 한다. 그 과정은 결과적으로는 폭력적이고 제국주의적인 시선으로 가난한 타자를 드러냄으로써 사회적 행위자들 간, 예컨대 승리한 프레임의 담지자와 패배한 프레임의 담지자 간, 승리한 프레임의 담지자와 그 속에 투영된 빈민 간에 지배와 종속, 위와 아래라는 부적절한 거리를 형성하고 말았다. 이처럼 프레임은 결국 사람들이 처한 현실적 상황에서 무엇을 정답이라고 믿는지와 관련된 믿음의 원천이자, 신도들을 동원해 그것을 설파 및 확산시키려는 정치적 주체가 되기도 한다. 그럼으로써 현 사회 질서가 운용, 유지, 변화되는 과정에도 밀접히 연루된다.

미디어, 의미투쟁의 공간

그렇다면 저널리즘에 노출되는 빈곤의 모습도 실제 빈민이 처한 상태를 사실적으로 가감 없이 보여 준다기보다는 치열한 경합을 거치며 생존한 서사일 것이다. 미디어로 생성되는 가난에 대한 인식은 그 서사에 걸려 있는 특정한 이해利害 관계에 밑바탕을 둔 이해理解의 산물일 수밖에 없다. 그래서 발생하는 사실에 대해 의도적 선택과 배제를 거치면서 미디어가 만들어 내는 서사는 주어진 사안을 대중이 이해하고 판단하는 데 기초적 자료가 된다.

미디어가 어떠한 이야기를 반복적으로 부각하는 순간, 그것은 필연적으로 위계질서에서 주변화된 다른 이야기의 강요된 침묵을 의미한다. 이렇게 미디어는 어떠한 고통을 우리가 비탄하고 애도할 가치가 있는 성질의 것으로 편집하거나 혹은 그 가치를 부정하는 방식으로 고통의 주체를 향한 사회적 판단에 영향을 미칠 수 있다. 따라서 사회구성원들의 고통이 다루어지는 방식은 현재 우리가 살아가는 사회가 어떠한 상태에 놓여 있는지를 진단하는 잣대가 된다. 물론 빈곤을 고통으로 치환하는 것 역시 하나의 프레임이다.

그렇다면 편집된 사실을 보여 주는 미디어는 중립적, 객관적, 현실적이라고 볼 수 있는가? 기본적으로 미디어의 증언은 정확성, 진실성, 신뢰성을 주요한 가치로 고려하기 때문에 완전한 허구와는 구분되지만, 그 자체가 복잡한 담론적 구성물로서 특정한 권력과 지식이 배열되는 장이다. 현실의 객관적 재현보다는 뉴스 생산자에 의해 매개된 현실이라는 점에서 미디어의 보도는 일종의 '가환경假環境, pseudo-environment'이다. 이러한 프레임은 때로는 사회 변화를 위해, 때로는 현실 유지를 위해 쓰이고 이론적으로는 둘 모두의 도구가 됨으로써 중립적일 수 있다. 예컨대, 스쿨존 교통사고에 대해 가중처벌하는 민식이법 사례에서처럼 다수의 언론은 사회의 변화를 위해 특정 사건사고 후 특별법의 제정과 시행에 보도로써 영향을 끼치기도 했고, 동요하는 코로나 19의 정국에 현상을 진정시키고 유지하기 위해 한국의 방역 수준이 세계 어느 나라와 비교해도 탁월하다는 보도들을 내보내기도 했다.

다만 여기에서의 중립은 어디에도 치우치지 않는다는 의미라기보다는, 사안과 상황에 따라 변화의 편이 될 수도, 유지의 편에 설 수도 있으므로 균형적 항상성homeostasis을 이루어 간다는 의미를 지닌다. 따라서 미디어는 주로 지배 계급의 이익에 부합하는 특정 프레임의 승리로 사람들의 통념에 대한 확고한 지배 체계가 존재하는 듯 보여도 언제 어디서든 틈새로 저항이 튀어나올 수 있다는 점에서 필연적으로 변증법적 균열의 긴장감을 수반하고 있다. 즉 언론이야말로 각종 담론이 직접 구축되는 장소이자 대표적인 의미투쟁의 공간인 셈이다.

미디어를 지배하는 힘

그렇다면 미디어에서는 가난과 관련해 어떠한 서사가 생존할까. 환경 재난 뉴스의 프레이밍을 다루었던 양정혜의 연구(2008)는 특정 방향의 이해를 유발하는 미디어의 의미 규정 작업은 여론을 형성하여 법과 규정의 제정이나 개정을 촉구해 사회 변화를 가져오는 영향력을 행사하기도 한다는 점을 밝힌다. 그러나 동시에 실제 미디어가 보여 주는 환경 현실의 모습은 개혁적이라기보다는 주로 체제 옹호적이며 쟁점issue보다는 개별 사건 중심적이었다고 밝힌다. 강조와 억압, 채택과 배제, 비유와 캐치프레이즈를 적절히 활용하는 가운데, 기존의 사회 질서를 해치지 않는 정도로서의 무난한 이야기들이 유통되고 있었던 것이다.

개별 사건에 초점을 두면 관련한 단일 의미만이 제시되면서 길고 복잡한 현실의 인과고리가 지워진다. 이럴 경우 문제의 원인이 사회 구조보다는 현재 뉴스에서 다루어지는 특정 개인이나 집단의 행위에 있다고 그려지기 때문에 해당 문제가 단기적이고 일시적이며, 쉽사리 해결될 수 있는 것으로 표상된다는 위험성이 상존한다. 여기서 미디어라는 동일한 매개체를 통해 이야기가 전파된다고 할 때, 환경 문제가 아닌 빈곤의 문제라고 해도 보도되는 내용의 성격이 크게 다르지는 않으리라 추측할 수 있다. 그것은 서사들의 경합에 의해 체제 옹호적 프레임이 승리한 결과이기도 했다.

미디어가 생산하는 뉴스 프레임은 여타의 이슈 메이커인 시민 단체나 비판적인 전문가 집단의 프레임과 경쟁하게 된다. 그런데 체제 비판적인 대안 프레임들은 많은 경우 뉴스 프레임을 통해 재구성되고 순화되는 과정을 거쳐야 비로소 대중에게 전달될 수 있으므로 다수 수용자의 현실 인식에 더 큰 영향력을 행사하는 것은 미디어 프레임이다. 어떻게 쓰이느냐에 따라 정반대의 도구가 될 수도 있지만, 이론과는 달리 현실 속에서 미디어는 지배 이데올로기의 정교화를 이루는 공간으로서 사회 변화보다는 현상 유지, 탈식민화보다는 식민화의 재생산 도구로 활용되어 온 것이다.

단, '중립'을 지향한다는 미디어의 특성상 굳건한 듯한 현상 유지와 식민적 서사는 사실 언제든지 균열이 발생할 수 있는 여지를 지닌 위태로운 서사다. 그것이야말로 가난에 대한 사람들의 색다른 인식이 생성될 수 있는 일종의 잠재력이기도 하다.

미디어에 등장하는 가난

가난에 대한 인식은 그것을 단순히 지각하는 것에서 그치지 않고, 관련된 실천을 수반하기 때문에 어떻게 형성되는지가 매우 중요하다. 여기에서 실천이란 하나의 수렴된 개념이 아닌 정치-경제-사회-문화-복지-도덕-종교 등 다방면으로 발생 가능한 반응 행위를 의미한다. 예를 들어 자신이 생활하는 동네에 쪽방촌이 들어오지 못하도록 반대하는 실천, 빈민가에 음식을 나누는 실천, 빈곤과 불평등의 구조를 고발하고 그로부터 고통을 겪는 사람들에게 연대하는 실천, 빈민가를 재개발하는 실천 등의 다양성이 존재한다. 미디어는 빈곤의 재현을 통해 사람들로 하여금 이 모든 행위를 강화할 수 있고, 자신의 실천 외에 다른 실천을 가능케 하는 사고에 대해서도 생각해 볼 수 있게 한다.

이때 빈곤을 재현하는 미디어의 난제는 특정한 프레임으로 사람들을 양분시키는, 즉 프레임 간의 서열화와 지배-종속을 거부하면서도, 타인의 가난을 응시하는 이질적인 시각들의 다양성을 무제한 인정할 수는 없다는 두 조건을 공존시키는 데에 있다. 예컨대 빈곤과 관련해 숨기어 왔던 서사들을 들려주는 방식으로 개방성을 유지하되, 혹여 그것이 가난한 사람들에 대한 혐오의 자유를 강화하는 서사라면 분명한 제약이 요구된다. 그런데 그에 따른 프레임의 제한은 역설적으로 서사의 다원성을 해치는 처사가 되고 만다.

물론 다원성의 가치가 절대적 선이나 미덕이 되어 타인을 해치는 것을 합리화하는 데에 남용되어서는 곤란하다. 그러나 동시에 그러한 태도는 또다시 폐쇄적 프레임의 지배를 허용하고 정당화하는 논리로 얼마든지 비약될 수 있다. 타인을 해치는 서사만을 제한하는 다원성을 생각해볼 수도 있겠지만, 어디까지가 타인에게 위해를 가하는 것인지 서사로서의 불충분 요건을 판별하는 것 또한 지극히 까다로운 일이다. 말하자면 미디어는 쉬이 이중적 프레임을 형성할 수밖에 없는 위치에 있다.

과연 미디어는 쪽방촌을 혐오 시설로 보는 태도가 여론으로 형성되는 것을 용인할 수 있는가? 만약 미디어가 그에 대한 답을 회피하고 이러한 사회적 갈등을 취재에서 누락시킨다면, 이제는 보도된 내용뿐 아니라 보도의 부재마저도 가난에의 인식과 사람들의 실천에 대한 일말의 책임이 있다고 할 수 있다. 즉 서사의 무제한적 다원성도, 폐쇄성도, 부재도 가난에 대한 사람들의 태도와 의식을 특정한 방식으로 자아낼 수 있는 미디어의 보도 내용은 그만큼 파급력과 왜곡의 위험성이 크다는 점에서 반드시 주의 깊게 살펴볼 것이 요청된다.

체제: 빈곤한 타인이 놓여 있는 자리

미디어가 지니는 이중적 프레임에 관한 논의는 결국 사람은 '타인의 삶을 정말 이해할 수 있을까', 특히 '가난한 타인의 삶을 편견 없이 제대로 읽어 낼 수 있을까'라는 사회철학적 의문을 근원적으로 제기한다. 얼핏 현대의 미디어 테크놀로지는 거리의 소멸이나 시공간의 압축을 이루어 낸 듯 보인다. 모니터를 통해 무엇이든지 '불러오고, 조작하고, 연결하고, 확인하고, 지우는 일'이 손쉽게 행해지면서 지역적인 것들이 이루고 있던 차이나 굴곡, 불연속적 관계들이 균질하게 관리되는 결과, 지구는 모두가 무차별적으로 통하고 접하고 평준화되는 공간이 되었다는 진단도 등장했다.

그러나 독특한 개성을 지녔어도 가난이라는 이름으로 동질화시킨 사람들을 언제든지 꺼내어 볼 수 있는 시대는 점차 사람들 사이의 거리를 위와 아래로 구분 짓고, 도리어 더 멀어지게끔 하는 것처럼 보인다. 사회 속에서 가난한 타인은 어디에 놓여 있는가. 이러한 현실을 비판적으로 탐구하고 읽어 내기 위해서 언론(학)은 인문학적 사유와 적극적으로 연결되어야 한다.

21세기 현재 우리는 국가 권력의 책임과 규제, 시장 개입을 철폐하고 민간의 사유 재산과 자유로운 기업 활동을 강조하는 신자유주의가 명백한 한계에도 불구하고 여전히 체제적 대안의 밑그림이 부족한 채, 경제 전반에 거대한 영향력을 미치는 사회에 살고 있다. 신자유주의는 고전적 자유주의와 같이 무조건적 자유방임에 기초한 통치라기보다는, 사회체에 적극적으로 개입해 그 모든 국면을 시장화하고 경쟁원리를 내면화시키려는 통치다. 가난과 관련한 이 시대의 특징은 푸코가 언급했던 '생체정치의 원칙', 즉 '자유롭게 살거나 혹은 죽거나live free or die'로 정리할 수 있다.

생체정치의 권력

생명을 통제하고 관리하는 정치인 생체정치bio-politics란 군주가 절대 권력으로 백성들의 생살여탈권을 쥐고 있었던 시대와는 달리, 자본주의가 사회 규범이 된 시대에는 자본을 만들어 내는 노동력인 국민이 중요해지면서 '죽이던 권력'이 '살리는 권력'으로, 사람들이 잘 살아갈 수 있도록 건강과 복지를 돕는 정치로 변환된 개념을 뜻한다. 생체정치는 이때 지배 세력이 자신이 베푸는 만큼 동시에 피지배 세력에게 죽음을 요구할 권리도 가진다는 개념 또한 내포하고 있다.

만약 국가가 건강과 복지를 책임지는 사람과 죽음을 요구하는 사람이 각각 다른 사람이라면, 생체정치는 피지배 세력의 구분, 즉 국가가 바라보는 생명에 질적으로 차이가 있음을 인정하는 차별적 개념이 된다. 이것은 살려야 하는 사람들이 자본을 만들어 내는 노동력이자 그들이 곧 국민이 된다는 부분에서 유추할 수 있다. 이처럼 국가가 어떠한 생명을 관리하는지에 대해 철학자 조르조 아감벤Giorgio Agamben은 생물학적인 삶zoé과 사회적 의미를 지닌 삶bios을 나눈 다음, 국가의 관리 대상은 우월한 후자에 한정되어 왔다고 주장한 바 있다.

신자유주의 시대의 국가 권력은 빈곤, 고통, 죽음을 방지하기 위한 근본 대책을 세워야 할 의무를 지려고 하지 않는다. 적자생존 원리에 따라 전체 인구를 모두 관리할 필요는 없다고 판단하기 때문이다. 그것이야말로 국가가 간섭을 최소화하는 방식으로 국민에게 자유를 베풀었다고 해석되기 때문에, 결국 국가로부터 생명이 경시된 빈민들은 예외 상태에 처한 비국민, 비인간으로 방임된 채 자유롭게 살아 있는 주검living dead이나 벌거벗은 생명, 호모 사케르Homo Sacer로 다루어진다.

생계를 유지할 만한 경제력을 소유하지 못했다는 이유로 원치 않게 존재의 의미를 상실당한 호모 사케르들은, 목숨은 부지하고 있으나 생체정치에 의해 사회에서 이미 살해된 것이나 다름 없는 삶이다. 즉각적 도움이 필요한 사람을 구조적으로 외면한 부작위omission는 그 사람을 일부러 살해한 작위commission와 똑같은 결과를 초래할 것이기 때문에, 그들을 죽도록 내버려 두는 것은 죽이는 것과 윤리적 차이가 없다. 심지어 벌거벗은 생명은 그저 살아 있는 삶zoé의 가능성마저 박탈된 존재로서, 죽여도 법으로 처벌받지 않을뿐더러 심지어 죽어도 희생물로 바칠 수 없는 완전히 배제된 존재다. 자유주의적 문제틀에서 빈곤은 의존성, 나태함, 성공과 근로 의욕의 결핍, 무기력, 역량 강화 의지 부족 등 빈민들의 개인적 특성이나 태도에 의한 것으로 바라보기 때문에 더욱 정당화된다.

신자유주의는 빈민에게 어떻게 작용하나

그러나 빈민들이 '국가의 관리 대상에서 완전히 제외되어 버려진 자'라고 사고를 급하게 마감해서는 곤란하다. 앞서 언급한 것처럼 신자유주의는 사회에 적극적으로 경쟁의 원리를 내재화시키는 작동 방식을 취하기 때문이다. 경제적 소수자인 그들은 차별받더라도 일단은 '살아 있는' 주검임으로써 국가적 살해를 합리화하는 존재가 되고 있다. 여기서 신자유주의 국가의 관리 방법이 이중성을 띤다는 걸 알 수 있다. 비빈민에게는 간섭을 최소화하고 충분한 자유를 공급함으로써, 빈민에게는 적극적 보호 대신 비빈민의 자유를 침해하지 않는 한도에서 숨만 쉴 수 있도록 최소한의 복지와 급여를 제공하면서도 그만큼을 '권리'로 둔갑시킴으로써 각각을 효율적으로 분할 통치하는 것이다. 이로써 빈민에 대한 방치와 급여는 역설적으로 그들이야말로 여타의 누구보다도 철저하게 관리되고 있다는 것과 의미가 같아진다. 살아 있는 주검은 원래부터 자연적으로 존재했던 게 아닌, 사회적으로 계획되고 만들어지는 것이다.

이렇듯 신자유주의의 사회적 조건에서는 국민 모두에게 평등하게 주어진다는 피보호 권리의 형식적 보편성과, 실제로 이 권리를 행사할 수 있는 능력의 비보편성 사이에 그 어느 때보다도 큰 간극이 생긴다. 그것 또한 사회적으로 빚어지는 현상인데, 국가가 빈민을 사회적 잉여로 여겨 '배제'와 '최소치'를 넘나들며 관리함으로써, 끝내 그들을 무기력한 존재가 되도록 만들고 있기 때문이다. 그렇게 그들은 정치적 의제의 일부로 정당하게 대우받지 못하는 부수적 존재가 되어도 아무런 말도 하지 못하는 사람들이 된다. 암담한 사실은, 이러한 사회적 상황에서는 상대적으로 더 위태로운 삶을 살아가는 이들의 생존 조건이 나아질 가능성은 희박해지고 도리어 더욱 악화할 가능성이 커지며, 정치적으로 제어되기는커녕 계속 유도되고 정당화된다는 점이다.

경제적 곤궁함 때문에 사회에서도 부수적 존재로 여겨지기에 누구보다도 불안하고 고통스러우리라고 예상되는 호모 사케르로서의 빈민은 그렇게 '우리'가 경험할 필요는 없는 별도의 궤적으로 된 인생을 사는 '그들'로 규정되어 간다. 그들이 끝내 타인으로 남을지, 아니면 우리에게 포섭될지에 있어 그들의 지분은 가난에 대한 우리의 인식에 달려있다. 그러나 사람들의 인식을 형성하는 데 있어 빈민은 '그들이 무엇을 말하고what they say' '무엇을 하는지what they do'와는 무관하게 '그들이 어떤 사람들인지what they are'로 묘사되고 진술된다. 자신을 표현할 기회를 박탈당한 채 항상 그들보다 경제적으로 우위에 있는 사람들의 번역이나 재해석에 갇혀있는 존재인 것이다. 사회가 박제한 상태의 존재로 사람들에게 각인되면서, 그들이 처한 비참한 상황과 그들의 고통, 그들의 다름 외에 실제 그들의 언어와 행동과 삶은 무색해진다. 생각해 보자. 현실적으로 다른 처지의 인생에 처한 빈민을 만날 때, 그것은 그들이 겪는 취급의 이질성에 대한 인식으로 연결되는가, 아니면 그저 그들 자체가 가진 존재(성질)의 이질성에 대한 인식으로 이어지는가.

주류 역사 속 빈민에 대한 식민주의적 접근

유감스럽게도 인간의 역사에서 근대를 기점으로 빈민에 대한 주류에서의 의미 구성 방식은 시간 중심적이고 단선론적인 세계 인식에 가깝다. 예를 들어 마치 동양에 대한 서구인의 허위의식인 오리엔탈리즘의 축소판이라든지, 부유한 유럽이 근대화의 명목으로 가난했던 라틴아메리카를 수탈하고 식민화해 오던 모습과 매우 닮아 있다.

서구 유럽은 식민 지배를 정당화하고자 이미지와 어휘, 전통의 전면에 걸쳐 서양과 대조되는 하나의 부족하고 열등하며 비이성적 관념으로서의 동양과 라틴아메리카를 만들어 내고 그러한 정체성을 확고화 했다. 시간적 차원에 천착했다는 부분은 인간의 이성과 합리적 과학을 토대로 역사는 어두움에서 빛으로 진보해 나간다는 점을 뜻한다. 이는 필연적으로 전근대와 근대를 나누고 전자로부터 후자로의 이행을 당연시했던 역사관이다. 이에 따르면 빈민은 서구나 유럽의 기준에서는 동일한 시기에 살고 있더라도 한참 뒤처진 시간을 사는 사람으로 간주되기 때문에, 그들의 삶은 역사의 발전을 선도하는 자본이나 국가 등의 위계적 권력에 의해 진단되고 계몽되고 치료되어야 했다. 소위 '따라잡기catch-up'가 요구되는 사람들이기 때문이다. 그러면서도 잉여라고 명명되는 순간 빈민은 사회에서 쓸모없는 열등한 존재로 낙인찍히며, 잘못된 인간관과 세계관을 가진 부정적이고 무능력하며 게으른 존재라는 부도덕한 속성이 부여된다. 그리고 그러한 존재는 도덕적으로 위협적이기에 배척과 배제, 혹은 억압과 교정의 대상으로 간주해야 한다는 '악마화'의 처방이 자연스럽게 자행되어 왔다.

설령 빈민들이 이와 같은 과정에 반대했다고 해도, 이른바 '중산층 유토피아'의 판타지적 성공 신화를 만들기 위해 하층의 저항은 권력에 의해 무력화될 수밖에 없었다. 이처럼 사람과 사람 간의 상호 작용 속에서, 빈민은 있는 그대로의 모습으로는 사회로부터 받아들여지지 못했다. 그렇게 대중은 빈민을 대면하거나 머릿속으로 떠올릴 때마다 은연중에 경제적으로 뿐만 아니라 윤리적으로도 우월하고도 전지적인 시점을 취하곤 했다. 물론 동전의 양면으로서 가난한 동네는 팔레스타인의 문명비판론자인

에드워드 사이드가 언급했던 '환상의 지리학', 불쌍히 여겨야 할 사람들이 넘쳐나는 비참하고도 순수한 곳으로 낭만화되기도 했다. 그러나 보도는 극적인 이미지나 일화가 중심이 되는 경우가 많으며, 자칫 그것은 정보의 전달보다는 현실을 왜곡하는 빈곤 포르노를 양산할 위험이 있다. 따라서 빈곤의 문제를 다루는 미디어도 과연 이러한 체제와 역사를 답습하고 있을지 확인이 요구된다.

시간적 관점에서 공간적 관점으로

철학자 앙리 르페브르Henri Lefebvre는 단선론적 역사관에 반대하며, 현실에 맞서 사회과학의 초점을 시간에서 공간으로 바꾸고자 했던 역동적 인물이다. 그는 중심과 주변부의 지정학적 위치로 인해 강요되는 지배와 착취의 질서가 독특한 공간 구조 안에서 생존하는 사람들은 독특한 공간 전략을 통해 구획된 공간 구조에 적응하거나 저항한다고 보았다. 그가 진단한 근대사회는 구획하고 배열하는 학자, 도시계획가, 테크노크라트technocrat 등 전문가들의 '공간의 재현'으로 만들어진 '추상공간'의 지배를 받고 있다. 추상공간은 도구적 교환 가치의 지배를 받는 자본주의의 장으로, 존재의 차이를 소거하고 동질성을 추구하는 '단일한 공간'이다. 즉 주어진 사회의 생산 양식과 지식을 통해 특정한 환경을 구축하려는 코드화가 시도되는 교조적 공간인 것이다.

　추상공간은 확대되는 과정에서 지배 논리에 반대하는 바들을 강압적으로 소거, 약탈, 파괴하는 폭력성을 가지고 있다. 그러나 그러한 공간의 확대가 차이를 궁극적으로 소거하지는 못한다. 아무리 공간에 소유권을 설정한다고 해도, 다른 형태로의 전유의 가능성을 완벽하게 억누르거나 봉쇄하는 것은 불가능하기 때문이다. 그것이 공간의 재현이 내재하는 모순이다. 그리고 그로부터 지배당하고 말살당해도 다시금 형성되는 저항적 공간 전략, 곧 '재현의 공간'이 생성된다. 공간의 재현이 강요하는 추상공간의 억압으로부터 벗어나, 주체인 주민들이 직접 체험한 공간lived space은 몸의 구체적 경험에서 비롯된 저항적 실천이다. '체험'이기 때문에 일관적일 수 없고 움직임을 부여받은 공간이라고 할 수 있다.

　그렇게 재현의 공간은 추상공간이 지닌 지배적 이데올로기와 차이 및 다양성을 제거해 버리는 폭력성에 의문을 제기한다. 그리고 주체가 직접 전유하면서 통제와 지배의 확고한 체제에 균열을 가할 수 있는 잠재성을 가진 '투쟁의 공간'이자 '차이의 공간'이 된다. 자본주의 체제에서의 일상생활 및 일상 공간을 단지 억압적 관계가 재생산되는 수동적 영역만이 아닌, 체제의 모순을 폭로하고 변화시킴으로써 탈소외를 가능하게 하는 능동적 순간들이 내재된 대안의 재창조 영역으로 간주한 것이다. 물론 이 모든 것은 저절로 생기지 않으며, 급진적인 해방적 실천을 요구한다. 몸은, 몸을 억압하고 양극화하며, 길들이고 망각하게 만드는 환경에 결집으로 맞서 목소리를 내며 공간을 생산하고 그 공간을 전유할 것이다.

이렇듯 시간적 관점에서는 뒤처진 사람으로밖에 인식되지 못하는 빈민들이, 공간적 관점에서는 점유와 전복의 가능성을 가진 탈식민화의 주체들로 격상될 수 있다. 그렇다면 도시빈민이 놓여 있는 단선론적 발전 체제, 그리고 그 안에 위치하고 있는 쪽방촌은, 공간적으로 격리된 사회 구조적 희생양이면서도 식민적 사회를 변혁시키기 위해 요구하고 목소리를 내는 사람들이 모여 있는 매우 역설적인 공간일 것이다. 공허한 기호에 뒤덮여 추상의 영역에 편입된 현대 도시 공간은 추상을 벗겨냄으로써 '축제의 장'이 될 수도 있다. 따라서 이 또한 미디어가 주목하고 강조하는 부분일지를 확인해 볼 필요가 있다.

「조선일보」와 「한겨레」의 렌즈로 본 쪽방촌

필자는 쪽방촌 보도의 출처로 뉴스 빅데이터 아카이브인 '빅카인즈Big Kinds'를 활용했고, 여기에서 쪽방촌을 검색한 결과물들을 모두 수집했다. 분석 자료는 주류 언론의 양대 산맥이자 담론의 뚜렷한 대조를 보이는 보수 언론 「조선일보」와 진보 언론

「한겨레」의 보도로 한정했다. 두 언론은 똑같은 사회 문제를 두고도 전혀 다른 시각으로 조명하거나 해석하는 경향이 두드러진 편이며, 두 미디어 모두 한국 사회에서 대표성과 차별성을 가지고 있는 매체이기 때문이다. 이러한 방식은 보수적, 진보적 논조를 표방하는 신문들이 과연 프레이밍에 있어 차이를 보이는지를 확인할 수 있는 적절한 방법으로 알려져 있다.

분석 기간은 최근 10년인 2010년대로 설정했다. 왜냐하면 1997년 IMF 외환 위기로 인해 쪽방촌이 세간에 발견되었으나 2000년대에 쓰인 쪽방촌 관련 보도량은 2010년대와 비교했을 때 적었으며, 심지어 분석이 불가능할 정도로 적었기 때문이다. 이러한 사실은 2010년대에 들어와서야 비로소 쪽방촌에의 관심, 그리고 관련된 논의들이 풍부해졌음을 보여 준다. 그리고 그것은 2008년 세계적 금융 위기 이후 사회의 양극화가 심화되고 무주택 임차 가구가 급증함은 물론 고용 정세도 악화되면서, 일자리와 주거를 상실한 사람들에 대한 복지 및 소득 분배 문제가 주요 이슈가 된 현상과도 무관치 않다고 본다. 즉 중산층의 붕괴와 빈곤층의 확대 문제가 제대로 해결되지 못한 상황에서 세계적 금융 위기가 도래하자 쪽방촌에 대한 관심이 재조명되었을 수 있다. 그렇게 2010년대 쏟아진 쪽방촌 기사들은 당시 불평등과 빈곤의 문제가 가시화된 상황을 반영하고 있는 것으로 간주된다.

수집된 보도들 중 실재하는 쪽방촌과 연관성이 없는 기사*, 동일 언론사의 동일한 내용이 입력된 중복 기사, 기사가 아닌 칼럼이나 사설들은 제외했다. 본문에서 작은따옴표('')로 표시한 용어들은 보도에서 언급하는 묘사 내용임을 명시하며, 해당되는 기사의 제목 및 작성일을 각주에 적어 두었음을 밝힌다.

커다란 차이를 보인 보도의 추이

분석을 위해 '쪽방촌'을 빅카인즈에서 검색한 결과, 최근 10년간 보도자료의 추이에서 「한겨레」와 「조선일보」의 무시할 수 없는 차이를 감지할 수 있었다. 텍스트의 분석에 앞서, 텍스트가 배열되고 있는 구조의 특이점을 검토해 봤다. 이는 실재하는 구체적 장소로서의 쪽방촌과 직접적으로 관련이 없는 보도**는 제외한 결과다.

먼저 빈도를 살펴보면 「한겨레」의 경우 2010년대 10년 동안 총 445건의 보도가 존재했으며, 그중 실재하는 쪽방촌과 연관되지 않은 보도 185건을 제외하고 나면, 도합 260건의 보도가 이루어졌음을 확인할 수 있었다. 이와 대조적으로, 「조선일

---

* 타 사건과 종합해 리뷰한 기사, 기타 주제의 사례로 활용하는 기사, 용어가 실재가 아닌 비유적으로 사용된 기사 등.

** 예를 들어 강남 초소형 아파트를 쪽방이라고 비유한 기사, 오락실 관련 기사인데 쪽방이라는 단어만 들어간 기사 등.

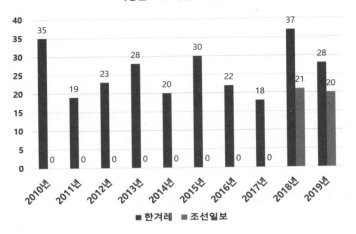

쪽방촌 보도의 연도별 추이

■ 한겨레 ■ 조선일보

보」는 동일 기간에 총 53건의 보도가 있었고, 「한겨레」와 동일
한 기준으로 12건을 걸러내면 도합 41건의 보도만 존재해 보도
량만으로 두 언론 사이에 6.3배의 격차가 나타났다. 특히 전자
는 쪽방과 관련해 매년 18~37건이 꾸준하게 보도되었던 반면,
후자는 2010년부터 2017년까지는 매해 0건으로 부재하다가
2018년에야 비로소 쪽방이 뉴스거리로 등장했다. 「조선일보」
에서 쪽방 보도의 부재가 당시 보수 정권의 여부와 관련된 것인
지를 확인하기 위해 쪽방이 세간에 발견되었던 2000년대를 추
가적으로 검색한 결과, 2000년부터 2009년 사이에도 쪽방이
보도된 바가 없어, 정권의 정치적 성향이 보수인지 진보인지와
는 무관하게 쪽방 관련 보도는 꾸준히 존재하지 않았던 상태로
확인되었다.

쪽방촌은 1997년 IMF 외환 위기 이후 노숙인의 존재와 함께 드러난 빈곤층의 최후 주거지였으나, 수도인 서울의 도심, 부도심을 비롯해 대도시를 중심으로 전국 각지에 20년간 존재해 왔다. 그럼에도 불구하고 「조선일보」에서 2017년까지 쪽방이라는 곳은 없었던 공간인 셈이다. 어떠한 내용이 보도되고 있는지를 차치하더라도, 보도된 내용의 부재는 언론의 관심사에서 배제되다 못해 존재 자체가 부정당한 공간으로 취급되고 있었다고도 해석될 수 있는 부분이다.

쪽방의 공간이 없었으니, 그 안에 거주하는 사람들도 없었던 셈이 된다. 누락된 존재는 어떤 측면에서는 신자유주의의 '살아 있는 주검'보다도 더 비참한데, 특정 언론의 내부에서는 탄생조차 되지 않았고 그러한 기대나 예측조차 없었던 '비존재' 그 자체였기 때문이다. 쪽방촌의 미보도를 통해 해당 공간과 그곳의 주민들이 애써 외면되어 왔음을 알 수 있으나, 존재가 엄연히 확인됨에도 대중에게 전달하지 않는 것은 마치 손바닥으로 하늘을 가리는 격이다.

결국 2018년 1월, 「조선일보」에서 쪽방의 존재가 가시화되었다. 보도된 내용은 누군가의 방화로 인해 쪽방에서 죽은 빈민들의 이야기였다.[*] 이미 불타 버린 공간, 그리고 주검으로의 첫 등장은 신문에서 20년간 비존재였던 위치의 연장선이었다. 여기서 그들은 존재하면서도 존재하지 않는 역설적 규정에 갇혔다.

* "성매매 거부당해 방화"…쪽방 노동자들이 죽었다, 2018. 1. 20.

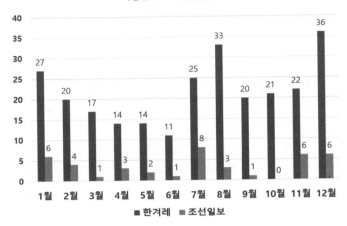

쪽방촌 보도의 월별 추이

■ 한겨레 ■ 조선일보

　다음으로 월별 보도 건수를 검토해 보았다. 쪽방촌과 관련해
서는 혹서기와 혹한기의 문제가 심각하게 대두될 것으로 예측
했고, 실제로도 「한겨레」에서는 혹서기인 8월에 33건(12.7%),
7월에 25건(9.6%), 혹한기인 12월에 36건(13.8%), 1월에 27
건(10.4%)이 각각 보도되며 1년 중 가장 높은 빈도수를 나타냈
다. 「조선일보」에서도 혹서기인 7월에 8건(19.5%), 혹한기인 1
월과 11월에 6건(14.6%), 2월에 4건(9.8%)이 보도가 집중되어
유사한 양상이 확인되었다.

　심각한 에너지 빈곤을 겪고 있는 쪽방촌은 여름과 겨울나기가
극단적으로 힘들다는 점에서 보도의 시기가 이즈음으로 몰리곤
한다. 여기에서 유추할 수 있는 문제는 설령 폭염 또는 한파에
대응하는 각종 정책이 실행되더라도 보도는 여전히 10년 내내

큰 변화가 없는 상태로 이 시기에 수렴되고 있다는 점이다. 기후에 취약한 공간의 문제, 그 공간에서 사람들이 겪고 있는 문제들의 반복적 제시는 정책의 실효성에 대한 문제 제기일 수도 있다. 다른 한편으로는 쪽방촌이라는 가난의 공간이 중점적으로 소비되는 시기 및 그와 관련된 주제가 있음을 보여 주는 것이기도 하다. 예컨대 폭염과 한파를 제외하더라도 12월의 크리스마스 및 연말, 1월 혹은 2월의 설 명절, 9월에서 11월 사이의 추석 명절이 보도의 높은 빈도수와 연결되어 있음을 짐작할 수 있다. 똑같은 문제들이 끈질기게 제기되고 있으나 막상 체감되는 변화는 없는 곳, 관심이 특정 시기에 주로 쏠리는 곳으로서의 쪽방촌 지형이 확인되는 지점이다.

페어클로프의 비판적 담론 분석

확보된 자료의 분석을 위해 언어학자 노먼 페어클로프Norman Fairclough의 비판적 담론 분석을 도입했다. 페어클로프의 비판적 담론 분석은 텍스트에 드러나는 언어들이 어떻게 사회 구조의 주도권을 장악하기 위한 투쟁이 되는지를 '담론'의 경합이라는 매개체를 통해 보여 주는 분석 방법이다. 이는 하나의 의미에는 다양한 의미 주체들의 주도적 의미를 획득하기 위한 경합과 투쟁이 반드시 발생한다는 점에 근거한다. 따라서 텍스트 내부에 이미 쪽방촌과 빈민들이 처한 사회적 상황, 그리고 그들을 관리하고 통제하는 사회 구조가 담론으로 내재화되어 있음을 파고들고자 한다. 이렇게 텍스트로부터 사회적 구조의 유지나 변화를 관리하는 권력을 찾아내고자 하는 비판적 담론 분석은 기본적으로 '텍스트적 실천-담론적 실천-사회적 실천'의 3단계를 따른다.

먼저 텍스트적 실천에서는 텍스트가 특정한 사건이나 상황을 어떻게 재현하는지를 활용된 어휘나 문법과 같은 형태, 그리고 단어의 선택이 가지는 정치적 문맥과 의미를 통해서 분석하며, 텍스트가 재현하는 현실 및 통념이 드러내는 방향성을 파악한다. 이어지는 담론적 실천에서는 텍스트가 생산-소비-분배되는 과정에서 특정 담론을 구성하고 공유하는 집단과 그 담론이, 만약 집단이 두 개 이상이라면 서로 경합하는 담론들의 내용과 상호 작용이 공개된다. 마지막으로 사회적 실천에서는 이러한 담론들이 집단을 통해 공유되고 재생산되는 것을 가능케 하는 사회적 조건이 드러나며, 담론을 생산하고 유포하는 집단이 전제하는 해당 사회의 이데올로기가 각 텍스트와 담론에 연결-주입-전파되는 실천 과정을 다루게 된다. 이를 종합하면 구체적 텍스트로부터 담론들과 그것의 유포 주체를 발견하여, 외부 환경과 상호 작용하며 만들어진 담론에 침투한 사회적 권력을 탐사하는 변증법적 과정이라고 할 수 있다.

파손과 재건축으로 인해 접근금지 표시를 한 백사마을의 주택 ⓒ필요한책

1. 텍스트적 실천
: 비인간적 '디스토피아'로서의 쪽방촌

텍스트적 실천은 비판적 담론 분석의 시작으로서, 텍스트 속에서 현상을 설명할 때 활용되는 어휘나 비유, 단어들을 묶어내는 방식, 문장과 절들을 연결하고 구조화하는 방식이 특정한 사건이나 상황 및 관계를 어떻게 재현해 내고 있는가를 주로 분석한다. 이는 곧 텍스트 내부의 언어를 해부하는 실천이라고 할 수 있다. 이러한 텍스트적 실천을 통해 지난 10년간 보도된 신문의 텍스트들로부터 쪽방(촌) 키워드가 가지는 공간성 및 공간성과 불가분의 관계에 놓인 거주자들을 기록한 진술 체계에서 수렴되는 공통점을 추출할 수 있었다. 이를 기초로 보도의 양을 척도로 삼아, 상대적으로 보도량이 적은 보수 언론 「조선일보」의 내용 및 해석을 먼저 제시하고, 뒤이어 동일한 상황에 대한 진보 언론 「한겨레」의 그것을 탐구하면서 비교 분석을 시도하는 것을 원칙으로 삼았다.

체제에서 쪽방촌의 이야기가 대중에게 이슈화되지 못함은 그 자체로 의미심장하다. 먼저 「조선일보」는 보도의 개수가 41건으로 적고, 그나마도 대부분의 텍스트가 서너 줄의 단문에 불과한 상태였다. 보도의 시기도 늦었으려니와 후발주자임에도 해당 공간에 대한 저조한 관심을 파악할 수 있는 부분이다. 그럼에도 진술 체계에서 강조되는 쪽방촌 공간은 빈곤으로 인해 수난받는

'복지 사각지대'로서 선명하게 드러나고 있었다. 쪽방은 50여 년 전 벽돌과 슬라브로 만들어진 건물 내부의 '1.5~3평 남짓한 비좁은 방'이자 '주택이 아닌 창고'로 쓰이는 공간으로, 쪽방촌은 '서울 도심에 이러한 곳이 있는지 사람들은 잘 모르는 공간'으로 묘사되었다. '쪽방 노동자들이 죽었다'라는 헤드라인으로 2018년에 태동한 보도들의 어휘는 주민들의 발화 내용을 빌려, 해당 언론이 쪽방촌을 보고서 마치 신대륙과 원주민을 발견한 듯한 인상을 보여 준다.* 쪽방촌은 '흔히 볼 수 있는 프랜차이즈 카페도 없는' 문명과 고립된 공간이며, 노후 주택이 밀집된 이곳의 '골목은 악취로 가득한' 공간이다. 주민들은 '환기와 냉난방이 되지 않아' 여름철과 겨울철에 '실내 온도를 유지할 수 없는', '한 명이 겨우 누울 수 있는 크기'의 쪽방 안에서 '휴대용 버너만으로 밥을 해야 하는', 각자가 '애절한 사연'을 가진 사람들이다.** 「조선일보」의 보도들에서 쪽방촌과 주민들은 '인생의 재활'이 필요한, 타력에 의해 구원되어야 하는 형태로 나타난다. 마치 일제강점기 당시 생활상 궁박을 고해 긴급히 하등의 구제를 요하는 '토막土幕' 살이의 '궁민窮民'을 연상케끔 한다.

반면 「한겨레」는 10년 동안 생산된 보도의 개수가 260건으로, 상대적으로 많았던 데다가 각 보도 내용이 대부분 스무 줄 내외로 길고 소상했다. 그런데 흥미롭게도 묘사의 출발점은 「조

---

* 홧김에 여관 방화, 서울 나들이 온 세 모녀 삼켰다, 2018. 1. 22.
** 혹한기 쪽방촌 주민의 삶, 2018. 2. 28.

선일보」와 같았다. 쪽방촌에 대한 「한겨레」의 진술 체계의 시작 역시 '희망조차 사치였나…쪽방촌 최 씨의 죽음(2010.2.5.)'이 라는 헤드라인에서 확인할 수 있듯 주민들의 수난과 연루된 '복 지 사각지대'였다. 해당 공간을 향한 관심의 크기와 무관하게 보 도에서 드러난 2010년대 쪽방촌의 첫인상은 잠시만 들여다보 아도 오래도록 보아 온 것과 동질하다고 파악할 수 있다.

'충격적'으로 보도되는 쪽방촌의 풍경

물론 관심이 커질수록 응당 세부 묘사는 훨씬 구체적일 수밖 에 없다. 「한겨레」의 보도들이 쪽방촌을 복지 사각지대로 여기 는 가장 대표적인 근거는 공간 자체가 가지는 물리적인 조건, 그 리고 그 조건이 의미하는 인간 이하의 취급 때문이다.* '화려한 도시의 깊은 그늘'로서의 쪽방은 1960~70년대에 연소하기 쉬 운 자재로 지어진 허름한 건물에 위치한, 틈조차 잘게 쪼개 놓은 방으로 '벌집같이' '비좁고' '열악하며' '다닥다닥 붙어 있고' '무 너져가며' '스프링클러나 화재감지기 등의 안전장치가 미비한

---

* 개의 권리와 사람의 권리, 2010. 4. 22., 술 중독·병마에 쓰러져도…주 검 곁엔 아무도 없었다, 2010. 7. 20., 1평방에 살면서 수면제로 버티는 하루, 2012. 7. 29., 시민, 시민을 위해 선언하다, 2014. 1. 1., 방이 사우나…잠 못드는 쪽방 사람들, 2014. 7. 20., 꽁꽁 언 쪽방 '밥이 돌처럼 차가워'…한파 속 쪽방촌 가보니, 2014. 12. 17., 무연으로 떠난 영혼들은 납골당에 와서야 인연을 얻었다, 2018. 4. 21.

상태에서' '탈출구가 하나라' '불과 물로 인한 대형 참사의 위험에 여전히 노출되어 있기에' '주거 시설이 될 수 없는' '비정상적이고' '비인간적인', 그러나 온갖 '질병'과 '정신적 문제'를 해결하지 못한 채 '무연고로' '홀로' '고물 텔레비전을 친구 삼아' 거주하고 있다는 부정적 어휘들이 주를 이루어 반복되어 온 '늘 위태로운' 공간이다. 텍스트는 술과 담배를 끊으면서까지 임대아파트로 이동하는 것이 꿈인 사람들을 포착함으로써 이곳 쪽방이 얼마나 절망적인 곳인지를 보여 준다.*

쪽방의 궁핍은 시각적으로나 후각적으로나 '충격'적인 모습으로 드러난다. 그곳은 볕이 들지 않아 사람 한 명이 걸어갈 정도의 비좁은 입구인 복도와 계단부터 내내 '어둡고', 문을 열고 들어가자마자 '벽엔 곰팡이가 덕지덕지' 끼어 있으며, '퀴퀴한 냄새'와 '진한 지린내'의 악취가 훅 끼치는 공간이다. 촉각적으로 '후텁지근'하거나 '차갑더라도' 기본적으로 '눅눅하고' '숨이 턱 막히는' 것은 물론, 상하수도와 한 뼘 크기의 창문조차 없고 단열과 냉방, 통풍이 되지 않아 무더위와 강추위, 눈비 때문에 주민들이 '도저히 잠을 이룰 수 없는' 공간이자, '생명력의 시험대'였다. 청각적으로는 방음이 취약해 '사생활 침해'는 물론 '옆방에서 밤새도록 들려오는 기침 소리'를 감내하는 것이 일상화된 공간이었다. 미각적으로는 냉장고가 없어 그곳에서 주민들은 '곰팡이가 낀 김치를 씻어 먹어야만' 했다. 그러한 공간에 머무

* 2010. 2. 5.

는 사람들은 이른바 '산업 예비군'에도 끼지 못하고, 병원의 수익에도 큰 도움이 되지 않아 '아파도 입원을 거부당하는' 잉여적 존재로서, 동종임에도 '개보다도 못한' '푸대접' 취급을 받고 있는, 소설가 다자이 오사무의 용어를 빌리자면 '인간실격'이다. 기침이 마르지 않는 쪽방의 '벽에는 핏물이 말라붙어' 있고, '온수가 없는 낡은 화장실의 공유'는 쪽방에 거주한다면 지극히 당연한 생활 방식이며, 좁은 골목으로 나가더라도 '오물에 찌든 역한 냄새'는 피할 수 없다. 덥다고 문을 단속하지 않으면 '쉽게 도둑이 드는', 불신이 만연한 땅이다.

쪽방촌에 관한 실험과 체험의 속내

이러한 저소득층이 밀집한 집단거주부락인 쪽방촌은 때로는 사회권 확충의 근거로 삼고자, 예컨대 최저생계비로 한 달을 생존할 수 있는지와 관련된 '일반인의 실험 공간'*이 되고, 때로는 '시간이 멈춘 듯' 30년 전과 달라지지 않은 '살아 있는 현대사의 풍경'**이자 '옛 모습이 남아 있는 곳'으로서, '서민 체험'의 기회로 계획되고 공개됨으로써 사라져 가는 가난한 주민들의 삶과

---

* '최저생계비 생존실험' 버틸 수 있을까, 2010. 7. 1.
** 여공 자리에 조선족 가리봉 쪽방촌 현대사, 2011. 8. 25., 청량리 588, 그때 그곳에도 사람이 살고 있었네, 2015. 2. 23.

역사가 '상품화', '박제화'되는 '전시, 재현의 공간'*이기도 했다.

그러나 그 모든 시도에는 그것이 단지 실험과 체험일 뿐 사람이 계속 살 수는 없다는 전제가 깔려 있다. '빌딩숲에 둘러싸인, 보이지 않는 섬'인 쪽방촌에서 '속수무책으로' 수 년에서 수십 년간 '장기투숙'할 수밖에 없는 주민들로서는 살아 있음 자체가 연속되는 수난과 고통스러움으로 직결되는 것이다. 그곳은 '평등한 패배감'을 공유하는 쪽방촌 주민들에게는 '보이지 않는 벽에 가두어 둔 채 죽지 않을 최소한만을 지원하고 조용히 지내기를 바라는', 다시 말해 패자부활이 없는 '1인 감옥'이자 유일하게 그들에게 허락된 '성냥갑만 한' '돼지우리'나 '닭장집'으로, 여름에는 '선풍기 하나 없는' '찜통'이자 '찜질방'으로, 겨울에는 '입김이 나는 냉골 쪽방'이지만 빙판에 둘러싸여 있어 탈출할 수 없는 공간'으로, 주변 동네의 주민들에게는 '님비 현상'의 대상으로서 '투명한 철조망'으로 쪽방촌 안팎을 구분하는 '혐오 시설'로, 대중에게는 '비참하고' '불쌍하나' '더럽고' '이상하여' '가면 안 되는 곳'으로 제각각 비유되었다. 그리고 민간이 운영하기 때문에 '냉난방과 온수를 강제할 수도 없는' 공간이었다. '집이라면 흔히 떠올리는 기능을 인근 복지관과 쪽방상담소에 외주를 주고 있는' 쪽방촌에는 분명히 색이 있는데도 '보이는 모든 것들을 흑백으로 만드는 힘', 곧 죽음의 본능인 타나토스

---

* 창신동을 전시합니다, 2013. 6. 4., 경제가 아니라 사람이 먼저다, 2015. 1. 14., 괭이부리마을에 쪽방 체험관? 비판 여론에 없던 일로, 2015. 7. 13.

Thanatos가 있었다. '생기가 없는' '밀집된 가난'은 '유령이 번식'하는 '죽음이 예고되고 편중되는 땅'으로 비유되었다.* 그렇지만 각종 재해로 여러 명의 목숨이 '참혹한 죽음의 스펙터클'로 나타나지 않는 이상 누구의 시선에도 들어오지 않는 막막한 공간이었다. '슬픔'과 '애환'이 서려 있는 곳, '재해로 위장된 사회적 타살'을 직면하는 공간, 곳곳에 '쓰레기가 나뒹구는' 그야말로 '더럽고 위험한 공간', 그곳은 완벽한 이상향인 유토피아Utopia의 대척점으로서 현대 사회의 부정적 측면이 극대화된 역逆유토피아, 곧 디스토피아Dystopia였다.

쪽방촌의 절망과 빈곤포르노의 욕망

비인간적 공간이라는 특징 외에도 쪽방이 복지 사각지대인 또 다른 구체적인 이유로 「한겨레」의 보도는 '저렴한 임대료'로 교묘히 위장된 '주거비 과부담'의 문제를 끄집어냈다.** 당시 '40만 원의 수급비 중 방값으로 20만 원을 지불'하는 사람들이 텍스트 내에서 빈번하게 포착되었다. 다수의 쪽방촌 주민들에게 수급비라는 복지가 제공되고 있었으나 월 소득 대비 임대료 비율RIR:

----

* 여기, 가난이 밀집한 땅에 유령이 번식한다, 2018. 3. 25.
** 하루 식비 달랑 6300원…라면밖에 못 먹어, 2010. 7. 8., 보험료·교육비 한푼 안 쓰고도 적자 수령, 2010. 8. 1., 덕의 정치를 기대한다, 2011. 10. 24., 주거비 월 8만6000원 받지만 쪽방촌 한달 월세가 22만원, 2013. 8. 22.

Rent to Income Ratio이 무려 50%에 육박하는 공간의 특성 때문에 역설적으로 복지 사각지대로 전락하고 있었다.

단지 20만 원이라는 스냅숏만 본다면 매우 저렴한 월세 수준이겠지만, 처분가능소득 자체가 부족한 상태에서 주거비를 감당하고 나면 소위 '적자 인생'을 면할 수 없는 사람들의 공간이 바로 쪽방촌이었다. '쪽방 공간의 반값 운동'이 선거철 '덕의 정치'로 인식되었다는 텍스트는 이곳이 공간적 저질 상태와 비교해, 그리고 국가로부터 지원받는 주거급여에 비해 얼마나 비현실적으로 비싼 것이며 또한 부도덕한 것인지를 짐작하게 한다. 실제로 보도에서 쪽방은 주거 환경이 지극히 열악한데도 '단위 면적당 임대료는 서울의 여느 아파트보다도 높은' 공간으로 지적되어 왔다.[*] '평등한 패배감'의 공유는 그보다 더 큰 주거비 부담의 '불평등' 속에서 발현되는 것이었다.

이처럼 극도로 비참한 어휘들을 거듭 사용함으로써 뚜렷하게 드러나는 쪽방촌의 절망은 계급화된 공간의 문제가 현실에서 부재한다고 주장할 수 없음을 고발한다. 주민들이 겪는 우울과 괴로움의 생생한 전달은 그 자체만으로도 사람들의 관심을 환기할 수 있다. 소위 '일상생활의 끔찍함'이라는 긴장 상태를 보여줌으로써다. 실제로 보건복지부가 진행한 '2016년도 노숙인 등의 실태 조사'에서 쪽방 인구의 우울증 발병률이 80%가 넘는다는 결과가 이를 뒷받침하고 있었다. 그러나 두 언론 모두에서 그 과

[*] 5㎡ 쪽방이지만…사람 살 만한 공간으로 되살리다, 2013. 10. 6.

정은 타인의 고통에 대한 진지한 공감보다는, 마치 빈곤의 특정한 모습만을 자극적으로 묘사해 대중의 이목을 끄는 '빈곤포르노적' 연출과 별반 다르지 않았다. 보도 역시 '위험한 곳', '비정상적인 곳' 외에는 도시의 레토릭rhetoric에 존재하지 않았던 기존의 쪽방촌 이미지를 답습한 것이다.

역설적이게도 10년 내내 보도를 해왔던 「한겨레」의 경우 인권 침해가 이루어지는 위험한 쪽방촌에 대한 구체적 묘사들이 고통을 더욱 충격적으로 그려 내는 방식으로 이어졌다. 빈곤포르노의 주요한 특징은 부당한 고통의 존재를 전달하지만, 동시에 그 고통이 자신의 주변이 아닌 저 멀리 동떨어진 어딘가에서 발생하고 있다고 느끼도록 만드는 것이다. 그것은 세계의 완벽한 분리에 일조한다. 쪽방촌을 '사람들에게 잘 알려지지 않았다' 혹은 '보이지 않는 섬'이라고 표현한 것이나, '존재의 죽음'으로 논의를 출발했던 텍스트들은 이곳이야말로 일반인들이 거주하는 지역과는 분명히 다른 공간이라는 일종의 표식이기도 했다.

사회철학자 프란츠 파농Frantz Fanon은 식민지 세계는 풍요롭고 안락한 이주민 거주 구역과 질이 나쁜 사람들이 사는 원주민 거주 구역의 둘로 구분되어, 철저히 격리된다고 설명한 바 있다. 지리적으로 겹쳐지는 공간임에도, 계급화로 인해 서로 다른 두 도시가 펼쳐지는 것이다. 그러한 재현은 각각 대중으로선 화려한 도시 내부의 쪽방촌에, 도시빈민들로선 쪽방촌을 둘러싼 화려한 도시에 심리적인 진입을 불가능하게 만들며 두 집단 사이의 거리감을 각자에게 내면화시킨다. 그러면서도 대중은 빈민들에게 연민을 가지는 한 자신이 고통을 주는 원인에 연루되지는 않았다는 식으로 심리적 부담감을 떨쳐낼 수 있다.

자극을 탐하는 프레임의 한계

물론 사실적이고 세밀한 묘사 방식은 비판적 르포르타주 형식을 통해 부당한 현실의 변혁 필요성에 대한 인식 확장을 가져올 가능성 또한 내포하고 있다. 쪽방촌의 어두운 실상을 조명함으로써 언론의 사회적 책임을 다하고 구독자 혹은 시청자의 관심과 정서를 자극할 수 있기 때문이다. 나아가 밝고 건강하게 재현되어 왔던 화려한 도시의 환부를 고발할 수도 있다.

그러나 정말로 해당 공간에 대한 불편함과 문제의식을 환기시키고자 했다면 부당한 현실적 환경에 대해서 표현하고 구조적 문제들을 거론하되, 거주자들의 실존을 과도하게 비참한 피해자로 취급하지는 말았어야 했다. 구체적 묘사는 쪽방촌이 '사람이 감내할 수 없고 살 수 없는 공간'임을 너무 강조한 나머지 그러한 '공간을 만들어 낸 구조'라든지, 그곳에서 '무고한 사람들이 어떻게든 살아가고 있는 모습'들은 철저히 외면하고 말았다. 마치 소외와 죽음, 절망으로 빈민과 빈민의 공간을 단적으로 규정해 버린 것이다. 이는 공간이 이미 주어진 텅 빈 장소가 아니라

서로 충돌하고 갈등하는 복잡한 공간적 실천에 의해 구성되는 복합물이라는 점을 심각하게 간과한 결과다.

무엇보다 빈곤의 공간을 부정적 측면과 연관시킨다던지, 죽음이 당사자들의 미래라는 결론은 보도가 스스로 지배 이데올로기의 대변자임을 증명하는 셈이다. 더구나 그 모습을 '고통'으로 단순화시키는 행위는 당사자로 하여금 인간이라는 사실에 대한 수치심을 느끼게끔 하기에 그 자체로 비인간적이며, 대중에게는 곧 휘발될 연민을 잠시 자아낼 뿐이다. 사람을 구경거리로 전락시키는 이러한 빈곤포르노적 접근은 자극적일수록 오히려 빈민의 고통을 진부하게 만들고, 대중의 마음을 열기보다는 피로하게 만들며 도덕적 무시와 무감각을 은연중에 조장함으로써 현실에 대한 적극적 비판을 원치 않는 지배 이데올로기에 부역하는 서사적 패턴이다. 이는 자연스럽게 국가의 무능을 후경화後硬化하는 효과를 낳는다.

텍스트들에서 쉴 새 없이 반복되는, 일반적인 세계와 이질적이고 관음증적인 어휘들은 기자의 단어 선택에 의한 것뿐만이 아닌, 취약한 상태에 놓인 주민들의 목소리를 취재하면서 그들이 스스로 구술하고 외친 고통이 혼재된 결과물로 프레이밍 framing이 되었다. 그런데 제법 역설적이게도 그들이 주체적으로 내뱉는 고통의 표현은 '복지 사각지대'인 쪽방촌의 문제가 결국엔 어떠한 방식으로든 해결되어야 함을 암시하고 있었다. 다시 말해 복지 사각지대의 반복적 묘사는 이후 쪽방촌에 대한 개입이 어떠한 성격을 가지든 일단 정당화될 수 있는 근거이자 단초 역할을 한다.

이렇게 해부된 쪽방촌의 문제는, 이후 복지 사각지대를 해소하고 낙후된 공간으로서의 이질성을 극복하기 위한 담론들이 보충되고 유통되는 과정에서 「조선일보」 진영과 「한겨레」 진영 사이에 현격한 차이를 드러내며 양분된다. 그나마 '그들의 빈곤은 단지 그들의 것일 뿐'이라며 누구도 관여하지 않는 상황 자체는 면한 것이었다.

2. 담론적 실천
: 외부의 구원담론VS내부의 자조담론

비판적 담론 분석의 두 번째 단계인 텍스트적 실천을 둘러싸는 담론적 실천은 텍스트가 생산, 분배, 소비되는 과정에서 특정한 담론을 구성하고 공유하는 집단별로 표상하는 바를 분석한다. 왜냐하면 각 담론들은 동일한 현상에 대해서도 각자 재생산하는 과정에서 다르게 구성되며 이를 통해 동일한 현상이 다르게 정의되기 때문이다.

담론적 실천 분석에서는 텍스트가 생산되고 전달되며 유포될 때 일어나는 상호 작용의 측면과 그 과정의 본질이 무엇인가를 분석하는 데에 초점을 둔다. 그럼으로써 상이한 주체들이 해당 담론을 해석하고 재생산하는 양태*를 볼 수 있다. 앞서 텍스트 실천의 분석에서 추출된 객관적 실체로 이야기되는 쪽방촌과 그곳에 거주하는 빈민의 이미지가 제자리에 서 있는 그림이라고 한다면, 담론적 실천은 그것들이 움직여 서로 뒤엉키며 이야기의 역동성을 보여 준다. 특정한 장소는 그 시대의 사회·문화적 흐름에 따라 새로운 이미지를 덧입으며 탄생을 반복한다. 이러한 담론적 실천의 관점에서 봤을 때, 흥미롭게도 쪽방촌에서는 반복되는 빈곤과 불행의 벗어날 수 없는 악순환이 두 매체 모두에서 확인되지 않았다.

문제의 환부를 치료한다는 외부의 시혜

단적으로 「조선일보」의 보도에서 디스토피아의 구원은 쪽방촌과 멀리 떨어져 있지 않았다. 구제받은 쪽방촌은 매우 훈훈하고 따뜻한 곳이었기 때문이다. 그것은 공간이 물리적으로 기후의 부작용을 해소했다는 의미가 아닌, 기업의 사회 공헌 사업들이 소위 '따뜻한 나눔'의 형태로 이루어지고 있다는 상징적 의미에서이다. 특히 '한국가스공사'의 기술 교육 프로그램에 대한 보도는 시차를 두고 여러 번 반복되었는데,** 그 내용의 골자는 보

---

* 담론의 생산에 주로 이용된 텍스트, 재생산된 텍스트에 대한 반응, 텍스트를 재생산한 주체 등.

** 2018. 1. 30., 2018. 4. 25., 2018. 7. 19., 2018. 11. 12.

다 나은 일자리와 조건에서 쪽방촌 주민들이 취업할 수 있도록 발판을 마련해 주는 것이었다. 추후의 노동을 기대하는 해당 방식은 '무조건적인 경제적 지원'이 아닌 '이들의 문제를 근본적으로 해결해 줄 수 있는' 합리적 방법으로 소개되었다.

물론 기초생활수급자들로 가득한 쪽방촌의 궁핍한 현실에서는 취업만으로 충분하지 않기 때문에 그와 동시에 쪽방촌은 '은행들'*, '삼성전자 및 계열사'**, '대한적십자사'***를 통해 기록적인 폭염 기간에 '선풍기'가 전달되고, 추워질 때는 쌀, 장조림 캔, 곰탕 파우치와 같은 '생필품'이 매년 수억 원씩 지원되며 연말마다 꾸준한 '임직원들의 봉사 활동'이 이루어지는 곳으로 자리잡았다. '그리스도 정신에 입각한 병원'****에서 쪽방촌 주민의 보호를 위한 '성금이 기탁'되거나 '대한주택건설협회'*****를 통해 '소화기가 전달'되기도 한다.

특히 이들 기업들은 쪽방촌에 대한 해당 언론의 뒤늦은 발견과는 대조적으로 이미 '십수 년 이상 취약 계층을 위한 동일한 구제 활동들을 전개'해 왔다는 점이 강조되고 있었다. 여름과 겨울을 중심으로 기업들이 이곳에서 오랫동안 나눔과 봉사를 하면 '보건복지부장관상'을 받을 수 있을 정도로 쪽방촌은 그곳을 돕

* 2018. 7. 31., 2018. 11. 7.
** 2018. 12. 5.
*** 2018. 11. 7.
**** 2018. 11. 28.
***** 2019. 1. 24

는 기업들이 주목받기에 최적화된 공간이었다.[*]

쪽방촌은 기업뿐 아니라 쪽방상담소, 사회복지사, 소방관, 간호사, 자원봉사자가 숭고함을 가지고 돌보는 공간으로도 그려진다.[**] 서울소방재난본부에 소속된 소방관들은 폭염주의보가 발령되면 하루 1회, 폭염경보의 경우 하루 2회 살수 작업을 하면 되는 규정과 무관하게 '여름에 매일 찾아와서' 골목에 물을 뿌려 준다. 쪽방상담소장과 사회복지사는 '자신들이 질병과 과로로 아픈데도 생수 배달'에 나선다. 폭염 속 쪽방촌을 걱정하는 자원봉사자들의 방문은 주민들에게는 '단비'와도 같다. 간호사는 주민들의 안부를 묻고 건강 상태가 호전될 수 있도록 '챙겨 준다'. 실제로 기업을 위시한 여러 도움의 손길들은 복지 사각지대로서의 쪽방촌 보도 앞뒤로 군집 배열되어 있어 이곳이 그저 사각지대로 남아 있지만은 않음을 보여 주고 있다. 어쩌면 문제가 있어도 환부가 그때마다 수많은 타인의 관심과 노력으로 해소, 회복되어 왔다고 간주된 것이 그동안 「조선일보」에서 쪽방촌이 보도되지 않았던 연유일 수도 있다.

---

[*] 25년간 한방 진료봉사 김OO씨, 牛汀선행상 대상, 2018. 4. 26., 삼성디스플레이, 2018 우수 사회 공헌상 수상, 2018. 12. 27.

[**] 매일 오후 2시 출동…쪽방촌 불볕더위 꺼드립니다, 2018. 7. 20., 얼린 생수 두 병으로 50도 방에서 싸우는 사람들, 2018. 7. 30., 아침 8시, 독거 어르신을 웃게 하라 효자동 사람들의 문안인사 릴레이, 2019. 7. 30.

「조선일보」가 바라본 살 만한 세상, 쪽방촌

쪽방촌은 국가로부터도 케어를 받는, 결코 버려지지 않은 공간이다.* 질병관리본부에서 '매년 1회 찾아가는 결핵 검진'을 시행하고 확대키로 했으며, 서울시에서는 추석 연휴에 이들 주민과 함께 '합동 차례상'을 차리고 '전통 놀이'를 진행한다. 폭염 기간에는 비상 대책으로 쪽방촌 주민들을 위한 '무더위쉼터'가 10곳씩 운영되기도 한다. 그리고 무엇보다도 한국토지주택공사LH가 비주택 거주자들에게 '매입·전세임대주택'을 지원하기로 밝힌 대상이다. 주민들이 최저주거기준에 미치지 못하는 주거 환경에 노출되어 있으므로, 주택이 아닌 기존의 열악한 쪽방의 공간에서 '벗어나' 개선된 주거 환경에서 안정적으로 거주함으로써 '삶의 질이 향상'될 것으로 기대하면서 지원에 나선 것이다. 쪽방촌은 그곳에서 발생하는 풍부한 도움의 형태들과는 별개로, 주민들에게는 주거의 상향을 통해 삶의 질을 높이기 위해서 벗어나야 하는 곳이며, 정부의 의지로 탈피되고 있는 공간이라는 점이 강조되고 있다.

종합하면 「조선일보」의 텍스트 실천 결과로 대두되었던 쪽방촌의 '복지사각지대담론'은 이후의 해결 방식과 연관을 맺는 담

---

* LH, 쪽방 등 비주택 거주자에 매입·전세임대 지원, 2018. 7. 24., 결핵환자 줄어도 2만명대 OECD 1위…한국 '결핵관리 후진국' 오명 왜 못 벗나, 2018. 8. 1., 정부, 노인 대상 '찾아가는 결핵 검진 서비스'…'외국인 결핵 무료 치료 쇼핑' 차단, 2019. 5. 28.

론적 실천에서 국가 외에도 사회 내 여러 주체들에 의해 복지가 제공되어야 함을 의미하는 복지다원주의를 토대로 한 '구원담론'으로 수렴되고 있었다. 즉 보도의 출발점이었던 복지사각지대담론은 구원담론의 성공적 유입으로 인해 입지가 점차 감소하고 있는 것으로 해석되었다.

혹서기와 혹한기, 명절을 중심으로 기업, 민간, 국가 등 구원의 주체와 현물, 성금, 봉사, 주거 상향 등의 구원의 방법들은 다채롭게 나타난다. 그럼으로써 쪽방촌은 주민들의 애절한 사연들에 대해 넘쳐흐르는 인정으로 반응하는 공간, 비록 물리적으로는 살 만하지 않아도 아직 사람들의 온정으로 인해 살 만하고, 또 살 만하지만 끝내 벗어나야 하는 역설적 중간지대이자 기착지로 그려지고 있다. 복지다원주의적 보도들은 해당 공간을 향해 복지를 실천하는 각종 노력의 존재를 부각함으로써, 복지가 이곳에 넉넉하게 분배되고 있으며 문제를 문제로만 볼 수는 없다고 계몽하는 복지만능주의의 형태로 드러났다. 이른바 아무리 삶이 퍽퍽해도 여전히 온기가 남아 있기에 세상은 아직 살 만하다는 논리다.

시혜적 개입의 효과에 대해 되묻는 「한겨레」

「한겨레」 또한 기업이나 종교 기관들의 나눔과 원조, 봉사를 쪽방촌 보도의 주요 토픽으로 빈번하게 다루고 있었다. 10년간의 관련 보도 내용에 따르면 쪽방촌은 '조직 문화로 정착'된 기업의 나눔이 실천되며, 설이나 추석 명절에 '떡국과 식료품을 담은 선물 꾸러미'가 전달되는 곳, 추워지면 생계비, 난방비 지원 등 '온정'이 전해지는 곳, 의료 기업의 후원으로 주민들이 '무료로 독감 및 폐렴 예방 접종'을 받을 수 있는 공간, 칙칙하던 쪽방촌이 '벽화 작업에 의해 오아시스'로 탈바꿈하는 공간, 공기업인 한국전기안전공사에서 '전기 설비 개선 사업'을 실시하는 공간, 지역 기업과 단체들이 적극적으로 나서 무료로 낡은 집들이 '부모의 마음으로 수리'되는 공간 등 의식주의 기초적인 생활에 여러 가지 혜택을 누리는 공간이다. 실상 복지 사각지대라는 언급이 무색할 정도이다.

그러나 「한겨레」에서는 복지 사각지대의 논의가 2010년대 초반부에만 있었다거나 혹은 시대의 흐름에 따라 사라지지 않았고, 공교롭게도 기업의 움직임과 복지 사각지대 논의를 어김없이 교차시키고 있었다.* 그것은 두 유형의 현상 모두가 공통적으로 매년 연말이나 혹서기, 혹한기와 맞물려 있었기 때문이다.

이로써 「한겨레」는 현금과 현물을 쏟아 붓는 정부나 기업의 사회적 공헌들이 '밑 빠진 독에 물 붓기', 즉 시혜적 개입의 효과

---

* '집 아닌 집'에 사는 가구 40만…화마는 이들을 먼저 삼킨다, 2018.11.13., 냄새는 불평등을 자연화한다, 2019.6.27., 푹푹 찌는 한뼘방, 형벌 같은 폭염…'문 열면 주검 볼까 겁나', 2019.8.14., 가난이 불탄 뒤…수북히 남은 '1kg당 650원' 병뚜껑들, 2019.8.23.

가 주거 환경의 개선으로 이어지지 못하고 그저 일시적인 것에 불과하다는 이야기를 도출하고 있었다.[*] 연민에 토대를 둔 각종 노력들은 일시적이고 순간적인 도움은 제공할 수 있으나, 제2, 제3의 도시빈민들의 출현을 막지는 못한다. 보도에서 드러나는 쪽방촌의 현존은 '여전히 가난하지만' '왜 그러한지는 묻지 않아 온 상태'에 관한 일종의 대답이었다.

수많은 주체들이 쪽방촌에 관심을 보이며 반짝 봉사 이벤트를 이행하지만, 순간이 흐른 뒤, 그들이 떠난 자리에 남은 이곳은 여전히 춥고 덥고 고독하고 괴로운 공간이다. 보도된 쪽방촌 주민의 입을 빌리면, 쪽방촌에는 쌀도 오고, 반찬도 오고, 빵도 오고, 옷도 온다. 회사도 오고, 기관도 오고, 교회도 오고, 정부도 온다. 목사도 오고, 복지사도 오고, 봉사자도 온다. 그런데 '사람은 안 온다.'[**] 다소 극단적이기는 하지만 그 말은 의미심장하다. 잠시 왔다가 떠나가는 사람은 쪽방촌에서는 '사람'으로 취급받지 못한다는 입장이 주민의 목소리로 단호하게 표명된다. 그것이 진심이든 아니든, 자신과 동등한 존재로 바라보지 않음을 전제하는 윤리적 실천의 한계와 비효과성을 주민들은 이미 인지하고 있다. 이는 쪽방촌에서는 빈민이 '우리'가 되고 중산층 및 기득권의 생활 방식이 거꾸로 '타자'가 될 수 있음을 가르쳐 준다.

----

[*] 당신은 매일매일 사람 대접받고 있습니까, 2015. 4. 9., 월세시대 본격화…저소득가구 주거여건 악화, 2017. 4. 25.

[**] 20년만에 다시 붓을 드니 통증도 원한도 사라지네요, 2017. 8. 30.

쪽방촌 내부의 힘에 주목하다

대신 「한겨레」는 쪽방촌의 표면만을 건드리는 외부의 지원과 대비되는 쪽방촌 내부의 힘을 꺼내어 놓음으로써 텍스트적 실천에서 드러낸 '빈곤포르노'의 모습을 탈피하고, 복지 사각지대의 해소를 위한 해당 공간 나름의 방어적, 탈식민적 자구책을 소개하기 시작한다. 「조선일보」에서 외부 세력의 구원 및 구원자들의 존재를 강조했다면, 여기에서는 홀로 사는 가난한 사람들이 '모여 사는' 쪽방촌의 사적 복지 체계를 보여 주는 것이다. 누구와는 달리 이곳에서 쉬이 떠나지 않을, 오래도록 서로 같은 동네에 머물러 왔던 당사자인 '사람'에 대한 강조였다.* 소위 '평등한 자들의 공동체(김현, 2015)'를 부각한 것이다. 특히 이 주제에 대한 보도는 혹서기, 혹한기와 같은 특정 시기와는 무관하게 이루어져 왔다는 점에서 앞의 주제와는 대조적이었다.

쪽방촌에서는 이웃 총각이 '종종 할머니의 쪽방에 들러' 빵이나 김치찌개에 넣을 햄을 보내주고, 할머니는 그가 '잘되라고 기도'한다. '아기 기저귀 살 돈이 없어 죽고 싶었던 주민'은 '계란을 팔던 이웃 할머니가 선뜻 내준 3만 원'을 기억한다. '삶 속에서 향기롭게 피어난 이웃'들의 존재는 서로에게 고마움과 미안함을 안긴다. 쪽방촌과 그곳 주민들의 인생이 희극 명사가 되는

---

* 쪽방촌의 종잣돈, 희망을 빌려드려요, 2010.8.5., 사진 없는 사진비평, 친절한 불친절함, 2018.3.5.

이유는 부자가 아닌 옆집의 이웃들이 희망이 되어 주기 때문이다. 가족이 없이 혼자였던 '절망형 은둔자'들은 그 상태로 머무르지 않고, 빈곤한 주변 이웃의 '사회적 지지'를 통해 가족을 형성하며 그 처지를 이겨내고 있었다. 심지어 '장례식'을 통해, 나아가 추모와 기억을 통해 이웃의 죽음 이후까지 함께한다. 부정적이고 파괴적인 삶의 도전과 역경을 견디는 능력인 레질리언스 resilience가 쪽방촌에서 만들어지고 있었던 것이다.[*]

다만 이 모습은 한국 사회의 근현대사의 각종 문학 작품이나 영화에서 가난을 소박한 정서로 낭만화해 온 모습, 곤궁한 환경에서도 희망을 잃지 않고 씩씩하게 살아가는 모습의 재현과 크게 다르지 않았다. 그곳이 안락한 울타리라기보다는 힘든 현실을 안겨 주는 고통의 근원지더라도 마치 진흙에서도 서로가 자양분이 되어 꽃은 피어난다는 식의 스토리텔링이다.

주민 저항을 통한 동네의 개선

그러나 쪽방촌 이웃들의 관계는 단순히 개인 간의 순박한 유대를 넘어 주민들의 '정치 세력화', 다시 말해 해당 지역에 뿌리내린 사람들이 '빈곤과 차별'의 문제에 '주민 자치'와 '협동'이라는 힘을 통해 적극적으로 '저항'하면서 '직접 더 살기 좋은 동네

* 서울 돈의동 쪽방촌 '이웃사촌 장례식', 2016. 2. 23.

로 만드는 것'으로 이어지려는 움직임으로 나아갔다.* 그들이야 말로 '구의회가 무엇을 하는 곳인지는 모르지만' 정책의 허점, 곧 '정크 푸드와 라면만 먹고서는 불가능한 생활'이라든지 '열악한 의료 실태', '사회관계망에서의 고립과 소외'를 구체적인 현실로 살아가고 있는 '사회권 부재의 결과물'이자 누구보다도 문제를 제대로 체감하는 사람들이었기 때문이다.** 결국 그것은 '밑바닥 인생'인 주민들의 입장에서는 '주검이 되어 실려 나가지 않기 위한' 불가피한 몸부림이라고 할 수 있는데, 보도는 '아래로부터의 사회 정책을 제안할 수 있는' 당사자들의 조직적 노력으로 이를 부각하고 있었다.

동자동 쪽방촌의 '마이크로크레디트 조합'은 수년간 반복 보도될 만큼 단연 주목받는 사례였다. 2010년, 주민들의 '열띤 토론' 끝에 가난한 당사자들이 십시일반 '종잣돈'을 모아 돈이 없어 힘들 때 '서로 돕자'는 취지가 구현된 것이었다. 외부인들은, 그리고 은행은 이들을 '돈을 갚을 능력도 의지도 없는 사람'으로 취급해 한 푼의 돈도 빌려주지 않았다. 이에 그들은 스스로 '문턱 낮고 든든한 은행'을 설립하고 가입해 출자금을 매달 납입하는 방식을 취했으며, '모꼬지'를 통해 주변의 성공 사례들을 배우며 공동체 의식을 싹 틔우는 방식으로 대응했다. 나아가 주민

---

* '방과 방 잇는 다리 되게', 쪽방 주민들 신문 만든다, 2011. 1. 20., 쪽방촌에 문턱 낮은 '은행' 열었어요, 2011. 3. 22., 쪽방촌 '희망은행' 29개월…100% 주민 자치 당당합니다', 2013. 8. 18.
** '건강할 권리'를 새 헌법에, 시민이 외치다, 2017. 11. 15.

들은 쪽방과 쪽방을 잇는 '쪽방신문'을 만들어 '쪽방에서 겨울나기'와 같은 기사를 통해 생존의 지혜, 예컨대 '온수가 나와 샤워와 세탁이 가능한 지원센터 등을 미리 알아 둬라', '물을 끓여 방의 온도를 지켜라' 등의 구체적 정보를 공유하기도 했다. 이후에도 주민들은 '자신들의 제안과 참여로 쪽방촌 공동 주방을 개소'함으로써, 취사 시설이 별도로 없었던 쪽방 구조에서 그들의 숙원이었던 부엌을 마련하기도 했다. 이들은 명칭, 활용 방안, 운영 방식 등을 주체적으로 정하면서 음식을 나누고 공간을 발전시켜 나갔다.

스스로 움직이는 쪽방촌 주민의 탄생

주민들의 이 모든 노력에는 '가난한 사람들의 목소리'와 '주민이 스스로 뛰는 것'을 강조하는 시민 사회 단체의 역할이 매우크게 작용했다. '자신을 말하지만, 거부와 무관심 속에 흘려지는 이야기들'의 보도는, 결국 '사회에 의해 포용이 되어야 하는', 그러나 '사회가 새긴 정신적 외상을 감내하는 사람들'을 더 이상 '그림자와 같은 비존재'로 여기지 말 것을 촉구하고 있었다. 보도에서 나타난 쪽방촌 주민들은 비록 '가난으로 불안한 삶'이지만 '위험해서 피해야 하는 존재'도, '두려움이 이는 존재'도, '이상 행동을 보이는 사회적 낙오자'도, '지역 슬럼화의 우려 대상'

도 아닌, 자신들도 여느 사람들과 똑같은 존엄한 사람이라는 점을 거듭 말하고 있었다. 보도는 쪽방촌의 주민들을 문제를 직시하고 사유하는 존재, 이성적 존재로 그려 내고 있었는데, 그것은 '해결책을 도모할 수 있는 구성원들'이라고 믿고 있었기 때문이다.* 이로써 「한겨레」의 '복지사각지대담론'의 구체적 묘사는 주민들의 고통에 대해 '사람들의 일회성 동정적 기부와 봉사'보다는 사회의 구체적 변화를 추동하는 '사람들의 지속적 분노와 연대'를 도출해 내기 위함이었다는 의도가 드러나게 된다.

요약하면 「한겨레」의 담론적 실천에서도 '구원담론'은 빈번히 나타나고 있었으나, 보도의 시기가 계속 겹치면서 '복지사각지대담론'의 압도적인 힘을 잠재우지 못하는 것으로 해석되었다. 그것은 쪽방촌의 미완성된 구원을 보여 주는 것이자, 더 나아가 외부에서 유입되는 기업의 사회 공헌과 종교적 구제, 즉 복지만능주의로는 이곳이 염원하는 떳떳한 구원이 완성될 수 없음을 암시하는 것이었다. 이때 「한겨레」는 당사자들이 원하는 것이 들렀다가 떠나는 도움이 아닌 끈질기게 함께하는 '사람'이라는 점을 감지하고서 쪽방촌 주민들이 보유한 내부적 관계성에 주목했다. 그리고 비인간적인 공간에서 자신들이 처한 문제를 집단적으로 해결해가고자 하는 인간의 의지와 행동력을 보도했다.

이는 쪽방촌의 온기가 외부에서 이식되는 것이 아니라, 철저한 독백의 고통 속에서 그들이 함께 움직여 자력으로 피워 낸 결

---

* 절망 빠진 김씨를 구한 건 쪽방촌 '사랑방'이었다, 2012. 8. 30.

과임을 말하고 있었다. 이를 이른바 '자조담론'으로 명명할 수 있겠다. 이에 따르면 관심과 도움으로 포장된 외부인은 쪽방촌 주민들에게 '사람'으로서의 위치를 갖지 못한다. 그것은 자신들을 동등한 사람으로 여기지 않는 것에 대한 온전한 거부였다.

의존하는 쪽방촌과 자립적 쪽방촌

쪽방촌을 다루는 「조선일보」 보도의 출발점은 「한겨레」에 비해 십수 년 이상 늦었다. 「한겨레」의 지속적인 문제 제기에도 불구하고 쪽방촌을 보도하지 않은 「조선일보」의 의도는 담론적 실천에 의하면 무관심이나 방치라기보다는, 해당 공간의 문제가 분명히 존재하기는 하나 각종 복지의 제공으로 충분히 해결될 수 있으며 해결되어 왔다고 간주했기 때문이라고 유추할 수 있다. 이질적이었던 쪽방촌 공간이 사람들의 수혜에 힘입어 '정상화'되고 있음을 오랜 침묵 끝에 뒤늦게나마 언급함으로써, 「조선일보」는 「한겨레」에서 부정되어 왔던, 공간의 변화를 위해 애써 온 외부의 지원 주체들의 치적을 기릴 수 있었다. 다만 쪽방촌 보도였으나 정작 스포트라이트를 받은 것은 역설적이게도 주민이 아닌 주민의 자극적 고통 이미지, 그리고 그 고통을 경감시키기 위해 개입하는 소위 부유한 사회적 강자들이었다. 정상화의 논리 속에서 주민들이 가진 대부분의 목소리와 행동은 소거되었고, 오로지 고통스러운 절규와 도움에 굽신거리며 고마워하는 만족의 목소리만 살아남고 말았다.

반면, 정상화의 논리를 거부하는 「한겨레」의 보도에서 외부의 지원 주체들은 기본적으로 진정성이 없는, 혹여 있더라도 주민들에게 별 도움이 되지 않는 존재로 그려졌다. 꾸준하게 그곳에서 자리를 지키며 주민들과 함께하는 종교 기관이나 사회복지 기관이 존재함에도 굳이 시민운동 단체를 부각하고 있었다. 그리고 전자는 시혜적인 것, 후자는 주민의 눈높이에서 함께 하는 것이라는 방식으로 보도를 재생산함으로써 클리엔테스(피보호민)와 파트로네스(보호자)라는 허위적 공생 관계를 깨고, 그 사이를 적대적으로 그려 내고 있었다.

여기서 마침내 쪽방촌 보도의 담론적 실천을 통해 디스토피아로서의 쪽방촌에 대한 개입을 둘러싸고 해결 방식의 주도권을 잡기 위해 보도를 재생산하고 팽팽한 경합을 하는 두 주체가 드러났다. 바로 국가, 기업, 종교 등 다양한 주체의 복지 네트워크를 활용하는 '사회복지 단체'와 주민의 자구력을 토대로 한 반反빈곤적 네트워크에 초점을 맞추는 '시민운동 단체'였다. 그리고 적어도 시민운동 진영의 우군인 「한겨레」와 비교했을 때에는 사회복지 진영도 보수적인 진영에 속하고 있었다.

3. 사회적 실천: 빈곤의 낭만화VS탈식민화

비판적 담론 분석의 세 번째 단계인 사회적 실천은 특정한 텍스트와 담론의 활동이 가능하도록 하는 사회적 전제 조건으로서의 이데올로기를 간파하고 그것의 전파 및 실천에 집중하는 분석이다. 이 단계에서는 서로 다른 시각 및 입장을 가지고 구조화되는 담론의 질서에 어떠한 헤게모니가 내재하며 그것이 어떻게 작동하는지를 검토해 낸다. 사회적 실천은 담론과 구조가 어떻게 연결되는지에 관심을 가지기 때문에, 그 연결 과정에 작용하는 이념과 권력에 주목하며 헤게모니의 지형을 파악하는 방식을 취하게 된다.

쪽방촌 보도의 밑바탕에서 주시해야 할 바는 '쪽방촌의 철거' 및 '쪽방의 계속되는 멸실', 그리고 '주민들이 쪽방(촌)에서 추방되는 사회적 현실'이다. 재개발과 재건축, 도시재생, 젠트리피케이션 등의 이름으로 빈곤층 주거지가 끊임없이 철거, 파괴되는 상황이 보도를 관통하고 있다. 쪽방은 통상적으로 주택 이외의 거처인 비非주택에 속하며, 점유의 법적 안정성, 주거비의 부담 가능성, 최저기준 확보와 같은 국제 사회 규범에 미달하는 비적정 주거에 해당한다. 이러한 사실을 고려하면 쪽방은 인간이 인간답게 살 수 있는 물리적 조건에 부합하지 않는다. 쪽방(촌)이 지닌 각종 열악함은 두 언론 모두의 텍스트적 실천에서 확인이 가능한 내용이었다. 디스토피아로 비유되는 이 공간은 궁극적으로는 극복되어야 할 것이며, 국민의 세금으로 쪽방촌의 제도적 빈민들에게 지급되는 주거급여가 일부 부유한 사람들의 안정적 수입의 확보로 이어지는 상황 또한 적극적 변화를 위한 모색이 요구된다.

그러나 문제는 그렇게 간단하지 않다. 최근 통계청의 인구주택총조사에 따르면 비주택에 거주하는 사람이 2015년 기준 39만 가구에 달하는데, 쪽방은 그중에서도 단독 가구가 거주할 수 있는 가장 열악한 형태의 주거지로 분류된다. 때문에 쪽방이 감소할 경우 매년 주거급여의 점진적 상승에도 불구하고 판잣집, 비닐하우스, 고시원 등 다른 비주택으로 들어갈 여력이 없는 사람들은 멸실된 만큼 증가하는 임대료로 주변의 다른 쪽방을 찾아야 한다. 그렇지 못하면 자칫 거리로 내몰릴 수밖에 없게 된다. 얼핏 존엄하게 살 수 없는 공간의 취약성을 극복하는 것과 쪽방의 철거는 논리적으로는 유사해 보인다. 그러나 결과적으로는 엄연히 상이한 개념이다. 디스토피아를 해결하기 위한 두 진영의 담론적 실천을 한국 사회에서 감지되는 쪽방의 감소 추세와 연결지어 다시 한 번 검토해야 하는 이유다.

쪽방촌에서의 '구원'

「조선일보」로 표상되는 사회복지 진영의 쪽방촌 보도 전략을 들여다보면 하향식top-down의 온정적, 가부장적, 발전주의적 태도가 전제되어 있다. 2018년, 해당 언론이 뒤늦게 문을 두드린 쪽방촌은 죽음의 냄새가 풍기는 곳이었으나 구원담론에서 언급하듯 이미 십수 년간 기업, 사회복지 기관, 종교 기관 등이 각자의 역할들로 개입해 온 복지다원주의적 접근을 통해 사각지대의 문제가 자연스레 치료되는 과정으로 그려졌다. 나아가 정부의 꾸준한 공공임대주택 제공 정책으로 인해 주민들이 주거의 상향을 이루면서 순조롭게 사라지리라 예측되는 공간이었다. 즉 존엄하게 살 수 없는 공간의 취약성이 극복되는 과정으로 표현되고 있는 것이었다.

쪽방촌 주민들은 사람들의 봉사에 '감사하면서도', 추후 이주하게 될 일반적인 공간에서 일반적인 삶을 영위해 가기 위해서는 '무조건적 지원'에서 벗어나 '자립이 요구'되고 있다. 설령 이주까지는 도움이 이루어지더라도, 그 이후부터 집은 자력으로 지켜 내고 유지해야 하는 홀로서기의 공간이라는 개념이 한국 사회 저변에 깊숙이 깔려 있기 때문이다. 물론 보도된 주민들 역시 더 어려운 이웃을 위해 '볼펜 조립'과 '폐지 수집'으로 힘들게 번 돈을 모아 10년째 백수십만 원을 사랑의열매에 기부하는 등, 단순히 '도움을 받기만 해서는 안 된다'는 의식을 가진 사람들로 나타난다.*

'병폐에 찌들었던 공간은 사람들의 따뜻한 관심으로 1차적으

* 가진 것 없어도…나보다 어려운 사람 도와 행복, 2018. 1. 24.

로 치유되고, 그 관심에 부응하는 주민들의 재활에의 노력으로 끝내 사회에 통합될 것이다.' 이 생각에는 사회를 바라보는 기능주의적 관점, 곧 사람들 사이의 조화로움과 빈부의 화해가 전제되어 있다. 그리고 쪽방촌은 불쌍한 사람들이 모여서 살기 때문에 눈에 띄는 곳, 사람들의 도움과 주민들의 자립이 동시에 필요한 곳, 그들이 성공적으로 자립해 임대주택에 이주하기 전까지 머물며 준비되는 곳으로 그려지면서 점차 그 존재감이 축소되어 간다. 여기에서 쪽방촌의 발전이란 곧 쪽방촌의 소멸을 의미한다. 그래서 비루한 도시빈민들을 성공적으로 구원하는 것은 살풍경한 쪽방촌이 아니라, '멀지만 가까운 곳에 위치한' 아파트이자 그 안의 안정되고 풍요로운 삶으로의 편입으로 묘사된다. 이에 근거하여 쪽방촌은 궁핍한 현실에도 불구하고 근래에 삶이 더 나아질 것이라고 희망하는 공간으로 그려지고 있었다.

「조선일보」의 보도에서 쪽방촌 문제의 해결은 해당 공간을 긍휼히 여기는 외부의 발걸음과 손길을 통해 이곳을 치유하는 방식을 취하며, 그로써 주민들의 고통은 어느덧 희망으로 승화되어간다. 쪽방촌의 빈곤은 조만간 사라질 테고, 이후 주민들의 삶은 좋아지리라는 믿음 아래에서 현재의 빈곤으로 인한 고통은 억압된 채 '잠시 견딜 만한 것'으로 철저히 낭만화되고 있었다. 단, 여기서의 낭만은 언제까지나 사회의 질서가 요구하는 정형화된 낭만으로서, 당사자들이 자립을 위해 노력할 경우만 제대로 누릴 수 있는 한정적 개념으로 그려진다.

빈부 격차는 빈민의 자립을 돕는 비빈민의 노력으로 해소되는가?

반면 「한겨레」의 보도는 상향식bottom-up의 변화인 주민들의 역량 강화를 지향하고 있었는데, 기존의 시혜적인 하향식 개입을 일종의 '쪽방촌의 식민지화'로 여기고 주민들이 그에 대해 분노한다고 여기고 있었기 때문이다. 유입된 외부의 주체들은 주민들을 돕고 돌보는 듯하지만 정작 주민의 인간성과 존엄성을 심각하게 훼손한다.[*] 주민들은 하나라도 더 얻어 내기 위해서 누군가의 도움에 늘 '굽신거리고' '고마워하는 반응을 보여야만' 한다. 정치인이든, 기업이든, 종교인이든, 사회복지 기관이든, 그들의 '민생 행보'는 대부분 '기념사진'으로 남겨진다. 빈곤의 공간에 근본적인 변화는 없고, 그 주체가 누구인지와 무관하게 그곳에는 줄곧 생필품의 나눔만 있다. 그것도 대다수가 일회성 나눔이다. 「한겨레」에서는 이를 두고 '성탄절처럼만 했으면'[**] 하고 비판한 바 있다. 성탄절처럼만 했으면 하는 것은 사람들의 지속적인 관심과 모니터링이지, 그들이 관심을 표출하는 현 방식의 기계적 반복은 아닌 것으로 파악된다. 진정으로 쪽방촌에 꾸준한 관심을 지니고 있다면 분명히 사회 공헌, 민생 행보, 구제라는 명분 아래 자신들의 실적을 드러내거나 이미지 만들기를

---

[*] 노숙인 꾀어 돈벌이하는 요양병원, 2014. 6. 26.
[**] 2010. 12. 23.

시도하는 현재의 간헐적 일회성 봉사와는 결이 다른 방식을 취하리라고 본 것이다.

온정적 복지만능주의로 비인간적 디스토피아를 구원하겠다던 이 모든 사람들이 휩쓸고 지나간 자리에 여전히 주민은 소외되어 있다. 퍼주기식 복지를 자행하면서 자립을 요구하는 모순도 여전하다. 그러나 보도 그 어디에도 이 가난한 공간에 정말 필요한 실효성 있는 국가적 정책은 부재하다. 매일 성탄절처럼만 했으면 하는 보도의 일침은 사람들이 이러한 뒷모습 또한 직시할 수 있게 되기를 촉구하는 것이었다. 예컨대 취약 계층 진료에 발생한 적자에 대해 대한적십자사와 국가는 무관심하며, 간병인이나 간호사도 정작 필요할 때에는 방문하지 않는 공간이라는 점 말이다.[*]

주민들의 상호적 챙김이 주축이 되는 상향식의 행보는 바로 쪽방촌의 뒷모습에서부터 출발한 '탈식민화에의 노력'이었다고 할 수 있다. 그들의 정치 세력화는 자신들을 게으르거나 불쌍하게 여기는 사람들의 막연한 태도와 그것에 토대를 둔 각종 시혜적 도움으로부터의 해방, 나아가 인간답게 살기 위한 투사적 독립운동으로 그려지고 있었다. '빈부의 격차는 빈민의 자립을 전제로 한 비빈민의 관용과 같은 자발적 노력으로 충분히 해결된다'는 생각에 반기를 드는 것이었다. 사실 그런 생각이야말로 빈

_____

[*] 적자 이유로 불꺼진 대구적십자병원/'공공병원 문닫으면 우린 어쩌나'/저소득층·이주노동자들 신음, 2010. 2. 26., '폭염찜통' 쪽방촌, 사선에 선 독거노인, 2010. 8. 22.

민을 철저하게 대상화하는 것이기 때문이다.

쪽방촌을 탐식하는 주체를 직시하라

나아가 「한겨레」는 쪽방촌 공간을 둘러싼 권력의 기만성을 폭로하는 방식으로 주민들의 탈식민화 노력이 발현되는 더 커다란 사회 구조적 조건을 탐사하고 있었다. 쪽방촌이 '고위 관료의 투기에 놀아나는 공간'*이며, '재개발의 칼바람이 불어닥치는 공간'**임을 수차례 언급한 것이다. 그것은 '도움을 주고받는 곳'이라는 따스한 구원담론에서는 철두철미하게 가려진 냉혹하고도 부조리한 현실이다. 쪽방촌은 장관 후보자, 정치인을 비롯한 부유한 사람들의 안정적 수익을 위한 투기에 이용당하는 곳이었고, 재개발로 사람들이 무작정 쫓겨날 위기에 처해 있어 '생활 터전의 상실이 임박한 상황'이 곳곳에 난무한 공간이었다.

쪽방촌에 거주한다는 것은 사회 경제적 측면에서 이미 내려올 대로 내려온 밑바닥의 삶을 의미했다.*** 무보증금에 20만 원 남짓으로는 여타의 동네에서 웬만한 방을 구할 수 없기 때문이다.

* '장관 부적격자'로 확인된 이OO 후보자, 2010. 8. 20., 환경미화원의 '씻을 권리'와 정치, 2010. 8. 29.

** 이사비 몇 푼에…떠도는 쪽방 사람들, 2010. 10. 19., 철거에 쫓겨 옆동네 쪽방으로…10년 만에 35%가 숨졌다, 2015. 6. 4., 용산참사 6년…우리는 아직도 집에서 쫓겨난다, 2015. 7. 3., 노숙인뿐 아니라 고시원·쪽방 거주자도 홈리스, 2018. 5. 23., 대구 신암동 재건축 현장서 쪽방주민 100명 쫓겨나, 2019. 10. 28.

*** '희망'을 위해 들춰낸 무거운 현실, 2010. 12. 3.

빈곤함으로 인해 이미 다른 동네에서 쫓겨나고 쫓겨나서 최후의 보루에 내몰린 사람들이 모여 있는 쪽방촌에서조차 추방되는 연쇄적 상황이 오늘날에도 계속 발생하고 있다.* 「조선일보」에서는 결코 확인할 수 없는 부분이다. 「한겨레」는 깔끔하게 정돈된 도시는 결국 그들을 쫓아내고 공간을 없앤다고 보았다.** 당국의 재개발 정책은 빈민들에게 가장 큰 불이익을 주는데, 공간경제적 관점에서 볼 때 빈민들의 일자리가 도매시장과 같은 도심에 주로 분포되어 있어 도심과의 접근성이 매우 중요한 의미를 가지는 반면, 당국은 빈민들을 자꾸 도시의 외곽으로 내몰기 때문이다. 그러나 그마저도 근로 능력이 없는 빈민들이 주로 모인 곳이라면, 그들이야말로 값비싼 도심에 터가 있어야 할 필요가 더욱 없다고 판단될 것이므로 철거와 재개발에 설득력을 부여하는 꼴이 된다.

이토록 쪽방촌이 비자발적으로 없어지는 암울한 위기를 관통하면서 사유하면, 무고한 주민들이 비극을 막기 위해 주거권을 지키는 필사적 정치 세력화를 진행해야만 하는 필연성이 더욱 확고해진다. 그리고 이때 등장하는 독특한 집단적 투쟁 주체와 대응 방식의 동력은 3장의 담론 분석에서 확인되었던 도시빈민의 동질적인 공동체적 일상 문화였다.

---

* 유엔 해비타트 3차 총회가 남긴 과제, 2016.10.24.
** 점점 더 좁아지는 '한뼘 쪽방', 2011.6.2.

쪽방촌 주민들의 주거권과 외부 봉사자의 관계

쪽방촌 동네 자체는 인간이 살 만한 곳으로 만들어 두지 않고 제대로 관리되지도 않으며 방치되면서도 보이지 않는 1차적 포식자인 부자들의 현재 및 향후의 안정적 수입을 위한 식민지이자 투기처였다. 외부에서 관심을 가지며 돕는다는 기업, 단체, 사람들 가운데 다수는 실상 자신들의 공로와 치적을 기릴 뿐, 주민들이 당면하는 생존의 문제이자 실질적 문제인 쪽방촌의 철거나 재개발 문제에는 별로 관심을 표명하지 않는다. 그러한 태도는 이들이야말로 주민들의 눈에 보이는 2차적 식민 지배의 주체임을 표시하는 증거가 된다. 이는 권력은 하나의 중심을 갖지 않고 사회 속에서 유통되는 사슬과 그물망을 통해 편재遍在한다는 푸코의 지적과 연관된다.

철거 및 추방과 관련된 주거권의 문제와 외부에서 유입되는 각종 유형의 봉사자들이 함께 엮여 있는 텍스트의 전반적인 부재. 이야말로 쪽방촌 공간의 존폐와 무관하게 그것이 간헐적으로 찾아오는 봉사자들과 관련된 문제라거나 그들이 고민할 문제가 아니라고 여겨지고 있음을 역설적으로 보여 준다. 그것은 미디어가 소위 문명 사회의 봉사자들에게 연민에 기반을 둔 그들의 행위가 자칫 엘리트주의, 교양주의, 우월 의식과 같은 스노비즘snobbism의 발로로서 식민적, 폭력적이 될 수도 있다는 가능성을 일축시켜 주는, 일종의 '면죄부'를 주는 행위다. 따라서 지금 이 동네에서 살고 싶고, 자신들을 쫓아내지 말라고 외치는 세입자들의 항의는 「조선일보」에서 보도의 대상이 아니며, 따라서 등장하지 않는다. 그렇게 '식민지적 침묵'은 '세입자들의 목소리 소거'와 '철거 이슈에 대한 보도의 침묵'이라는 두 가지 형태로 나타났다.

사람들이, 그리고 보도가 이 문제에 그토록 무관심하고 침묵한다는 것은 「한겨레」 보도의 존재와 대조했을 때, 곧 인간은 자신의 이익에 반하거나 관심사를 사회적으로 확장하면서까지 빈민을 세밀하게 환대하는 데에는 다다르지 못한다는 결론으로 풀이된다. 그 사실만으로도 「한겨레」는 「조선일보」에서 제시하는 복지와 환대의 추상성과 허구성을 신랄하게 꼬집고 있다. 「조선일보」의 보도 부재가 역설적으로 '면죄부의 자충수', 곧 침묵을 가장하더라도 숨길 수 없는 식민 지배의 번역물임을 「한겨레」는 보도로써 지적하고 있었다. 원활한 재개발을 위해서는 외부의 돕는 사람들로 하여금 음식과 생필품의 제공을 넘어서는 인식의 확장이 성공적으로 차단되어야 한다. 그렇게 주민들의 즉각적인 필요만 채우는 구제는 끝내 주거권의 문제에 닿지 못함으로써, 공간 인식의 무지로 철거에 암묵적으로 동의하며 재개발에 동조하는 세력과 제휴하며 공생한다. 의도하지 않았더라도 그것은 환대를 가장한 혐오일 수 있다.

국가의 이중적 역할

흥미롭게도 「한겨레」에서 보도 초기 디스토피아의 빈곤포르노로 표상되었던 텍스트로서의 쪽방촌은, 암묵적으로 공모하는 건물주와 외부인들로부터 탈식민화를 추구하는 생존 공간으로서의 사회적 의미를 획득하면서 오히려 인간적인 모습을 껴입으며 긍정되는 방향으로 선회한다. '쪽방촌 발전의 완성'이란 '소멸'에 도달하지 않은 채 각종 문제를 껴안고 또 해결하며 살아가는 주민들이 그곳으로부터 추방되지 않는 것으로 해석되었기 때문이다.[*] 더는 쫓겨날 수 없는 사람들의 거주지는 홀로 사는 가난한 사람들이 모여 있는 쪽방촌으로 누구에게는 작아도 누구에게는 소중한 보금자리이며, 노숙인들이 겨울철 추위를 피해 부대낀 몸을 누일 수 있는 유일한 안식처이자 피난처다.[**]

나아가 절망한 사람들을 구하는 것은 지역 공동체다. '아무리 좁아터졌어도 쪽방이 관은 아니라는 점', '내일의 삶이 태어나는 곳', '천국과도 같은 2.5평' 등의 텍스트는 추방과 철거의 현상이 배제된 채로 읽으면 쪽방촌이 그저 큰 낙폭의 희로애락이 공존하는 공간으로 보일 수도 있다. 또한 얼핏 「조선일보」에서 견지한 구원담론이 쪽방촌의 고통을 잠재웠다는 점에서 일단은 성공적이었다고 말하는 논거로 쓰이거나, 나아가 주민들의 성공적

---

[*] 팽이부리말 공동체 살리는 재개발 실험, 2011. 11. 14.
[**] 등 배기는 만화방 의자에 자보면 2.5평 쪽방은 천국, 2018. 11. 12.

적응과 건강성을 강조하면서 신자유주의적 처방인 국가적 개입의 축소를 지지하는 듯 보일 수도 있다.

그러나 탈식민화의 궁극적 목표는 외부 세력의 간헐적 도움도, 오로지 주민들의 인간성에 철저히 기대는 신자유주의도 아닌 그 모든 것으로부터 해방된, 체감되는 국가적 개입의 적극적 실행이다. 그것은 그저 죽지 않을 만큼 베푸는 복지를 넘어서, 가난한 주민들이 개발의 위협에서 벗어나 충분히 인간다운 삶을 살아갈 수 있는 반反빈곤으로 수렴된다. 「한겨레」의 보도는 복지란 '생존의 보장과 생활의 향상을 위해 국가에 요구할 수 있는 당당한 권리'임을 천명하며 그리되어야 한다고 말한다.*

여기서 흥미로운 부분은 이중적 시각의 병존이다. 국가는 탈식민화의 개념에 있어 사회적 의미를 지니게 된 쪽방촌에서 빈곤한 사람들이 자력으로 만들어 내는 공동체에는 간섭하지 않고 지지하되, 그것이 가능해지기 위해 주민들이 삶터에서 추방당하지 않도록 막으라고 한다. 그러나 텍스트적 실천에서 언급된 디스토피아의 고통스러운 주거 공간에 대해서는 국가가 제도적 장치를 통해 엄연히 조치하는 안정적 안전망으로서 기능해야 한다고 본다. 이는 쪽방촌 이웃끼리의 도움이라든지 쪽방촌 공간의 역할에 대한 긍정이 곧 국가의 책임을 면책하는 논리로 이용될 수는 없다고 보기 때문이다.**

* 복지 혜택조차 양극화…'사회권'의 위기, 2010. 7. 25.
** 할머니의 4만8000원, 2010. 2. 24.

즉 「한겨레」의 텍스트적 실천에서 등장했던 디스토피아 보도는 결국 국가 책임을 요구하기 위한 무대 장치다. 쪽방촌의 현존은 제대로 된 국가가 아니며 국민에 대한 예의가 아니라는 「한겨레」 보도의 내용[*]이 이를 방증한다. 오랫동안 거주해 온 사람들이 만들어 낸 강인함과 이웃을 매개로 하는 사회적 관계망은 긍정하고 현상 유지하되, 빈곤하더라도 안정적으로 살 수 있도록 거주 환경의 빈곤과 불안정성을 해소해야 한다는 입장이 표현되는 것이다. 이 입장은 인간의 탈빈곤과 자립 개념의 허구를 짚고 있음을 확인할 수 있다. 세력화되는 주민들은 정작 주거의 개선을 원하면서도 곧바로 이어지는 현실적인 임대료 상승과 추방을 우려한다.[**] 탈빈곤되어야 할 바가 인간이 아니라 거주 환경이라는 인식이 돋보인다. 주민들이 지켜 내려고 하는 쪽방촌이라는 공간은 철학자 자크 랑시에르Jarque Ranciere가 언급했던 '몫 없는 자들의 몫'이자 자신들이 살고 있는 자본주의 체제의 존재를 인정하면서도 동시에 그 작동 방식을 거부하고 이를 넘어서려는 일상적 삶의 방식이다. 말하자면 쪽방촌은 체제 속 레지스탕스의 장소다.

[*] 2010. 2. 24.
[**] 5㎡ 쪽방이지만…사람 살 만한 공간으로 되살리다. 2013. 10. 6.

빈곤의 낭만화가 만들어 낼 위험

종합해보면, 먼저 「조선일보」의 경우에는 쪽방촌 보도가 계속 부재하다가 2018년에 들어서야 뒤늦게 보도가 시작되었으며, 2년간 총 41건이 보도되었다. 텍스트에서 쪽방촌은 인간이 살 수 없는 악조건의 총집합인 디스토피아로 그려졌으나, 국가와 지자체 및 외부에서 방문하는 수많은 사람, 기업, 사회복지 기관, 종교 기관(통칭 사회복지 진영)의 관심과 온정, 치료로 인해 뒤틀린 죽음의 공간에서 고통받아 온 주민들이 보호를 받는 구원담론이 확인되었다. 그렇기에 빈곤의 고통을 끊어내기 위한 사회적 처방은 자연스럽게 주민들의 고통을 자아내는 쪽방촌 공간의 소멸과 임대아파트 이주로 연결되고 있었다. 이러한 복지 다원주의에 입각한 보도에서는 가까운 미래에 마치 그것이 이루어질 것처럼 간주되면서 현재의 빈곤과 그 고통이 경감되고 낭만화되는 경향이 나타났다.

반면 「한겨레」에서 다룬 쪽방촌은 2010년부터 2019년까지 10년간 총 260건이 보도되어, 보도의 기간과 보도량 모두에서 우위를 차지하고 있었다. 「한겨레」의 보도에서도 쪽방촌은 인간의 실존을 위협하는 디스토피아로 묘사되었으나, 이후 그곳 주민들의 삶을 고통으로 치환시키던 경향에서 벗어나면서부터 차이를 드러내기 시작했다. 여기에도 고통을 구원하기 위한 외부인들의 각종 노력이 등장하나, 디스토피아적 텍스트는 쉬이 꺼

지지 않았다. 소위 사회복지 진영의 노력에도 불구하고 여전히 변하지 않는 텍스트를 통해 고통은 단지 빈곤한 쪽방촌에서만 나오는 것이 아니라, 쪽방촌을 그저 주민들의 고통을 잉태하는 공간으로만 해석하고 그로부터 남발된 온갖 동정적 실천 때문에 빚어진다는 비판이 강조되었다. 따라서 문제 해결에 있어 외부에서 이식된 구원이 아닌, 쪽방촌 내부에서 주민들이 보유하고 있는 이웃 관계와 강인함에 초점을 둔 시민 사회 진영의 자조 담론이 확인되었다. 그것은 보도 초기부터 디스토피아로 그려진 쪽방촌의 고통에서 외부의 식민적 실천이 제외되었을 때, 비로소 쪽방촌이 주민들에게 의미하는 바, 곧 순기능을 드러낸 추후의 보도들로부터 파악할 수 있다.

쪽방촌 건물을 방임하는 건물주들과 고통과 죽음의 문제를 오로지 의식주의 기본 욕구하고만 엮는 봉사자들의 식민 지배, 여기서 벗어나기 위한 이곳 주민들의 끈질긴 저력과 문제 제기는 궁극적으로 주거권에 대한 국가적 책임의 요구에 닿는다. 쪽방촌으로부터 주민들이 추방되는 상황들이 발발하고 반복되기 때문이다. 빈곤한 내부 구성원들이 엄연히 오랫동안 만들어놓은 동네가 끝내 재개발의 압력으로 허물어지지 않도록 막고, 쪽방촌 공간의 낙후 문제를 해결함에 있어 비현실적인 임대아파트 입주보다는 쌓아둔 내부의 집단적 유대가 유지되는 방향을 제시한 것이다. 이를 통해 쪽방촌의 소멸과 철거가 곧바로 주민들의 삶의 향상으로 직결된다고 보는 빈곤의 낭만화가 얼마나 순진하고 위험한지를 보도는 드러내고 있었다. 그리고 탈식민화 노력의 결과인 해방은 부디 주민들이 안정적으로 살아갈 수 있는 쪽방촌에서 이루어져야 한다는 논리가 피력되었다.

누락과 보도의 접근법

흥미로운 점은, 빈곤의 공간인 쪽방촌에 대한 보도에 있어 사회적 권력의 치열한 경합이 충분한 보도량 하에서 보도 내용의 차이로 나타날 것이라고 예상했던 필자의 추측이 빗나간 부분이다. 막상 보니 애초에 보도량 자체에서부터 격차가 매우 컸기 때문이다. 즉 경합은 근원적으로는 '누락'과 '보도됨' 그 자체의 씨름이었다. 빈곤의 공간을 지우려는 노력과 지키려는 노력 사이의 경쟁이었던 셈이다.

처음 빈곤포르노로 촉발된 경쟁은 구체적으로는 복지 대 반빈곤, 건물주와 봉사자 대 세입자 주민, 외부의 복지다원주의 대 내부의 역량 강화 실천, 시혜 대 연대, 사회복지 진영 대 시민 사회 진영, 빈곤의 낭만화 대 탈식민화, 구원 대 해방, 기본 욕구 충족 대 주거권 보장, 임대아파트 대 쪽방촌, 쪽방촌 소멸(이주) 대 쪽방촌 보전, 빈곤의 개인 해결론 대 빈곤의 사회 해결론, 더 나은 삶에의 요구(자립) 대 더 나은 환경에의 요구(낙후 해소), 고통 대 강인함, 죽음의 문제 대 철거의 문제 등의 형태로 나타났다. 두 모습은 모두 예외 없이 쪽방촌의 중요한 단면을 보여주며, 그에 따라 현존하는 가난의 무대에서 각각을 강화하는 실천이 실제로 오늘도 치열하게 벌어지고 있다.

10년간의 보도량만으로 측정했을 때, 탈식민주의적으로 읽어낸 쪽방촌은 놀랍게도 그 자체가 이미 압도적인 권력이었다. 한국 사회에서 쪽방촌과 주민 당사자들은 실패의 대명사인 양 치부되어 왔으나 실상 그들은 그렇게 쉽게 부정되거나 규정될 사람들이 아니었다. 진흙 속에서 피는 꽃처럼 주민들은 빈곤 속에서도 자존하는 힘을 키웠고, 자신들을 불쌍하게 여기는 외부의 시혜적 봉사에 분노하며 똑바로 하라고 일침을 가할 만큼 자신들의 인생과 터전, 동네에 대해 일말의 자부심을 지니고 있다.

그들의 태도는 쪽방촌에 대해 혹여 가지고 있었을 대중, 그리고 사회복지 진영의 추상적 편견을 구체적으로 뒤집을 것을 요구한다. 빈곤한 사람들이 만들어 내는 동네라고 해서 위험하거나 무시되거나 동정받아야 할 이유가 없기 때문이다. 오히려 쪽방촌의 개개인은 '정상성'이라는 사회의 허위의식에 갇혀 불필요하게 차별받고 고통받는다. 부끄러우리라고 예상되던 빈민들의 실존은 시도 때도 없이 임박해 오는 죽음 앞에서도 떳떳했고, 철거의 위협 속에서도 주눅 들기만 하지 않고 자신'들'의 공간을 지키기 위해 저항했다. 따라서 그들은 불법이고 불량이며 도시 미관을 해치기 때문에 단속, 정비되고 끝내 근절되어야 할 공간과 사람들이라고 단정될 수 없다. 오히려 그들 또한 도시의 시민임에도 권리 없는 공간과 사람으로 쉽게 진단됨으로써 철거와 추방의 폭력, 공간의 박탈 등 생존권을 보장받지 못하는 상황에 놓인 현실적 위협에 대한 문제의식이 절실하다. 대도시의 주변부 공간인 쪽방촌은 개발 신화의 이면을 드러내는 개발의 어두운 그늘이자, 그마저도 존재를 부정당하고 있는 부조리한 공간이기 때문이다. 무엇보다 부조리한 문제를 안고 있음에도 외면할 수 없는 주민들의 삶의 터전이기 때문이다.

그렇기에 그들이 인간으로서 차별받지 않고 제대로 취급받을 수 있도록 거주 공간의 반빈곤과 관련한 국가의 적극적이고도 세심한 개입은 탈식민주의적 관점으로 보면 부당하지 않은 평범한 요구다. 물론 주민의 입장에 섰다고 하는 시민 사회 진영이 역설적이게도 돕고자 하는 외부의 시민들을 포괄하지 못하는 부분이나 순수한 도움 자체를 아예 불결한 것으로 취급해 진입을 차단할 수 있는 부분은 분명히 인지하고, 인간은 상호 공존한다는 기본 명제에 대해 진지하게 숙고해야 할 것이다.

빈곤의 문제에 대한 탈식민주의적 해석과 인식이 여전히 주류가 되지 못하는 이유는, 앞서 언급했듯 이들 쪽방촌 보도가 맞서야 할 대상이 그보다도 한참 늦게 대두한 낭만화된 보도를 넘어 보도 자체의 누락이기 때문이다. 침묵하고 충분히 재현되지 않는 쪽방촌의 무시된 현실은 그것만으로도 매우 의미심장한 이야기를 전달한다. 수적으로 불충분한 재현은 내용 면에서 불충분한 낭만적 재현과 맞물리며 대중의 인식을 이미 지배하고 있다.

쪽방촌 보도의 경향

「조선일보」		분석 단계	「한겨레」	
▣10년간 보도 총 41건(2010~2019) *「조선일보」는 2018년도부터 쪽방 기사가 존재			▣10년간 보도 총 260건(2010~2019)	
▣대부분의 기사에서 텍스트가 서너 줄			▣다수의 기사에서 스무 줄 이상의 텍스트	
▣진술 체계에서 강조되는 모습: '빈곤으로 인해 고통받는 복지 사각지대'			▣진술 체계에서 강조되는 모습: '빈곤으로 인해 고통받는 복지 사각지대'	
▣비좁은 방 ▣주택이 아닌 창고로 쓰이는 공간	쪽방	텍스트적 실천	쪽방	▣주거 시설이 될 수 없는 비인간적 공간 ▣기사의 개수만큼 부정적 어휘들로 더욱 적나라하게 묘사가 반복된 위태로운 공간
▣서울 도심에 이러한 곳이 있는지 사람들은 잘 모르는 공간 ▣문명과 고립된 공간	쪽방촌		쪽방촌	▣사회권 확충을 위한 일반인의 실험공간 ▣사라져 가는 추억으로 박제되는 서민체험공간, 전시공간
▣애절한 사연을 가진 사람들	쪽방 주민		쪽방 주민	▣비좁고 열악하며 위험한 공간에 노출된 사람들
▣쪽방촌과 주민들은 타력으로 구원되어야 하는 모습으로 등장			▣현대 사회의 부정적 측면이 극대화된 역(逆)유토피아(Dystopia)	

'빈곤포르노'적 연출. 복지 사각지대인 쪽방촌의 문제가 어떻게든 해결되어야 함을 암시

	구원 담론	담론적 실천	자조 담론	
■혹한기, 혹서기, 명절을 중심으로 디스토피아인 쪽방촌에 개입을 시도				■구원담론과 복지사각지대담론을 교차, 밑 빠진 독에 물 붓기
■외부의 구원주체: 기업, 사회복지 기관, 종교 기관, 자원봉사자, 국가				■쪽방촌 내부의 힘: 복지 사각지대 해소를 위한 당사자 주민들의 노력
■방식: 취업 교육, 생필품, 후원금, 종교 활동, 봉사 활동, 주거상향				■방식: 이웃 관계 및 정치 세력화 시혜로부터 해방되기 원함
■담론의 유통: 사회복지 진영				■담론의 유통: 시민 사회 진영

쪽방촌 보도를 관통하는 현실: 쪽방촌의 철거, 쪽방의 지속되는 멸실, 주민들의 추방, 쪽방의 열악성

	빈곤의 낭만화	사회적 실천	식민화	
■이미 오랫동안 각자의 역할로 개입함으로써 사각지대가 해소, 치료되는 과정으로 그려짐				■외부의 구원 주체들은 주민들을 돕는 듯하나 실제로는 존엄성을 훼손, 빈곤의 공간에 근본적 변화 없이 생필품 나눔만 존재
■쪽방촌은 정부의 꾸준한 공공임대주택 정책으로 인해 주민들의 거주 상황과 함께 자연스럽게 사라질 것으로 예측				■쪽방촌은 고위 관료의 투기에 놀아나는 공간, 재개발이 진행되고 있고, 임박한 공간 ■외부 주체는 이에 대해서는 관심이 없으므로, 이곳은 주민이 지켜내야 하는 공간이 됨
■쪽방촌의 발전=쪽방촌 소멸				■쪽방촌의 발전=쪽방촌 유지

보도의 무관심과 누락 상태에서는 간헐적으로 먹잇감을 하나씩만 던져도 그 파급력이 크다. 그러므로 굳이 제기되는 문제들에 일일이 반박이 없이 간헐적 보도만으로도 대중을 사로잡는다. 쪽방촌이 철거되고 빈곤한 주민들이 추방되는 문제는 그렇게 사람들의 인식에서 감쪽같이 삭제될 수 있다. 생존의 애환이 담긴 쪽방촌 공간과 주민들의 격상 및 복원을 위해 탈식민주의적 노력은 아직 더욱 활발해져야 할 필요성이 있다.

참고자료

01 추방된 쪽방촌 도시빈민의 대항기억

[연구 및 저서]

구본기(2018). 『표백의 도시: 도시재생이 외면하는 것, 젠트리피케이션』. 유음.

기현주(2018). "필리핀 이산문학에 나타난 기억의 정치학." 『동서비교문학 저널』, 43: 29-50.

김경민(2018). "기억의 재구성과 반성의 문학." 『한민족어문학』, 82: 305-334.

김다윤·김경민·김건(2017). "주거지 상업화 젠트리피케이션이 빈곤밀집 지역에 끼치는 영향: 동자동 쪽방촌 사례를 중심으로." 『서울도시연구』, 18(2): 159-175.

김동춘(2000). 『전쟁과 사회: 우리에게 한국전쟁은 무엇이었나?』. 돌베개.

김선미·박사라·윤애숙·이원호. 2017. 『중구 남대문로5가동 쪽방퇴거주민 실태 조사: '그들은 어디로 갔을까?'』. 한국도시연구소 2016 소액연구지원 사업 결과물. 1-102.

김신용(2014). 『새를 아세요?』. 문학의전당.

김영옥(2012). "장소만들기의 정치학과 스토리텔링: 용산 관련 다큐멘터리를 중심으로." 『젠더와 문화』, 5(1): 145-183.

김주영(2015). "낭만과 현실 사이에서: 문화예술사업을 통한 달동네 빈곤의 재현에 관한 연구." 『비교문화연구』, 21(2): 43-84.

노명우(2004). "새로운 기억관리 방식: 기억산업의 징후." 『문화과학』, 40: 151-169.

승효상(2016). 『빈자의 미학』. 느린걸음.

신지영(2016). "들뢰즈에게 주체화의 문제". 『한국동서철학회』, 82: 467-491.

이경래·이광석(2017). "동시대 '대항기억'의 기록화: 용산참사 사례를 중심으로". 『기록학연구』, 53: 45-77.

이명호(2011). "아우슈비츠의 수치: 프리모 레비의 증언집을 중심으로." 『비평과 이론』, 16(2): 155-177.

이문수(2019). "신자유주의적 통치성, 주체, 그리고 공공성의 문제." 『정부학연구』, 25(2): 59-90.

이철(2010). "사회적 외상(Social Trauma)의 문화적 차원에 대한 문화사회학적 연구: 용산참사 사건을 중심으로." 『신학사상』, 149: 127-161.

임상철(2019). 『오늘, 내일, 모레 정도의 삶: 〈빅이슈〉를 팔며 거리에서 보낸 52통의 편지』. 생각의힘.

장세룡(2014). "신문화사의 공간과 문화의 정치경제학."『역사와 문화』, 27: 109-141.

전진성(2006). "기억의 정치학을 넘어 기억의 문화사로."『역사비평』, 76: 451-483.

전진성(2008). "대항기억을 넘어서."『기억과 기록을 통해 본 인류비극의 역사에 대한 자기성찰』, 민주화운동기념사업회, 53-78.

조문영(2019).『우리는 가난을 어떻게 외면해왔는가』. 21세기북스.

조세희(1978). "난장이가 쏘아올린 작은 공."『창작과 비평』, 49.

조승화(2018). "쪽방밀집지역 개발/퇴거사례 및 국내 홈리스 주거정책 분석."『홈리스 주거권 실현을 위한 법제도 개선방안 토론회』, 41-84.

조은·조옥라.『도시빈민의 삶과 공간: 사당동 재개발 지역 현장연구』. 서울: 서울대학교출판문화원.

최혜경(2018). "광장의 권력과 기억 공동체: 5·18 담론 공간의 장소성 변형을 중심으로."『남도문화연구』, 35: 111-135.

탁장한(2019). "쪽방촌 연구의 동향에 관한 탐구: '밀집된 빈민'에 대한 담론을 중심으로."『동향과 전망』, 107: 153-200.

형제복지원구술프로젝트(2015).『숫자가 된 사람들: 형제복지원 피해생존자 구술기록집』. 오월의봄.

황인성(2014). "'기억'으로서의 영화 〈지슬〉과 〈지슬〉이 구성하는 '기억'의 의미에 대하여."『한국소통학보』, 23: 347-374.

Desmond, M. 황성원(역).『쫓겨난 사람들: 도시의 빈곤에 관한 생생한 기록』. 동녘.

Katsiaficas, G. 이재원(역)(2009).『신좌파의 상상력: 전세계적 차원에서 본 1968년』. 난장.

Rigal, E. 신지영(역)(2012). 「탈주체화」.『들뢰즈 개념어 사전』. 갈무리.

Yoshiyuki, S. 김상운(역)(2007).『권력과 저항』. 난장.

Foucault, M.(1980). Language, Counter-memory, Practice: Selected Essays and Interviews. New York: Cornell University Press.

Tirado, L.(2017). Hand to Mouth: Living in Bootstrap America. New York: Penguin.

[보도 문건]
국토교통부. 임대주택통계. 2015.

녹색전환연구소. 빌딩숲 속 쪽방에서 사는 공룡의 이야기. 2017/02/14.

뉴시스. 동자동 쪽방촌의 젠트리피케이션, 게스트하우스 개조 붐. 2017/08/16.

뉴시스. 쪽방촌을 바꿔라① 빈곤의 늪…열악한 난방에 악취에도 문 못 열어. 2018/01/16.

뉴시스. 쪽방촌을 바꿔라⑤ '진짜 집주인' 누구인가…타워팰리스 거주자·고교생까지. 2018/01/22.

동자동사랑방. 동자동 9-20 주민 퇴거 반대 서명운동을 시작합니다. 2015/07/08a.

동자동사랑방. 동자동 9-20 쪽방 공사를 주민들이 막다. 2015/07/08b.

동자동사랑방. 동자동사랑방 이야기, 열세 번째. 2015/08/04.

보건복지부. 국민기초생활보장수급자현황. 2015.

비마이너. 동자동 쪽방촌 내 42가구, 다음 달 쫓겨날 위기. 2015/02/10.

비마이너. 삶과 돈이 저울질당하는 곳, 동자동 9-20. 2015/06/12.

비마이너. 홈리스생애기록① 숨죽인 채 반짝이던 반딧불 하나 - 故김한기. 2017/12/27.

연합뉴스. 동자동 쪽방촌 주민들 "철거위협 그만하고 주거권 보장하라". 2015/06/11.

용산구 사회복지과. 동자동 9-20 입주민 동향 및 향후 대책. 2015/03/18.

웰페어뉴스. 동자동 쪽방촌 사람들, '철거시설 설치는 막았지만…'. 2015/03/16.

웰페어뉴스. 동자동 쪽방 세입자들 '철거·단수 중단하라' 촉구. 2015/06/11.

웰페어뉴스. 대책 없는 쪽방대책, 향후 주거복지로드맵은? 2017/12/21.

참세상. 동자동 9-20, 다시 '이곳'으로 돌아온 삶. 2015/12/14.

참세상. 쪽방촌 멸실과 새꿈, 디딤돌하우스. 2016/10/26.

한겨레21. 사람 사는 쪽방마다 죽겠다·죽는다·죽었다. 2015/04/29.

한겨레21. 쪽방에서 난 길은 쪽방으로 통한다. 2015/06/03.

한겨레21. 한 칸 방, 나의 가장 나중 지닌 것. 2015/06/25.

한겨레21. 개발의 환부를 걷다. 2015/07/15.

한겨레21. 몇 명이 돌아올지 알 수 없다. 2015/10/28.

한겨레21. 강제 퇴거자들 '귀가의 경로'. 2015/12/17.

한겨레21. 진드기 같은 것. 2016/02/16.

한겨레21. 닦아도 닦이지 않는 도시의 얼룩처럼. 2016/04/27.

한겨레21. 가난에 관한 가난한 후기. 2016/05/20.

한국일보. "화재위험 알아도 살 수밖에…" 빈자들의 마지막 보금자리 쪽방·고시원·달방. 2018/11/12.

한국일보. 쪽방촌 뒤엔… 큰손 건물주의 '빈곤 비즈니스'. 2019/05/07.

홈리스뉴스. 동자동 쪽방 퇴거 위기, 공공의 해법이 필요하다. 2015/06/08.

홈리스뉴스. 새꿈하우스와 디딤돌하우스. 2016/10/18.

홈리스뉴스. 쪽방과 사람을 살리기 위한 서울시의 공공성이 필요하다.

2017/04/25.

홈리스행동. 참여요청: 동자동 9-20번지 쪽방건물 철거규탄 및 대책요구 기자 회견. 2015/06/10.

[주민 구술 및 기타]
주민 구술 1, 2015/02/05. 동자동사랑방 카페 쪽방타운.
http://cafe.daum.net/jjokbangtown.
주민 구술 2, 2015/03/18. 동자동사랑방 카페 쪽방타운.
http://cafe.daum.net/jjokbangtown.
주민 구술 3, 2015/05/21. 한겨레21.
http://h21.hani.co.kr/arti/society/society_general/39640.html.
주민 구술 4, 2015/06/10. 동자동사랑방 카페 쪽방타운.
http://cafe.daum.net/jjokbangtown.
주민 구술 5, 2015/06/12. 동자동사랑방 카페 쪽방타운.
http://cafe.daum.net/jjokbangtown.
주민 구술 6, 2015/07/10. 한겨레21.
http://h21.hani.co.kr/arti/society/society_general/39915.html
주민 구술 7, 2015/10/28. 한겨레21.
http://h21.hani.co.kr/arti/society/society_general/40567.html
주민 피켓 1, 2015/06/11. 동자동사랑방 카페 쪽방타운.
http://cafe.daum.net/jjokbangtown.
주민 피켓 2, 2015/06/11. 동자동사랑방 카페 쪽방타운.
http://cafe.daum.net/jjokbangtown.
찾기 쉬운 생활법령정보. 민형사/소송: 공사중지 가처분.
http://easylaw.go.kr/CSP/OnhunqueansInfoRetrieve.laf?onhunqn
aAstSeq=85&targetRow=11&sortType=RETRI&pagingType=default
&onhunqueSeq=841. 2019/06/09 검색.

02 빈곤밀집지역 내부의 인간관계
-쪽방촌과 영구임대아파트의 차이를 중심으로

[연구 및 저서]
곽현근(2004). "동네조직 참여의 영향요인 및 심리적 효과." 『지방정부연구』, 8(4): 381-404.
곽현근(2008). "지역 사회 사회자본에 미치는 동네효과에 관한 연구." 『한국지방정부학회지』, 11(4): 59-86.
곽현근(2013). "지역 사회 사회적 자본의 주거관련 영향요인에 관한 연구." 『한국공공관리학보』, 27(1): 239-269.

권지성(2008). "쪽방 거주자의 일상생활에 대한 문화기술지." 『한국사회복지학』, 60(4): 131-156.

공윤경(2016). "사회적 배제 극복을 위한 소셜믹스정책과 대안 주거운동." 『한국도시지리학회지』, 19(1): 31-42.

김동배·유병선(2013). "근린환경과 노인의 사회적 관계, 우울에 관한 연구: 서울지역을 중심으로." 『한국노년학』, 33: 105-123.

김미령(2008). "쪽방거주자의 스트레스원과 극복자원이 우울에 미치는 영향." 『정신건강과 사회복지』, 28: 126-151.

김선희(2001). 『쪽방거주자의 사회적 지지와 자기효능감 간의 관계 연구』. 가톨릭대학교 사회복지학과 석사학위논문.

김수현(1996). "공공임대주택 정책의 논리와 한국의 경험: 무허가 정착지와의 관계를 중심으로." 『도시연구』, 2: 127-145.

김수현·이현주·박범종(2011). 『한국의 가난』. 한울아카데미.

김영미(2010). "이웃환경과 청소년의 가정환경 스트레스, 학습된 무력감의 관계." 『정신보건과 사회복지』, 36: 232-262.

김용일(1994). "영구임대아파트 단지 내 사회복지관의 문제점과 개선방향." 『사회과학연구』, 10: 45-59.

김형용(2009). "지역 사회 빈곤과 배제: 사회적 신뢰는 중요한가?: 57개 기초지방자치단체를 중심으로." 『한국사회복지조사연구』, 22: 203-226.

김형용(2010). "지역 사회 건강불평등에 대한 고찰: 사회자본 맥락효과에 대한 해석." 『한국사회학』, 44(2): 59-92.

김효진(2009). 『영등포 쪽방촌 주민들의 삶과 도시빈민공간으로서의 기능』. 한양대학교 문화인류학과 석사학위논문.

남원석(2003). "도시빈민 주거지의 공간적 재편과 함의." 『문화과학』, 39: 85-101.

노병일·곽현근(2005). "동네의 맥락적 특성이 주민의 정신건강에 미치는 영향: 동네빈곤, 무질서, 네트워크형성을 중심으로." 『보건과 사회과학』, 17: 5-31.

박경구(1986). "빈곤문화의 존재유형에 관한 고찰." 『사회과학논총』, 4(1): 73-89.

박계영(1983). 『무허가 정착지 주민의 경제행위에 관한 일고찰』. 서울대학교 인류학과 석사학위논문.

박선희·박병현(2012). "근린지역 특성이 사회적 자본에 미치는 영향." 『사회복지정책』, 39(2): 85-123.

박수영·김용웅(1984). "도시불량 주거지 주민의 한계적 특성." 『국토연구』, 3: 11-33.

박윤영(2007). "경기도 영구임대주택 입주민의 주거실태에 관한 연구." 『도시행정학보』, 20(3): 99-130.

박윤영(2009). "우리나라 공공임대주택 정책의 전개와 사회복지계의 과제."

『사회복지정책』, 36(4): 215-240.

서종균(1997). "영구임대주택, 분리와 배제의 공간."『도시와 빈곤』, 29: 5-19.

신명호·홍인옥·장세훈 외(2004). 『사회적 배제의 관점에서 본 빈곤층 실태연구』. 국가인권위원회.

신준섭·김윤배(2009). "지역사회복지관 사회복지사의 클라이언트 폭력 경험에 대한 연구."『한국정책과학학회보』, 13(1): 167-189.

오인근(2009). "저소득 노인들의 사회적 네트워크와 무망감이 자살생각에 미치는 영향: 사회복지관 서비스이용의 조절효과."『노인복지연구』, 44: 111-130.

유병덕(2003). 『도시빈민의 사회문화적 특성: 청주시 S영구임대아파트의 사례를 중심으로』. 강원대학교 문화인류학과 석사학위논문.

유현숙·곽현근(2007). "여성 한부모가족의 사회적 배제에 관한 연구: 영구임대아파트 지역을 중심으로."『사회복지연구』, 34: 245-272.

윤경아·노병일(2005). "도시 노숙자의 삶의 질 예측요인."『한국사회복지학』, 57(1): 219-243.

윤세진(1994). 『영구임대주택에 거주하는 일반청약가구와 생활보호가구의 가족특성 및 주거계획 비교 연구』. 한국교원대학교 가정교육학과 석사학위논문.

윤민화·김경희(2018). "영구임대아파트에서 자녀를 양육한 부모의 거주경험."『한국사회복지질적연구』, 12(1): 53-79.

이경온(2011). "영구임대주택 지역주민의 지역 사회 인식 및 사회자본 정도에 관한 연구: 부천시 C영구임대아파트를 중심으로."『한국사회연구』, 14(2): 5-63.

이경환·안건혁(2008). "근린환경이 지역주민의 건강에 미치는 영향: 서울시 40개 행정동을 대상으로."『국토계획』, 43(3): 249-261.

이상록(2012). "소득계층간 주거지 분리의 거주지역 특성이 저소득빈곤층의 정신건강에 미치는 영향."『사회과학연구』, 28(4): 277-302.

이성호(2007). "신빈곤층 사회적 네트워크의 해체와 대응전략: 전주시 노동빈곤층을 중심으로."『담론201』, 10(4): 239-273.

이소정(2006). "판자촌에서 쪽방까지: 우리나라 빈곤층 주거지의 변화과정에 대한 연구."『사회복지연구』, 29: 167-208.

이영아·정윤희(2012). "빈곤지역 유형별 빈곤층 생활에 관한 연구."『한국도시지리학회지』, 15(1): 61-74.

이영아(2015). "한국의 빈곤층 밀집지역 분포 및 형성과정 고찰."『한국도시지리학회지』, 18(1): 45-56.

이정규(1993). 『영구임대주택 거주 가구의 주거비 부담과 주거비 부담 경감 행동 연구: 청주시 산남동을 중심으로』. 한국교원대학교 가정교육학과 석사학위논문.

이헌석·여경수(2011). "비주택거주민의 주거복지 향상을 위한 법제개선방안."『공법학연구』, 12(3): 355-380.

이현옥·이은정(2013). "동자동 쪽방 주민의 생활경험과 주민관계에 관한 질적 연구."『한국지역 사회복지학』, 45: 281-304.

이현주·안기덕(2013). "쪽방에 거주하는 여성 독거노인의 삶에 관한 연구." 『보건사회연구』, 33(2): 33-62.

이혜미(2020).『착취도시, 서울』. 파주: 글항아리.

임재현·한상삼·최신융(2011). "영구임대주택 임차가구의 삶의 질에 영향을 미치는 요인에 관한 연구."『GRI연구논총』, 13(2): 251-275.

장세훈(2003). "수도권 문제, 집중과 분산의 동화: 행정수도 건설 문제를 중심으로."『경제와 사회』, 60: 40-66.

전영주(2008).『부산지역 쪽방거주자의 사회복지 서비스 이용과 자기효능감의 관계에 관한 연구』. 인제대학교 사회복지학과 석사학위논문.

조용운·한창근(2014). "영구임대주택 남성독거노인의 우울증과 자살충동: 사회적 지지의 조절효과를 중심으로."『보건사회연구』, 34(4): 295-320.

조은·조옥라(1992).『도시빈민의 삶과 공간: 사당동 재개발 지역 현장연구』. 서울대학교출판문화원.

조희은(2014).『도시빈민지역의 공간 구조와 사회적 연결망에 관한 연구』. 세종대학교 건축학과 석사학위논문.

최미영(2008). "노인우울에 미치는 동네효과와 사회자본의 영향에 관한 연구."『한국사회복지조사연구』, 18: 25-46.

최정민(2005). "영구임대아파트에 대한 불만도 및 인식 평가".『대한건축학회』, 21(12): 235-246.

최종혁(2002). "도시영구임대주택지역의 주민조직화 활성화방안: 지역주민대표자의 리더십 강화 프로그램 사례연구."『한국사회복지학』, 51: 257-288.

탁장한(2016). "빈곤한 지역 사회에 거주하는 빈곤층의 실태에 관한 연구: 중첩된 가난과 이웃 관계, 그리고 정신건강."『사회복지연구』, 47(4): 43-69.

탁장한(2019). "쪽방촌 연구의 동향에 관한 연구: 밀집된 빈민에 대한 담론을 중심으로."『동향과 전망』, 107: 153-200.

하성규(1995).『공공임대주택 정책의 재평가와 발전방향』. 한국도시연구소.

하성규(2007). "불량주거 실태와 정책과제: 쪽방을 중심으로."『한국사회정책』, 14(1): 123-168.

하성규·서종녀(2011). "공공임대주택과 사회적 배제에 관한 연구."『주택연구』, 14(3): 159-181.

한수정·전희정(2018). "공공임대아파트 거주자와 일반아파트 거주자의 정신건강 차이 및 영향요인에 관한 연구."『행정논총』, 56(2): 313-341.

허소영(2010). "쪽방지역에 홀로 사는 남성노인의 삶의 경험."『한국노년학』, 30(1): 241-260.

홍경준(2001). "빈곤에 대한 또 다른 탐색: 사회적 자본을 중심으로."『상황과 복지』, 9: 165-192.

Brillembourg, A. 김마림(역)(2013),『토레 다비드: 수직형 무허가 거주공동체』. 이데아.

Chomsky, N. 유강은(역)(2018),『불평등의 이유』. 이데아.

Safa, H. 김명혜(역)(1990),『산 후안의 빈민들: 푸에르토리코의 도시빈민 문화』. 교문사.

Bourdieu, P. 최종철(역)(2002),『자본주의의 아비투스』. 동문선.

Barnes, I.(2001). "Debunking Deficiency Theories: Evaluating Non-Traditional Attitudes and Behavior among Residents in Poor Neighborhoods." Journal of Poverty, 5(1): 43-66.

Belle, D. E.(1983). "The impact of poverty on social networkds and supports." Marriage & Family Review, 5(4): 89-103.

Boardman, J. & Robert, S.(2000). "Neighborhood Socioeconomic Status and Self-Efficacy." Sociological Perspectives, 43(1): 117-136.

Charles, C. Z.(2003). "The Dynamics of Racial Residential Segregation." Annu, Rev. Sociol, 29: 167-207.

Curley, A. M.(2005). "Theories of Urban Poverty and Implications for Public Housing." Journal of Sociology and Social Welfare, 32(2): 97-119.

Cutler, M. & Glaeser, L.(1997). "Are Guettos good or bad?" Q. J. Econ, 112(3): 827-872.

Jencks, C. & Mayer, S. E.(1990). "The social consequences of growing up in a poor neighborhood." In Inner-city poverty in the United States, edited by L. E. Lynn & M. F. H. McGeary. 111-186. Washington DC: National Academy Press.

Lewis, O.(1968). The Culture of Poverty. Landom House, Inc.

Massey, S. & Denton, A.(1993). American Apartheid: Segregation and the Making of the Underclass. Harvard Univ. Press.

Monyhan, D. P.(1965). The Negro Family: The Case for National Action. U.S. Department of Labor.

Warren, M. R., Thompson, J. P. & Saegert, S.(2001). The role of social capital in combating poverty. In Social capital and poor communities, edited by S. Saegert. 1-28. Russell Sage Foundation Publications.

Wilson, W. J.(1987). The Truly Disadvantaged: The Inner City, the Underclass, and Public Policy. Univ. Chicago Press.

03 빈곤의 공간을 어떻게 보아야 하는가
-쪽방촌을 둘러싼 외부의 시선들

[연구 및 저서]

강지혜·강병길·백승현 외(2017). "쪽방 거주 독거노인의 주거 공간 분석 연구."『한국공간디자인학회 논문집』, 43: 35-45.

곽현근(2008). "지역 사회 사회자본에 미치는 동네효과에 관한 연구."『지방정부연구』, 11(4): 59-86.

구본기(2018).『표백의 도시: 도시재생이 외면하는 것 젠트리피케이션』. 유음.

권지성(2008). "쪽방 거주자의 일상생활에 대한 문화기술지."『한국사회복지학』, 60(4): 131-156.

권지성·한가영(2008). "쪽방 거주 노인의 생활경험에 대한 질적 연구: 베데스다 연못가의 일상."『한국사회복지질적연구』, 2(1): 63-84.

김다윤(2016).『젠트리피케이션이 쪽방촌 주민 및 커뮤니티에 미치는 영향: 동자동 쪽방촌을 중심으로』. 서울대학교 환경대학원 석사학위논문.

김다윤·김경민·김건(2017). "주거지 상업화 젠트리피케이션이 빈곤밀집지역에 끼치는 영향: 동자동 쪽방촌 사례를 중심으로."『서울도시연구』, 18(2): 159-175.

김동선(2017). "빈곤밀집현상 지역의 주거 환경과 주민들의 사회적 배제에 대한 GIS 활용연구."『한국콘텐츠학회논문지』, 17(8): 209-225.

김민진·조현미(2010). "쪽방지역 주민의 생활 실태와 빈곤의 재생산."『사회과학 담론과 정책』, 3(2): 183-205.

김선미(2008). "쪽방지역의 포섭적 지역재생에 대한 단초."『한국사회복지학회 학술대회자료집』, 215-217.

김선미·박사라·윤애숙 외(2017).『중구 남대문로5가동 쪽방퇴거주민 실태조사: 그들은 어디로 갔을까?』. 한국도시연구소.

김세준(2017).『무인항공기(UAV)와 GIS를 활용한 주거취약지역 생활안전 공간정보 구축에 관한 연구: 서울특별시 용산구 동자동 쪽방촌을 사례로』. 서울대학교 지리학과 석사학위논문.

김수현(2000). "노숙자와 쪽방 거주민 문제 해결의 첫 단추."『월간 복지동향』, 27: 20-21.

김수현(2011). "무허가 정착지 정책과 국가역할: 서울, 홍콩, 싱가포르의 경험을 중심으로."『주택연구』, 19(1): 35-61.

김수현·이현주·손병돈(2009).『한국의 가난』. 한울아카데미.

김영모·원석조·황민수(1982). "한국빈곤정책에 관한 연구." 『사회정책연구』, 1: 5-76.

김윤태·서재욱(2013). 『빈곤: 어떻게 싸울 것인가』. 한울아카데미.

김주영(2015). "낭만과 현실 사이에서: 문화예술사업을 통한 달동네 빈곤의 재현에 관한 연구." 『비교문화연구』, 21(2): 43-84.

김주환(2018). "빈곤, 사회적인 것 그리고 민주주의: 아렌트와 동즐로의 논의를 중심으로 본 사회적인 것의 정치의 난점들과 민주주의를 위한 전망." 『기억과 전망』, 39: 468-513.

김진성·허현희·정혜주(2015). "지역 사회기반 참여와 사회생태적 관점에서 본 국내 쪽방지역 주민의 건강증진 역량 강화 방안." 『보건교육·건강증진학회지』, 32(4): 79-92.

김한섭(2002). 『한국 도시빈민 형성원인과 문제에 관한 연구』. 대전대학교 사회복지학과 석사학위논문.

김형용·최진무(2012). "취약근린지수의 공간적 분포: 서울시를 사례로." 『국토지리학회지』, 46(3), 273-285.

김효진(2009). 『영등포 쪽방촌 주민들의 삶과 도시빈민공간으로서의 기능』. 한양대학교 문화인류학과 석사학위논문.

박경구(1993). "빈곤문화의 재고찰." 『사회과학논총』, 12: 101-124.

박윤영(1998). "영구임대아파트 단지 내 생활보호대상자의 빈곤문화 존재 가능성에 관한 연구: 서울시를 중심으로." 『보건과 복지』, 1: 110-128.

박윤환(2011). "빈곤층과 외국인 주민 거주지 분리에 대한 연구: 서울시 사례연구." 『서울도시연구』, 12(4): 103-122.

박준호·정제봉·이길임(2016). "도심 낙후지역의 1인 주거 쪽방촌 시설개선 계획연구." 『대한건축학회 학술발표대회 논문집』, 2148-2151.

박지환(2014). "일본 도시하층지역 마을 만들기의 성립과 그 의의: 참여민주적 시민공간의 형성." 『국제지역연구』, 23(3): 131-158.

박해광(2007). "문화연구와 담론 분석." 『문화와 사회』, 2: 83-116.

백원담(2012). "재난자본주의와 희망의 문화정치노선." 『문화연구』, 1(1): 43-83.

서종균(1999). "쪽방 지역과 쪽방 사람들." 『공간과 사회』, 12: 219-256.

송준규(2012). "도시빈민촌 공동체의 형성과 갈등: 강남구 구룡마을의 '위험공동체'와 '거주에 대한 권리''에 대한 사례연구." 『도시인문학연구』, 4(2): 63-90.

신명호(2012). "사회복지관에서 주민운동은 가능한가?: 방아골종합사회복지관의 사례를 중심으로." 『한국학』, 35(2): 69-99.

신명호(2013). 『빈곤을 보는 눈』. 개마고원.

신승배(2011). "홈리스의 생활양식과 자아정체성에 관한 연구." 『공공사회연구』, 1(2): 175-210.

신진욱(2011). "비판적 담론 분석과 비판적해방적 학문." 『경제와사회』,

2011(3): 10-46.

오수진(2018). "도심재생수단으로서의 슬럼관광: 인천 괭이부리마을을 사례로." 『관광경영연구』, 22(4): 1109-1126.

오현주(2015). 『주거취약 계층 밀집지역 주민의 사회적 자본에 관한 연구: 마을의 공간적 특성을 중심으로』. 서울대학교 행정대학원 박사학위논문.

유재득·심복기(2014). "영등포 쪽방촌 거주자의 주거 환경 특성에 관한 분석." 『디자인융복합연구』, 13(6): 265-280.

이경렬·정연우·조승구(2016). "도심 슬럼화지역의 주거 환경 개선방안에 관한 연구." 『대한건축학회 학술발표대회 논문집』, 2152-2155.

이선화·김수현(2013). "대도시의 새로운 불법(편법) 주거를 어떻게 볼 것인가?: 저럼 주거를 둘러싼 규제와 묵인의 역학." 『서울도시연구』, 14(4): 105-125.

이소정(2006). "판자촌에서 쪽방까지: 우리나라 빈곤층 주거지의 변화과정에 관한 연구." 『사회복지연구』, 29(4): 167-208.

이영아(2015). "한국의 빈곤층 밀집지역분포 및 형성과정 고찰." 『한국도시지리학회지』, 18(1): 45-56.

이태호(2018). 『빈곤의 미: 구룡마을을 중심으로』. 눈빛출판사.

이헌석·여경수(2011). "비주택거주민의 주거복지 향상을 위한 법제개선방안." 『공법학연구』, 12(3): 363-388.

이현옥·이은정(2013). "동자동 쪽방주민의 생활경험과 주민관계에 관한 질적 연구." 『한국지역 사회복지학』, 45: 281-304.

이현주·안기덕(2013). "쪽방에 거주하는 여성 독거노인의 삶에 관한 연구." 『보건사회연구』, 33(2): 33-62.

이현주·엄명용(2013). "쪽방을 관리하는 여성 독거노인의 쪽방촌 거주경험과 의미." 『한국가족복지학』, 39: 143-176.

임희섭(1979). "한국에 있어서의 빈곤문제." 『한국사회개발연구』, 1: 70-140.

전남일(2011). "'최소한의 주택'의 사회사적 변천과 공간 특성: 일제강점기 이후 현재까지 서울지역의 사례를 중심으로." 『계획계』, 27(3): 191-202.

전지혜·정혜주·김진성 외(2015). "쪽방 거주 장애인의 삶의 경험에 관한 연구." 『사회복지연구』, 46(2): 5-35.

정수남·심성보(2015). "홈리스스케이프와 공간통치의 동학: 서울 영등포역사와 쪽방촌 노숙인을 중심으로." 『기억과 전망』, 33: 297-346.

정수남(2018). "빈민공동체와 연대의 탈감정성: 자활공동체의 사례를 중심으로." 『OUGHTOPIA』, 33(3): 73-110.

정여주·김정득(2013). "쪽방지역에 거주하는 남성 노인의 삶의 과정에 대한 근거이론 접근." 『사회과학연구』, 24(2): 295-322.

정은희·박은아·천성문(2016). "쪽방거주자들의 고독경험에 관한 현상학적 연구." 『재활심리연구』, 23(3): 527-546.

조문영(2001). "빈민지역에서 '가난'과 '복지'의 관계에 대한 연구: 난곡을 중심으로."『도시연구』, 7: 227-260.

조문영·장봄(2016). "'사람'의 현장, '빈민'의 현장: 한 지역주민운동단체의 성찰적 평가에 관한 협업의 문화기술지."『한국문화인류학』, 49(1): 51-107.

조문영 외(2019).『우리는 가난을 어떻게 외면해왔는가: 사회 밖으로 내몰린 사람들을 위한 빈곤의 인류학』. 21세기북스.

조미희(2017). "박완서 소설에 나타난 가난의 기원과 도시빈민의 양상."『한국언어문화』, 62: 191-218.

조희은(2014).『도시빈민지역의 공간 구조와 사회적 연결망에 관한 연구: 돈의동 쪽방촌을 중심으로』. 세종대학교 건축학과 석사학위논문.

최금좌(2010). "브라질의 대안사회운동: MTST(무주택 도시빈민운동)의 투쟁적 연대."『포르투갈-브라질연구』, 7(1): 203-236.

최인기(2012).『가난의 시대: 대한민국 도시빈민은 어떻게 살았는가?』. 동녘.

최인기(2014).『떠나지 못하는 사람들: 무엇이 그들을 도시의 유령으로 만드는가?』. 동녘.

표갑수(1983). "한국의 빈곤문화에 관한 고찰."『한국사회과학연구』, 1(1): 153-165.

하성규(2007). "불량주거실태와 정책과제: 쪽방을 중심으로."『한국사회정책』, 14(1): 122-168.

한국도시연구소(2000).『쪽방지역 실태 조사 및 효율적인 정책개발』. 한국도시연구소.

한소영·탁장한(2017). "쪽방거주의 지속에 내재된 주민들의 이중심리 분석."『서울도시연구』, 18(1): 97-121.

황세인(2015). "쪽방거주자의 삶에 대한 질적 연구: 분산형 쪽방지역 중 부산을 중심으로."『인문사회과학연구』, 16(4): 405-438.

허소영(2010). "쪽방 지역에 홀로 사는 남성노인의 삶의 경험."『한국노년학』, 30(1): 241-260.

허현희·정혜주·김진성 외(2015). "사회생태적 모델을 적용한 쪽방 주민의 정신건강 영향요인 분석."『보건교육건강증진학회지』, 32(2): 39-52.

허현희·김진성·차선화 외(2016). "도시 빈곤지역 주민의 주변화와 건강불평등의 관계에 대한 질적 연구."『보건과 사회과학』, 43: 5-32.

홍정화(2013). "비판적 담론 분석 방법의 적용 가능성 탐색."『정책분석평가학회보』, 23(1): 223-268.

Solnit, R. 정해영(역)(2009),『이 폐허를 응시하라: 대재난 속에서 피어나는 혁명적 공동체에 대한 정치사회적 탐사』. 펜타그램.

Atkinson, R. & Kintrea, K.(2001). Disentangling area effects:

Evidence from deprived and non-deprived neighbourhoods. Urban Studies, 38(12): 2277-2298.

Caudill, H. M.(2001). Night comes to the Cumberlands: A biography of a depressed area. Jesse Stuart Foundation.

Fairclough, N.(1995). Critical discourse analysis. London: Longman.

Foucault, M.(1967). Madness and civilization. London: Tavistock.

Harrington, M.(1962). The other America: Poverty in the United States. New York: Macmillan.

Leventhal, T. & Brooks·Gunn, J.(2000). The neighborhoods they live in: The effects of neighborhood residence on child and adolescent outcomes. Psychological Bulletin, 126: 309- 337.

Lewis, O.(1959). Five families: Mexican case studies in the culture of poverty. New York: Basic Books.

Lewis, O.(1966). The culture of poverty. Scientific American, 215(4): 19-25.

Small, M., & Newman, K. K.(2001). Urban poverty after the truly disadvantaged: The rediscovery of the family, the neighborhood, and culture. Annual Review of Sociology, 27(1): 23-45.

Van Dijk, T. A.(1993). Principles of critical discourse analysis. Discourse & Society, 4(2): 249-283.

Van Dijk, T. A.(2001). Multidisciplinary CDA: A plea for diversity, In Methods of critical discourse analysis, edited by W. Ruth & M. Michael. 95-120. London: Sage Publications.

Wilson, W. J.(2013). Combating concentrated poverty in urban neighborhoods. Journal of Applied Social Science, 7(2): 135-143.

[보도 문건]
다큐시선(2019.07.11). 〈빈곤 비즈니스, 쪽방촌의 비밀〉. Avaliable: http://www.ebs.co.kr/tv/ show?prodId=12 3937&lectId=20118554.
홈리스행동(2015.12.17). 가난한 사람들의 최후 안식처, 쪽방. 쪽방은 왜, 어떻게 사라져갔을까?. 홈리스행동 카드뉴스, 1-13.

04 보도된 쪽방촌과 보도되지 않는 쪽방촌
-탈식민주의적으로 빈곤의 공간 읽기

[연구 및 저서]
강대한·정운갑(2018). "비판적 담론 분석을 활용한 언론의 마녀 사냥식 보

도 분석." 『언론과학연구』, 18(1): 5-51쪽.

강준만(2002). 『한국현대사 산책 3』. 인물과사상사.

권은(2014). "물화된 전쟁과 제국의 시선." 『현대소설연구』, 57: 149-178.

김수미(2015). "고통의 재현, 그 정치성에 대한 단상." 『언론과 사회』, 23(4): 67-119.

김주환(2016). "한국에서 사회적기업과 신자유주의 통치: 사회적인 것의 통치 메커니즘을 중심으로." 『경제와 사회』, 110: 164-200.

김준호(2011). "'공간'을 통한 사회적 관계의 이해: 현대 도시 공간의 재구성을 위하여." 『공간과 사회』, 21(4): 223-232.

김준희(2011). "도시 공간과 노점상의 권리에 관한 연구: 1980년대 노점상 운동의 형성과정을 중심으로." 『공간과 사회』, 21(2): 66-102.

김지만·김예란(2013). "고독과 빈곤의 조우, 혹은 환대의 경계." 『문화와 사회』, 14: 7-50.

김해연·강진숙(2016). "국내 아동 학대 뉴스에 대한 비판적 담론 분석." 『한국언론학보』, 60(6): 283-312.

김현(2015). "코뮌 혹은 평등한 자들의 공동체." 『민주주의와 인권』, 15(2): 75-121.

동자동사랑방·홈리스행동(2015). 『생애조각을 모으다: 홈리스 생애기록집』. 아름다운재단.

류정순(2002). "빈민생계 눈감은 언론." 『기념논문집』, 201-202.

박선웅(2000). "스튜어트 홀의 문화연구: 이데올로기와 재현의 정치." 『경제와 사회』, 45: 149- 171.

문선영(2015). "1994년 〈서울의 달〉에 재현된 서울." 『한국극예술연구』, 50: 257-281.

박종성(2011). 『탈식민주의에 대한 성찰: 푸코, 파농, 사이드, 바바, 스피박』. 살림.

박진우(2013). "어떤 인문학적 상상력이 필요한가." 『커뮤니케이션이론』, 9(3): 4-34.

배경동(2012). "극빈층 주거 안정 방안: 쪽방촌을 중심으로." 『사회경제적 취약 계층 지원방안 정책토론회: 쪽방촌 거주자, 퀵서비스 근로자, 새벽인력시장 일용근로자를 중심으로』, 31-62.

서덕희(2011). "담론 분석방법." 『교육비평』, 28: 218-239.

서영표(2014). "추상적 공간과 구체적 공간의 갈등: 제주의 공간이용과 공간 구조의 변화." 『공간과 사회』, 24(1): 5-45.

소병철(2017). "원조의 의무에 대한 인지적 장해의 한 연구." 『코기토』, 81: 262-292.

신승원(2014). "르페브르의 변증법적 공간 이론과 공간정치." 『도시인문학연구』, 6(1): 63-98.

신윤진(2014). "빈곤을 재생산하는 도시빈민 가족의 아비투스: 영화 〈똥파리〉를 중심으로."『예술과 미디어』, 13(2): 137-156.

심미현(2014). "도시의 자유에 나타난 권력담론과 그 희생자들."『인문학논총』, 34: 153-181.

안태환(2015). "베네수엘라의 새로운 집단적 주체의 출현: 대중의 '영토성'과 바로크적 에토스: 동네공동체와 도시토지위원회를 중심으로."『이베로아메리카연구』, 26(2): 57-93.

양정혜(2008). "환경재난 뉴스의 프레이밍: 국내 주요 일간지의 '허베이 스피리트호' 원유 유출사고 보도사례."『정치커뮤니케이션 연구』, 9: 81-121.

우아영(2007).『빈곤담론 연구』. 가톨릭대학교 사회복지학과 박사학위논문.

이경희(2015). "다문화사회에서 소수자에 대한 이해와 실천: 신자유주의와 다문화주의 담론의 극복, '보편적-창조적 소수자' 되기."『윤리교육연구』, 38: 253-279.

이기형(2006). "담론 분석과 담론의 정치학."『언론과 사회』, 14(3): 106-145.

이명호(2011). "아우슈비츠의 수치: 프리모 레비의 증언집을 중심으로."『비평과 이론』, 16(2): 155-177.

이완수·배재영(2017). "세월호 재난사고 보도사진에 나타난 문화심리학적 편향성: 〈조선일보〉와 〈한겨레〉의 비교를 통해."『언론과 사회』, 25(4): 59-105.

이진경(2007).『모더니티의 지층들』. 그린비.

이태진(2009). "경제위기에 따른 주거빈곤 개선방안."『보건복지포럼』, 148: 43-55.

이태진·김태완·김문길 외(2016).『2016년도 노숙인 등의 실태 조사』. 한국보건사회연구원.

이화진(2018). "가난은 어떻게 견딜 만한 것이 되는가: 영화 〈저 하늘에도 슬픔이〉(1965)와 빈곤 재현의 문화 정치학."『한국극예술연구』, 60: 47-80.

정경운(2013). "일제강점기 광주읍 '궁민(窮民)' 연구: 천정 궁민가옥 철거 사건을 중심으로."『호남문화연구』, 53: 137-170.

조진옥(2016). "위험사회 속 자살기사에 대한 비판적 담론 분석."『한국심리학회지』, 35(2): 385 -410.

조현신(2010). "시각 이미지를 통한 오리엔탈리즘의 재생산: 동남 아시아인의 몸 재현을 중심으로."『기초조형학연구』, 11(1): 383-395.

주재원(2017). "민주화 이후 한국 언론의 반공 담론 연대기."『언론과 사회』, 25(3): 158-220.

채석진(2017). "미디어, 일상, 환대: 매개된 타자와 적절한 거리 만들기."『문화와 정치』, 4(3): 5-44.

최은영·정진선·이원호 외(2018).『비주택 주거실태 파악 및 제도개선 방안』. 국가인권위원회.

최진우(2017). "환대의 윤리와 평화." 『OUGHTOPIA』, 32(1): 5-27.

한영현(2016). "1980년대 초중반 한국 영화의 도시 공간 분석." 『씨네타운』, 24: 323-355.

허윤철·박홍원(2010). "한국언론과 세계화 담론." 『언론과학연구』, 10(4): 562-602.

홍덕화(2011). "누구를 위한 공간/자연인가?" 『환경사회학연구 ECO』, 15(2): 309-316.

홍지아(2010). "젠더적 시각에서 바라본 한국 언론의 다문화 담론." 『언론과학연구』, 10(4): 644-678.

홍현미라·권지성·장혜경 외(2010). 『사회복지 질적 연구방법론의 실제』. 학지사.

Agamben, J. 박진우(역)(2008), 『호모 사케르: 주권 권력과 벌거벗은 생명》. 새물결.

Bhabha, H. 나병철(역)(2012), 『문화의 위치: 탈식민주의 문화이론』. 소명출판.

Camus, A. 김화영(역)(1942), 『시지프 신화』. 민음사.

Dussel, E. 박병규(역)(1992), 『1492년, 타자의 은폐: '근대성 신화'의 기원을 찾아서』. 그린비.

Fanon, F. 남경태(역)(2004), 『대지의 저주받은 사람들』. 그린비.

Hall, S. 임영호(역)(1996), "이데올로기의 재발견: 미디어 연구에서 억압되어 있던 것의 복귀." 『스튜어트 홀의 문화이론』, 한나래.

Katsiaficas, G. 이재원(역)(2009), 『신좌파의 상상력: 전세계적 차원에서 본 1968년』. 난장.

Lefebvre, H. 양영란(역)(2011), 『공간의 생산』. 에코리브르.

Lipmann, W. 김규환(역)(1973), 『여론』. 현대사상사.

McGarvey, D. 김영선(역)(2017), 『가난 사파리』. 돌베개.

Mignolo, W. 김영주·배윤기·하상복(역)(2018), 『서구 근대성의 어두운 이면: 전 지구적 미래들과 탈식민적 선택들』. 현암사.

Redbeard, R. 성귀수(역), 『힘이 정의다』. 영림카디널.

Retamar, R. F. 김현균(역)(2003). 『칼리반: 탈식민주의 관점에서 라틴아메리카 읽기』. 그린비.

Said, E. 박홍규(역)(2008), 『오리엔탈리즘』. 교보문고.

Sobrino, J. 김근수(역)(1991), 『해방자 예수』. 메디치.

Sontag, S. 이재원(역)(2004), 『타인의 고통』. 이후.

Sugirtharajah, R. S. 양권석·이해청(역), 『탈식민주의 성서비평』. 분도출판사.

Yoshiyuki, S. 김상운(역)(2014), 『신자유주의와 권력: 자기 경영적 주체의 탄생과 소수자 되기』. 후마니타스.

Bauman, Z.(2003). Wasted lives: Modernity and its outcast. London: Polity Press.

Butler, J.(2010). Frames of war: When is life grievable? New York: Verso.

Entman, R. M.(1993). Framing: Toward Clarification of a Fractured Paradigm. Journal of Communication, 43: 51-58.

Fairclough, N.(1995). Critical Discourse Analysis. London: Longman.

Fairclough, N. & Wodak, D.(1997). Discourse Studies: A Multidisciplinary Introduction. In T. A. Van Dijk, Discourse Studies: A Multidisciplinary Introduction, by T. A. Van Dijk. 357-378. Los Angeles: Sage.

Fairclough, N.(2013). Critical Discourse Analysis: The Critical Study of Language. Abingdon: Routledge.

Foucault, M.(1990). The History of Sexuality: An Introduction. New York: Vintage Books.

Giroux, H. A.(2006). Reading Hurricane Katrina: Race, class, and the biopolitics of disposability. College Literature, 33(3): 171-196.

Myers, C. L.(2005). Talking Poverty: Power Arrangement in Poverty Discourse. Doctoral Dissertation, Field Graduate University.

Silverstone, R.(2007). Media and morality: On the rise of the mediapolis. Cambridge: Polity.

Wodak, R.(2002). Aspects of critical discourse analysis. Zeitschrift für Angewandte Linguistik, 36(10): 5-31.

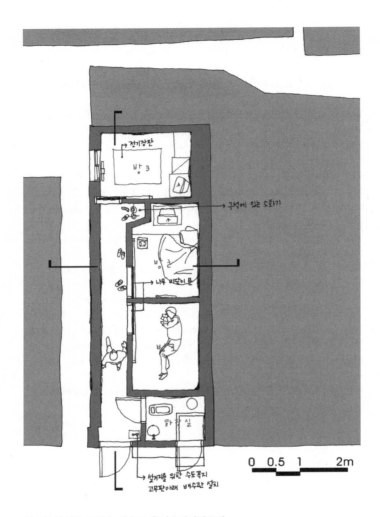

전기장판

방 3

구석에 있는 수도꼭지

→ 나무 미닫이 문

방 2

방 1

화장실

0 0.5 1   2m

→ 설거지를 위한 수도꼭지
고무판아래 배수관 설치

종로구 창신동 쪽방촌 실측도 ⓒ서울역사박물관

에필로그

#1.

·쪽방촌은 들여다보면 볼수록 '복잡한' 동네다. 각 공간(쪽방, 쪽방촌)을 보는 시선과 사람(빈민)에 대한 시선이 서로 구분되는 한편, '상황 속의 인간'을 전제로 하는 사회복지학에서 사람과 사람을 둘러싼 주거 환경은 떼려야 뗄 수 없는 관계이기 때문이다. 가난한 삶 자체는 부당한 편견과 차별의 대상이며 동시에 그것에 대한 일종의 저항으로서의 '빈민'의 존재 자체는 설령 긍정하더라도, 인간다움을 유지하기 매우 힘든 폭력적 공간인 1평 남짓의 '쪽방'을 긍정하기는 힘들다. 그러나 그럼에도 불구하고 빈민들 사이에서 짙고 진한 정情이 발아되며 특유의 질서로 그들이 인간성을 발휘해 가는 평등한 세계인 '쪽방촌村'은 긍정되기도 하는 그런 모호한 상황이 펼쳐지곤 한다. 그렇다고 자칫 게토로서의 쪽방촌을 긍정하는 순간, 늘 그래 왔듯 이루 표현할 수 없는 극심한 빈곤을 앞으로도 온몸으로 감내하라는 암묵적 강요와 집단적으로 빈민가에 깊숙이 새겨지는 주홍글씨, 관리가 거의 되지 않는 심각한 감가상각의 상태에서 터무니없이 높은 평당 월세를 사유 재산권의 명목으로 수탈하는 건물주의 착취 및 인간적인 쪽방촌문화를 인정하면서 발생하는 국가 정책 후퇴와 공백의 상황이 모두 정당화될 수 있다. 그렇게 부조리한 역설은 빈곤이 밀집된 쪽방촌에 격렬하게 뿌리박혀 있는 상태다.

아무리 생각에 생각을 거듭하더라도 '계륵'으로 판단되는 이 척박한 공간은 과연 존재해야 하는가, 부재해야 하는가. 그러는 사이에 지금과 같은 '필요악'의 형태로 그냥 남아 있는 것은 아닐까. 남아 있는 현 상태는 또한 지속될 수 있는 것일까. 도시 미화와 경제 발전을 위한 국가적 재개발 및 시장의 젠트리피케이션 현상으로 빈민의 생존 공간이 유린될 가능성이 늘 도사리는 '빈곤의 도시'는 그 자체로 마치 줄타기 곡예를 하듯 위태롭고 아슬한, 존망의 기로에 놓인 시한부 상태로 지금 한국 사회에, 우리의 지척에 현존한다. 이 복잡한 미로의 탐구는 마치 허를 찌르는 온갖 반박 논리의 모든 수를 내다봐야 하는 녹록지 않은 바둑을 끝도 없이 두는 느낌이다.

여기서 쪽방촌의 빈곤은 철저하게 만들어지고 관리되며, 사람들의 필요에 의해 발명되었다는 자각이 생겼다. 세입자인 도시 빈민들이 점유로, 일상으로, 궐기로 일구어 낸 공간인 쪽방촌에는 또한 수많은 주체가 복지, 박애주의, 자선, 사회 공헌, 선교와 구제, 기부와 후원, 밥차, 민생 행보, 사회 운동, 연대, 주민 축제, 환대와 봉사, 관광지화, 취재, 르포, 연구의 복합적 명분들로 개입되어 있다. 지자체 및 국가, 보이지 않는 손(시장), 기업, 부동산, 건물주, 사회복지 기관, 시민 사회 단체, 종교 단체, 미디어 언론, 자원봉사자, 연구자, 출사가 및 그곳을 스쳐 지나가며 힐끗 곁눈질하는 사람들까지. 핍박받아 온 빈민의 실존적 허기짐은 그로 인해 해소되었을까? 여러 개입 주체들의 수십 년간의 귀중한 노력에도 불구하고 한국 사회에서 '밑바닥 가난의 상징'이라는 쪽방촌의 빈곤포르노적 상태는 도무지 왜 바뀌지 않는 것일까? 그것을 과연 공유지의 비극을 자아내는 빈민들의 탐욕 탓으로만 돌릴 수 있을까? 지금까지 쪽방촌 빈민들의 행동들을 꼼꼼히 살펴봤다면, 지금과 같은 빈곤한 쪽방촌에서 나타나는 부조리로 뒤범벅된 상황들이 결코 빈민의 야만성과 이기심에 의한 것이 아님을 금방 확인할 수 있었을 것이다.

'누가 빈곤의 도시를 만드는가.' 희구하기는, 용기를 가지고 이 책을 펼치는 당신의 행동을 계기로 그동안 쪽방촌과 빈민에 대해 추상적이었을 사유가 뒤집혀 구체적으로 격상되고, 나아가 지금도 쪽방촌에서 빈민들에게 '의식의 식민화'가 교묘하고 끈질기게 자행되는 상황과 단순히 속박과 억압에 굴복하지만은 않는 빈민들의 입체적인 저항에 대해 눈을 뜰 수 있기를 바란다. 이 자투리 땅을 두고 권력의 복잡한 땅따먹기가 자행되는 '쪽방촌외교'를 추체험했다면 그야말로 더할 나위 없는 성공이다.

#2.

지금 이곳, 2021년 4월 현재 동자동 쪽방촌에는 건물마다 빨간 깃발이 나부끼고 있다. 공공 재개발의 무효화를 요구하는 이곳 건물주들의 침묵 시위다. 쪽방촌 세입자들을 예고도 없이 추방하기 위해 마구 붙이던 '샛노란' 계고장이 이제는 주인으로서 세입의 구조를 놓치지 않기 위해 걸어둔 '빨간' 깃발로 색을 바꾸었다. 사회적 약자 보호의 명분을 내세워 사유 재산을 탈취하는 폭력적 재개발을 당장 중단하라는 대형 플래카드들도 여러 건물에 붙어 있다. 창문이 있어 다른 곳보다 월세가 높은 쪽방 중 일부는 이 오만하고 무례한 플래카드에 군말 없이 가려지면서, 세입자들이 월 몇 만 원씩을 더 지불하며 어렵게 확보한 창문은 쓸모를 잃었다.

재개발 사업의 주체가 '민간'에서 '공공'이 되자, 20세기 내내 추방과 강제 철거에 저항하며 세입자들이 부르짖었던 용어들이 부지불식간에 건물주들의 것이 되어 버리는 기이한 광경이 펼쳐지고 있다. 세입자들은 가난의 서러움에 더해, 극도의 가난을 흡혈해 수입을 벌어들이는 행위를 상생이라고 포장하는 건물주들의 탐욕에 대한 분노가 치밀어 오르는 상황을 억누르며 애써 아무렇지도 않은 듯 일상을 이어간다. 집값을 내리기 위한 방도로서의 재개발도, 사유 재산을 보호하기 위해 상생을 요구하며 재개발을 중단시키려는 것도 모두 빈민 세입자의 주거권을 위한 복지가 아닌 허구인 듯 보이는 이 모호한 현상은, 쪽방촌의 존망을 가르는 상황이 기본적으로 이곳을 점유하며 일구어 온 거주자들보다는 외부의 재단과 판단에 맡겨져 있음을 적나라하게 보여 준다.

자포자기하기에는 이르다. 추방 또는 빈곤을 낳는 공고한 권력을 비집고 나오는 '균열'이 당신의 두 눈에 보인다면 말이다.

엔리케 두셀은 근대성이 열등함을 명분으로 희생자들에게 저질러온 비합리적 폭력을 유죄로 판결하고 가난한 사람들의 무고함을 선언하면서 자신의 해방철학을 시작한 바 있다. 만약 당신이 그동안 당연하다고 사유해 왔을 '발전'과 '계도'의 렌즈를 탈피한다면, '가상적 야만'을 상정해 부당하게 사회적으로 냉소, 비난, 동정받으면서도 지금까지 견디어 낸 곳, 모더니티로부터 역주행해 완강히 버티고 선 '탈근대적 공간'으로서 탈주와 반항이 섞인 독특한 자부심과 저력이 새겨진 곳, (부)도심 속 변방 또는 불평등으로 양극화된 사회의 밑바닥에 놓여 있음을 오랫동안 피부로 체감하면서도 단지 빈곤과 무질서만으로는 규정 불가능한, 내부 동력에 토대를 둔 독자적 '단극單極세계'를 추구해 온 곳이라는 쪽방촌의 포효가 그제야 저 너머로 들리지 않을까.

부디 앞으로도 쪽방촌 공간이 자기들에게 지배력을 행사하는 사람들의 불도저식 잣대에 쉬이 복종하지 않기를, 엄연한 도시의 시민으로서 이곳의 세입자들이 누구와 비교할 수 없는 자기들의 동네와 생태계를 잃지 않고 지켜 내기를, 나아가 빈곤에 부득이하게 수반되는 '부당한 착취'와 그 '부득이함'마저도 끝내 박멸되기를.

누가 빈곤의 도시를 만드는가

초판 1쇄 | 2021년 6월 25일
2쇄 | 2021년 10월 15일

지은이 | 탁장한
펴낸이·책임편집 | 유정훈
디자인 | 우미숙
인쇄·제본 | 두성P&L

펴낸곳 | 필요한책
전자우편 | feelbook0@gmail.com
트위터 | twitter.com/feelbook0
페이스북 | facebook.com/feelbook0
블로그 | blog.naver.com/feelbook0
포스트 | post.naver.com/feelbook0
팩스 | 0303-3445-7545

ISBN | 979-11-90406-08-6 03330